SCHAUM'S OUTLINE OF

FRENCH
VOCABULARY

SCHAUM'S OUTLINE OF

FRENCH VOCABULARY

•

MARY E. COFFMAN
French Editor and Consultant
Toronto, Ontario

•

SCHAUM'S OUTLINE SERIES
McGRAW-HILL BOOK COMPANY

New York St. Louis San Francisco Auckland Bogotá Hamburg London
Madrid Mexico Milan Montreal New Delhi Panama Paris
São Paulo Singapore Sydney Tokyo Toronto

MARY E. COFFMAN is presently a French editor and consultant in Toronto, Ontario. She was previously Directrice des éditions, Langues secondes, Centre Educatif et Culturel, Montréal, Québec, and Sponsoring Editor, Foreign Language Department, McGraw-Hill Book Company, New York, New York. In addition to the *Schaum's Outline of French Grammar,* she is coauthor of *French: Language and Life Styles.* She is a biographee in *Who's Who of American Women.*

Schaum's Outline of
FRENCH VOCABULARY

5 6 7 8 9 10 11 12 13 14 15 16 17 18 19 20 SHP SHP 8 9 8

ISBN 0-07-011561-3

Sponsoring Editor, Elizabeth Zayatz
Editing Supervisor, Marthe Grice
Production Manager, Nick Monti

Library of Congress Cataloging in Publication Data

Coffman, Mary E.
    Schaum's outline of French vocabulary.

    (Schaum's outline series)
    Includes bibliographical references.
    1. French language—Vocabulary.   I. Title.
PC2445.C64   1985   448.1   84-12573
ISBN 0-07-011561-3

Preface

French Vocabulary can be used as a review text or as an enriching companion to any basic text. The purpose of the book is to provide the reader with the vocabulary needed to converse effectively in French about everyday topics. Although the book contains a review of common, basic words that the reader has probably encountered in his or her early study of French, the aim of *French Vocabulary* is to enrich the student's knowledge of the language by providing words and expressions that seldom appear in typical textbooks but that are essential for communicating comfortably about a given situation.

The book is divided into nine units organized according to themes. Each unit contains several chapters relating to the theme. The content of each chapter is focused on a real-life situation such as making a telephone call, traveling by plane or train, staying at a hotel, or shopping for food. In order to enable readers to build and retain the new vocabulary, the book provides many opportunities to use the new words. Each chapter is divided into subtopics. The student acquires new words about a specific topic and is immediately directed to practice them in a multitude of exercises. Answers are provided at the back of the book so students can make prompt self-correction.

Many times where the French Canadian word or expression differs from that used in France, both are given. Extensive footnotes inform the reader of other ways of saying the same thing and further clarify the use of words.

Appendixes include numbers, dates, and time, a special list of all foods, and equivalent European and North American clothing and shoe sizes. At the end of the book, there are answers for the exercises and a French-English and English-French glossary that contains all key words introduced in the book.

MARY E. COFFMAN

Contents

CONTENTS

Appendixes—*Appendices*

Unit 1:   Travel
Unité 1:   Les voyages

Chapter 1:   At the airport
Chapitre 1:   A l'aéroport

GETTING TO THE AIRPORT

A l'aéroport, il y a deux *terminaux (aérogares)*.[1]	terminals
Le terminal (l'aérogare) 1 est pour les *vols internationaux*.	international flights
Le terminal (l'aérogare) 2 est pour les *vols intérieurs*.	domestic flights
Nous pouvons aller à l'aéroport en *taxi*.	taxi
Nous pouvons aussi *prendre l'autobus (le bus, l'autocar)*.	take a bus
Il y a un *service d'autobus (d'autocars, de cars)* entre le *centre-ville* et l'aéroport.	bus service, downtown
Quelle est la fréquence des autobus?	How often do the buses run?
Les autobus *partent toutes les demi-heures*.	leave every half hour

1. Complete.

     Je ne veux pas aller à l'aéroport en taxi. Ça coûte trop cher. Je préfère prendre

     l'_____ . Il y a un bon _____ d' _____ entre le centre-ville et
          1   2   3

     l'aéroport. Les autobus _____ toutes les demi-heures.
                                4

2. Complete.
   A Toronto
   — A quelle aérogare allez-vous, monsieur?

   — Il y a plus d'une _____ à l'aéroport?
                        1

   — Oui, monsieur. Il y en a deux. L'aérogare 1 est pour les _____ internationaux et
                                                      2

   l'_____ 2 est pour les vols _____ .
      3   4

   — Puisque je vais à Paris, je veux aller à l'_____ 1, s'il vous plaît.
                                                  5

CHECKING IN (Fig. 1-1)

A quelle heure est l'enregistrement?	When do you have to check in?
Voici le *comptoir de la compagnie d'aviation (la ligne aérienne)*.[2]	airline ticket counter
Les passagers *munis de billets* peuvent *se présenter à* ce comptoir.	with tickets, go to
Beaucoup de *passagers font la queue*.	passengers stand in line
La *queue (la file)* est longue.	line
L'*agent* veut *vérifier* le *billet*.	ticket agent, check, ticket
Il veut voir le *passeport* et le *visa* aussi.	passport, visa

3. Complete.

     Quand nous arrivons à l'aéroport, il faut aller au _____ de la compagnie d'aviation.
                                                                  1

     En général, beaucoup de gens font la _____ au comptoir. Au comptoir, il faut montrer
                                                   2

---

[1] You will hear *aérogare* for "airline terminal" in Canada.

[2] Both *compagnie d'aviation* and *ligne aérienne* are used. Technically, *la ligne aérienne* is the airline route.

Fig. 1-1

votre _____ à l'_____. Si vous prenez un _____ international,
        3   4   5

l'agent va vérifier votre _____ et votre _____ aussi.
                           6   7

SPEAKING WITH THE AGENT (Fig. 1-2)

— Votre billet, s'il vous plaît.

— *Le voici.*   Here it is.

— Vous allez à Paris. Votre passeport, s'il vous plaît. Merci.
Voulez-vous la *section* (la *zone*) *fumeurs* ou *non-fumeurs?*   smoking section, no-smoking

— La section (la zone) non-fumeurs, s'il vous plaît. Et un *siège*[3]
côté couloir (qui donne sur l'allée),[4] s'il vous plaît. Je ne veux   aisle seat
pas de *siège côté hublot.*   window seat

— Bon, vous avez le siège C dans la *rangée* 20.   row

— Avez-vous des *bagages à faire enregistrer?*   luggage to check

— Oui, deux *valises.*   suitcases

---

[3] You will hear *un fauteuil* for "seat" in Canada and in France.

[4] You will see *l'allée* instead of *couloir* for "aisle" seat in Canada.

Fig. 1-2

— Avez-vous des *bagages à main?*	carry-on (hand) luggage
— Seulement ma *mallette.*	briefcase
— Les bagages à main *doivent être placés sous* le siège devant	must fit under
vous. Voici une *étiquette* pour votre mallette.	label (tag)
— Merci.	
— Bon. Tout est en ordre. Voici votre *carte d'embarquement*	boarding pass
(carte d'accès à bord)—vol numéro 375 *à destination de*	flight number, for
Paris, *cabine* B, siège C, rangée 20, section non-fumeurs. Et	cabin
voici le *talon* (le *bulletin*) pour la valise *enregistrée.* Vous pou-	claim check, checked
vez la *réclamer* à Paris. On annonce le *départ* de votre vol	claim, departure
dans trente minutes. Bon voyage!	

4. Complete.

1. Mme Périn va de New York à Paris. Elle fait un vol _____.
2. Elle est au _____ de la compagnie d'aviation.
3. Elle parle à l'agent. L'agent veut voir son _____ parce qu'elle fait un vol international. Il veut voir son _____ aussi.
4. Mme Périn ne veut pas fumer. Elle veut un _____ dans la section _____-_____.
5. Le siège C dans la _____ 20 est dans la section _____-_____.
6. Dans les avions les _____ _____ _____ doivent être placés sous le siège devant le passager. Mme Perin n'a pas de problème. Elle a seulement une _____ avec des papiers de travail.
7. L'agent lui donne une _____ pour attacher à sa mallette.
8. Il faut une _____ _____ pour monter dans l'avion.

9. Mme Périn part sur le _____ numéro 375 à _____ de Paris. Elle a le _____ C dans la _____ 20 dans la _____ B dans la section _____-_____.

10. Mme Périn a enregistré ses bagages jusqu'à Paris. Elle a son _____ et elle peut _____ ses bagages à Paris.

5. Answer on the basis of Fig. 1-3.
1. Où est la dame?
2. Avec qui parle-t-elle?
3. Qu'est-ce qu'elle donne à l'agent?
4. Quel siège veut-elle?
5. Combien de valises a-t-elle?
6. A-t-elle des bagages à main?
7. Qu'est-ce qu'elle porte comme bagages à main?
8. Est-ce qu'elle peut mettre sa mallette sous le siège?
9. Qu'est-ce que l'agent lui donne?
10. Quel est son numéro de vol?
11. Où va-t-elle aller?
12. Quel siège a-t-elle?
13. Où est le siège?
14. Combien de valises a-t-elle à faire enregistrer?
15. Où peut-elle réclamer ses bagages?

Fig. 1-3

6. Choose the appropriate word(s).
  1. Les passagers doivent montrer leur passeport à l'agent parce qu'ils font un vol _____.
     (*a*) intérieur (*b*) international (*c*) long
  2. Le siège C est _____. (*a*) dans la section fumeurs (*b*) côté couloir (*c*) près du hublot
  3. Pour identifier mes bagages à main, je vais attacher _____. (*a*) cette étiquette (*b*) ce
     siège (*c*) ce talon
  4. Pour monter dans l'avion, il faut _____. (*a*) une étiquette (*b*) un talon (*c*) une carte
     d'embarquement
  5. Mon siège est dans la _____ 20. (*a*) section (*b*) queue (*c*) rangée

LISTENING TO ANNOUNCEMENTS

La compagnie d'aviation (la ligne aérienne) annonce le
départ du vol numéro 450 *à destination de* Paris. Les passagers   departure, for
sont priés de se présenter au *contrôle de sécurité.*   are asked to go to, security check
    Embarquement immédiat—*porte* numéro huit.   departure, boarding gate

7. Complete.
  1. _____ annonce le vol.
  2. Elle annonce le _____ du vol.
  3. Elle annonce le départ du _____ numéro 450.
  4. Elle annonce le départ du vol numéro 450 _____ _____ _____
     Paris.
  5. Les passagers doivent se présenter au _____ _____ _____.
  6. On va regarder les bagages au _____ _____ _____.
  7. Le _____ du vol est immédiat.
  8. Les passagers vont embarquer par la _____ numéro huit.

8. Complete.
  1. L'avion va partir. On annonce le _____.
  2. Le vol va à Paris. La _____ est Paris.
  3. On va contrôler les bagages des passagers. Les passagers doivent se présenter au
     _____ _____ _____.
  4. Les passagers du vol numéro 450 doivent embarquer par la _____ numéro
     _____.

Votre attention, s'il vous plaît. La compagnie d'aviation (la
ligne aérienne) annonce l'*arrivée* de son vol numéro 150 *en pro-*   arrival, arriving from
venance de Fort-de-France. *Débarquement*—porte numéro 10.   disembarkation (deplaning)
Les passagers vont *débarquer* par la porte numéro 10.   deplane

9. Complete.
  — Je ne comprends pas l'annonce. Est-ce qu'on annonce le départ de notre vol?

  — Non, non. On annonce l' _____ d'un autre vol.
                              1

  — Quel vol?

  — C'est le _____ numéro 150 _____ _____ _____
               2   3
    Fort-de-France.

10. Give the opposite.
1. l'arrivée
2. à destination de
3. l'embarquement

CHANGING OR CANCELING A TICKET

— Pour les *renseignements,* il faut *s'adresser à* l'agent. *J'ai manqué (raté)* mon *avion* pour Marseille. Est-ce qu'il y a un autre vol aujourd'hui sur Air France? (Quand part le *prochain* avion?)

information, talk to
I missed, plane
next

— Oui, et le vol n'est pas *complet.* Il y a des places *libres.* Mais ce n'est pas un vol *direct.* Il y a un *arrêt (une escale)* à Lyon. Mais il n'est pas nécessaire de *changer d'avion (de prendre une correspondance).* Le *tarif* est le même pour les deux *lignes.* Mais parce que vous avez un *billet à tarif réduit* (un *billet excursion*), il y a des restrictions. Parce que vous changez de vol, il faut payer un *supplément* de 200 francs. Mais il n'est pas nécessaire d'acheter un autre billet. Je peux *endosser* celui que vous avez.

full, available
nonstop, stopover
change planes
fare
lines, special (reduced) fare ticket
   (excursion fare)
supplement

endorse

— Je voudrais *annuler* ma réservation pour mardi pour Paris.

cancel

11. Complete.

— Je suis arrivé en retard à l'aéroport parce qu'il y avait des embouteillages sur l'autoroute. J'ai

_____ mon avion pour Marseille. Est-ce qu'il y a un autre _____ pour
           1   2

Marseille aujourd'hui?

— Oui, monsieur. Nous en avons un qui part à 15 h 30. Voyagez-vous seul?

— Oui, monsieur.

—Un moment. Je vais voir si le vol est _____ ou si nous avons des places
                                                        3

_____. Non, le vol n'est pas complet.
        4

— Quelle chance! Est-ce qu'il y a une différence de tarif?

—Malheureusement, parce que vous avez un billet à _____ réduit, il faut payer un
                                                                    5

_____ pour le changer.
        6

— Est-ce que je dois acheter un autre billet?

— Non, je peux simplement _____ le vôtre.
                                        7

— C'est un vol sans _____?
                              8

— Non, il y a un arret à Lyon.

— Merci. Oh! J'avais oublié. J'ai un billet pour Lyon pour la semaine prochaine et je ne peux pas

l'utiliser. Je voudrais l'_____.
                                    9

— D'accord.

Mme Périn arrive à l'aéroport et elle voit qu'il y a deux terminaux. Les vols intérieurs partent d'un de ces terminaux et les vols internationaux partent de l'autre. Parce qu'elle va faire un vol international, elle va au terminal international. Ensuite elle va au comptoir de la compagnie d'aviation. Elle montre son billet à l'agent. L'agent veut voir son passeport aussi. Tout est en ordre. La dame montre ses bagages à l'agent. Elle a deux valises. L'agent met les deux valises sur la balance[5] et explique à la dame qu'elle pourra réclamer ses bagages quand elle arrivera à destination, Paris. L'agent lui donne aussi une étiquette pour attacher à ses bagages à main—à sa mallette qu'elle va porter avec elle. L'agent lui explique que ses bagages à main doivent être placés sous le siège devant elle. La dame explique à l'agent qu'elle a une place réservée côté couloir dans la section non-fumeurs. L'agent lui explique que l'ordinateur[6] n'indique pas son siège. Mais il n'y a pas de problème. Le vol n'est pas complet et il y a beaucoup de places libres même celles qui donnent sur l'allée. L'agent donne une carte d'embarquement à la dame. Il lui dit qu'elle a le siège C dans la rangée 25 dans la section non-fumeurs. Le vol numéro 315 à destination de Paris va partir par la porte numéro six. La dame veut savoir si c'est un vol sans escale. Non, ce n'est pas un vol sans arrêt. Il y a une escale à Lyon, mais les passagers en transit ne doivent pas changer d'avion. Le même avion continue jusqu'à Paris.

Aussitôt que la dame a quitté le comptoir, elle entend une annonce:

« La compagnie d'aviation annonce le départ du vol numéro 315 à destination de Lyon et Paris. Départ immédiat—porte numéro six. »

12. Complete.

1. Il y a deux _____ à l'aéroport. L'un (l'une) est pour les _____ internationaux et l'autre est pour les vols _____.

2. L' _____ travaille au _____ de la compagnie _____.

3. Les passagers doivent montrer leur _____ à l'agent et s'ils font un voyage international, ils doivent montrer leur _____ aussi.

4. La dame montre ses _____ à l'agent. Elle a deux valises.

5. L'agent met les _____ sur la balance. La dame doit avoir un _____ pour réclamer ses bagages à Paris.

6. La dame va avoir une _____ à bord de l'avion. Les bagages à _____ doivent être placés _____ le siège de devant.

7. La dame veut s'asseoir dans un siège côté _____ dans la _____ non-fumeurs.

8. L'ordinateur ne montre pas son siège réservé, mais il n'y a pas de problème. L'avion n'est pas _____ et il y a beaucoup de places _____.

9. La dame regarde sa _____ _____. Elle voit qu'elle a le _____ C dans la _____ 25.

10. Le vol vers Paris va faire une _____ à Lyon, mais Mme Périn ne doit pas _____ d'avion.

11. On annonce le _____ immédiat du vol numéro 315 à _____ Paris avec escale à Lyon.

12. Les passagers du vol numéro 315 doivent se présenter à la _____ numéro six.

13. Answer.

1. Où Mme Périn arrive-t-elle?
2. Combien de terminaux y a-t-il à l'aéroport?
3. Pourquoi y en a-t-il deux?
4. Au terminal international, où va la dame?
5. Qu'est-ce que l'agent veut regarder?
6. Combien de valises la dame a-t-elle à enregistrer?
7. Où l'agent met-il les valises?

---

[5] scale

[6] computer

8.　Où la dame peut-elle réclamer ses bagages?
9.　Qu'est-ce que la dame porte à bord?
10.　Où doit-elle mettre ses bagages à main?
11.　Est-ce que la dame a une place réservée?
12.　Pourquoi est-ce qu'il n'y a pas de problème?
13.　Quel siège a-t-elle?
14.　Par quelle porte l'avion va-t-il partir?
15.　Est-ce que c'est un vol sans escale?

14.　Complete.

Mme Périn va voler sur le _____ numéro 315 à _____ _____
　　　　　　　　　　　　　　　　　　　　 1 　　　　　　　　　　　　　　　　2

Paris. Le vol va faire une _____ à Lyon, mais la dame ne doit pas _____
　　　　　　　　　　　　　　　　　 3 　　　　　　　　　　　　　　　　　　　　　　　　4

d'avion. Elle a le _____ C dans la _____ 25 côté _____ dans la
　　　　　　　　　　　　　 5 　　　　　　　　　　　　　　　 6 　　　　　　　　　　 7

section non- _____ .
　　　　　　　　　 8

Chapter 2:   On the airplane
Chapitre 2:   A bord de l'avion

WELCOME ON BOARD (Fig. 2-1)

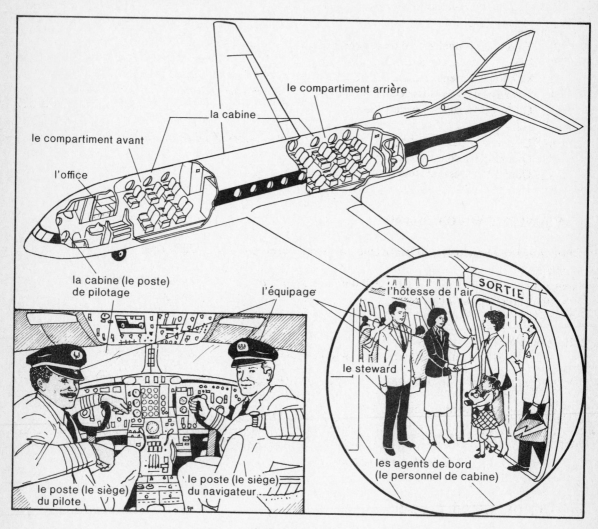

Fig. 2-1

Bienvenue à bord.
Le pilote et son *équipage* s'occupent de la *sécurité* des passagers.
Les *agents de bord* (le *personnel de cabine*/les *hôtesses de l'air*/
  les *stewards*)[1] travaillent dans l'avion.
Ils *souhaitent la bienvenue* aux passagers.
Le compartiment (la cabine) avant est pour les passagers de
  première classe.

Welcome on board.
crew, security
flight attendants/stewardesses/
  stewards
welcome
forward cabin

---

[1] The terms *agents de bord* and *personnel de cabine* are now widely used. You will, however, hear *le steward* for "male flight attendant" and *l'hôtesse de l'air* for "stewardess."

Le compartiment (la cabine) arrière est pour les passagers *de*   rear cabin
  classe économique (en économie).   economy class
Les passagers ne peuvent pas entrer dans la *cabine (le poste) de*
  pilotage pendant le vol.   cockpit
L'avion va *décoller* de New York.   take off
L'avion va *atterrir* à Paris.   land

1. Complete.
1. Tout le personnel à bord de l'avion est l' _____.
2. Les _____ _____ _____ aident les passagers.
3. Le compartiment _____ est plus grand que le compartiment _____.
4. Les passagers en classe économique sont dans le compartiment _____.
5. On ne peut pas entrer dans la _____ _____ _____ pendant le vol.
6. La _____ des passagers est une partie importante du travail de l'équipage.
7. Quand le vol commence, l'avion _____.
8. Quand le vol est terminé, l'avion _____.

ANNOUNCEMENTS ON BOARD

Notre *durée de vol* sera approximativement de sept heures trente   flight time
  minutes.
Nous allons *voler* à une *altitude* de 10 000 *mètres* à une *vitesse*   fly, altitude, meters, speed
de 800 kilomètres *à l'heure.*   an hour

2. Complete.
Mesdames et messieurs. Le commandant et son _____ vous souhaitent la
₁
_____ à bord de notre vol numéro 175 à destination de Paris. Nous allons
₂
_____ dans cinq minutes. Notre _____ _____ _____
₃ ₄
de New York à Paris sera _____ de sept heures trente minutes. Nous allons voler à une
₅
_____ de 10 000 mètres à une _____ de 800 kilomètres à l'heure.
₆ ₇

SAFETY ON BOARD (Fig. 2-2)

En cas d'urgence   In case of emergency
Les *gilets de sauvetage* sont sous votre siège.   life jackets (vests)
Le *coussin du siège peut servir de bouée de sauvetage.*   seat cushion can be used for flota-
   tion (as a life preserver)
En cas de changement de *pression de l'air (pressurisation),* le   air pressure
  masque à oxygène tombera automatiquement.   oxygen mask
Il y a huit *sorties (issues)*[2] *de secours*—deux dans le comparti-   emergency exits
  ment avant (deux en avant) et deux dans le compartiment
  arrière (deux en arrière).
Il y a aussi quatre sorties (issues) de secours sur les *ailes.*   wings

---

[2] In Canada you will frequently hear *issue de secours* instead of *sortie de secours.*

Fig. 2-2

3. Answer.
    1. Où sont les gilets de sauvetage dans l'avion?
    2. S'il y a un changement de pression de l'air dans l'avion, qu'est-ce qui tombera?
    3. Où y a-t-il des sorties de secours?
    4. Qu'est-ce qui peut servir de bouée de sauvetage?

Les passagers doivent *rester assis*.	remain seated
Ils doivent rester à leurs places pendant le *décollage* et *l'atterrissage*.	takeoff, landing
Ils doivent *attacher (boucler)³ leurs ceintures de sécurité* pendant les décollages et les atterrissages.	fasten their seat belts
Les agents leur *conseillent* de *garder leurs ceintures attachées pendant toute la durée* du vol.	advise, keep their seat belts fastened throughout
Des *turbulences imprévues* pourraient *se produire*.	unexpected turbulence, be encountered
Nous *traversons* maintenant une *zone de turbulences*.	are passing through, turbulent area
Nous vous prions de rester assis *jusqu'à l'extinction des consignes lumineuses*.	until signals have been turned off

---

³ In Canada you will hear *bouclez vos ceintures* instead of *attachez vos ceintures*.

4. Complete.

Pendant le _____ et aussi pendant l'_____ les passagers à bord d'un avion
             1   2

doivent rester _____. Ils ne peuvent pas circuler dans la cabine. Non seulement doivent-ils
                  3

rester assis, mais ils doivent aussi attacher leurs _____ _____
                                                                    4

_____. On leur conseille aussi de garder les ceintures _____ pendant toute la
                                                            5

_____ du vol. On ne sait jamais quand des _____ imprévues pourraient
              6   7

_____.
              8

La *consigne lumineuse « Défense de fumer »* est *allumée*.	no smoking sign, lit
Il est défendu de fumer dans les *couloirs (allées)*.	it is forbidden, aisles
Il est défendu de fumer dans les *toilettes* aussi.	toilets
On ne peut non plus fumer dans la section non-fumeurs.	

5. Complete.

1. Les passagers à bord d'un avion ne peuvent pas fumer dans la _____
   _____-_____, dans les _____ et dans les _____.
2. Il est défendu de fumer aussi quand la consigne lumineuse « _____ _____
   _____ » est allumée.
3. La _____ _____ « Défense de fumer » est allumée pendant le décollage et
   pendant l'_____.

Fig. 2-3

Il est défendu de mettre les *bagages à main* dans le couloir.	carry-on luggage
Pour votre sécurité, les bagages à main doivent être placés sous le siège devant vous ou dans les *compartiments à bagages (les porte-bagages)*[4] situés au-dessus de votre siège.	overhead racks (compartments)
Pendant le décollage, *redressez* le *dossier (le dos)* et la *tablette de votre siège*.	put back (into upright position), seat back, tray table
Pendant le décollage, on doit mettre le *dos du siège* (Canada) dans la *position verticale*.	seat back / upright position

6. Complete.

Beaucoup de passagers ont des bagages à main à bord de l'avion. Mais on ne peut pas mettre les valises dans les _____ (1). On doit mettre les bagages à main _____ (2) le _____ (3) ou dans les _____ _____ (4). C'est une règle de sécurité. Pendant le _____ (5) et l'_____ (6), le _____ (7) de votre siège doit être dans la _____ (8) verticale et il faut redresser la _____ (9).

SERVICES ON BOARD

Pendant le vol, nous allons vous servir un *repas chaud*.	hot meal
un *repas froid*.	cold meal
un *dîner* (un *souper*).[5]	dinner
un *déjeuner* (un *dîner*).[5]	lunch
une *collation*.	snack
un *repas léger*.	light meal
Avant l'atterrissage, nous allons vous servir le *petit déjeuner* (le *déjeuner*).[5]	breakfast
Il y a cinq *canaux* de musique stéréophonique.	channels
Nous allons *passer (montrer) un film*.	show a film
Pour écouter de la musique ou pour regarder le film, les *écouteurs* sont *loués au prix (pour la somme) modique de* 20 francs.	headsets, rented for the modest sum (fee) of
Après le décollage, nous allons commencer le *service des boissons*.	beverage service
Les *boissons gazeuses* (les *rafraîchissements non-alcoolisés*) sont *gratuites*.	soft drinks (nonalcoholic beverages), free of charge
Les *boissons alcoolisés*, le *vin* et la *bière* coûtent 15 francs.	alcoholic beverages, wine, beer
Il y a aussi des *couvertures* et des *oreillers*.	blankets, pillows
Dans la *pochette du fauteuil*, il y a des *sacs pour le mal de l'air*.	seat pocket, air sickness bags

[4] In Canada you will hear the term *porte-bagages* for "overhead compartment." In France *porte-bagages* is used for a luggage rack on a car, in the train, or on a bicycle.

[5] The meals in French Canada are *le déjeuner* (breakfast), *le dîner* (lunch), and *le souper* (dinner).

7. Complete.

Pendant le vol, les agents de bord vont nous servir un _____ . Avant l'atterrissage, ils

1

vont nous servir le _____ _____ . Pendant le vol, vous pouvez écouter de la

2

musique. Il y a cinq _____ de musique stéréophonique. Sur un canal, on vous donne aussi

3

des leçons de français. Après le repas, nous allons passer un _____ . Si vous voulez écouter

4

de la musique ou regarder le film, les _____ sont _____ au prix de 20 francs.

5   6

Si vous voulez dormir, les agents de bord peuvent vous donner une _____ et un

7

_____ .

8

8. Complete.

Je suis fatigué(e). Je ne veux pas manger. Je ne veux pas écouter de musique; je ne veux pas

regarder le film. Je veux seulement dormir. Pourriez-vous me donner une _____ et un

1

_____ , s'il vous plaît? J'ai un peu de _____ de l'air. Où est le

2   3

_____ pour le mal de l'air? Oh! Quand les agents de bord nous ont apporté des

4

_____ , j'ai trop bu. Les boissons ne coûtaient rien. Elles étaient _____ .

5   6

Tous les jours des milliers d'avions naviguent partout dans le monde. Pendant que les passagers embarquent dans l'avion, quelques agents de bord et d'autres membres de l'équipage sont à la porte d'entrée. Ils souhaitent la bienvenue aux passagers, ramassent[6] les cartes d'embarquement et prennent les billets. De temps en temps il faut indiquer sa place à un passager. Dans la plupart des avions, le compartiment avant est pour les passagers de première classe. Le compartiment arrière est pour les passagers de classe économique.

Pendant le vol il y a plusieurs annonces. Les agents de bord doivent penser au confort et à la sécurité des passagers. Ils expliquent aux passagers l'utilisation du masque à oxygène et des gilets de sauvetage. Ils leur indiquent aussi les sorties de secours et les toilettes. Il y a quelques règles importantes que les passagers doivent suivre. Tous les bagages à main doivent être placés sous le siège devant le passager ou dans les compartiments à bagages. Il est défendu de fumer pendant le décollage et l'atterrissage, dans la section non-fumeurs, dans les toilettes, ou si le passager est debout dans les couloirs. Si par hasard le pilote allume la consigne lumineuse « Défense de fumer », on doit cesser de fumer. Si le pilote éteint[7] la consigne lumineuse, on peut fumer. Pendant le décollage et l'atterrissage, les passagers doivent attacher leurs ceintures de sécurité, mettre le dossier (dos) du siège dans la position verticale et redresser les tablettes. L'équipage conseille aux passagers de garder leurs ceintures de sécurité attachées quand qu'ils sont assis, pendant toute la durée du vol. On ne sait jamais quand des turbulences pourraient se produire.

Pendant le vol les agents de bord offrent des boissons et un repas. Ils donnent des couvertures et des oreillers aux passagers qui veulent dormir. Sur beaucoup de vols long courrier,[8] la ligne aérienne offre aux passagers divers canaux de musique stéréophonique et passe un film. Les agents de bord distribuent les écouteurs aux passagers qui les veulent. En classe économique, les passagers doivent payer une somme modique pour utiliser des écouteurs.

Durant le vol il est défendu d'entrer dans la cabine de pilotage. Sur beaucoup de vols, le pilote parle aux passagers pour leur dire la durée approximative du vol, l'itinéraire du vol, l'altitude et la vitesse de l'avion. De la part de tout l'équipage, le pilote souhaite un bon vol aux passagers.

---

[6] collect

[7] turns off, extinguishes

[8] long distance

9. Complete.

1. Dans la plupart des avions il y a deux _____. Le compartiment _____ est
   pour l'usage des passagers de première _____. Le _____ arrière est pour
   les passagers de classe _____.

2. Les agents de bord ramassent des _____ _____ quand les passagers
   embarquent dans l'avion.

3. S'il y a un changement de pression de l'air, les passagers doivent utiliser le _____
   _____ _____ pour pouvoir respirer.

4. Les _____ _____ _____ doivent être placés sous le siège de
   devant ou dans les _____ _____ _____.

5. Il est défendu de fumer pendant le _____ ou l'_____.

6. Il est défendu de fumer quand on met la _____ _____.

7. Les passagers doivent mettre le _____ du siège dans la _____ verticale
   pendant le _____ ou l'_____.

8. L'équipage conseille toujours aux passagers de garder leurs _____ _____
   _____ attachées pendant toute la durée du vol.

9. Pendant un vol long courrier, les agents de bord servent toujours des _____ et un
   _____.

10. Si un passager veut écouter de la musique ou regarder le film, il lui faut des _____.
    En classe économique, il faut les _____ à un _____ modique.

10. Match.

1. tout le personnel à bord de l'avion
2. ce qui tombe automatiquement s'il y a un changement de pression de l'air
3. ce dont les passagers ont besoin pour embarquer dans l'avion
4. ce qu'il faut garder dans la position verticale pendant le décollage et l'atterrissage
5. ce que les passagers attachent pendant le décollage et l'atterrissage
6. les gens qui aident les passagers à bord de l'avion
7. par où les passagers sortent en cas d'urgence
8. ce qu'il faut payer pour les écouteurs
9. où on peut mettre les bagages à main
10. où l'avion va aller

(a) la ceinture de sécurité
(b) le dossier (dos) du siège
(c) par la sortie de secours
(d) sous le siège de devant
(e) l'équipage
(f) la carte d'embarquement
(g) le gilet de sauvetage
(h) dans les compartiments à bagages
(i) le masque à oxygène
(j) les agents de bord
(k) la destination
(l) une somme (un prix) modique
(m) la turbulence

11. Answer.

1. Qu'est-ce que les agents de bord font quand les passagers montent dans l'avion?
2. Combien de compartiments y a-t-il dans la plupart des avions?
3. Qu'est-ce que les passagers doivent apprendre à utiliser?
4. Où doit-on mettre les bagages à main?
5. Où est-il défendu de fumer dans l'avion?
6. Quelles sont les choses que les passagers doivent faire pendant le décollage et l'atterrissage?
7. Pourquoi est-ce une bonne idée de garder les ceintures de sécurité attachées pendant toute la durée du vol?
8. Qu'est-ce que les agents de bord offrent pendant le vol?
9. Quelles autres choses offrent-ils aux passagers?
10. Quelles annonces fait le pilote?

Chapter 3: Passport control and customs
Chapitre 3: Le contrôle des passeports et la douane

PASSPORT CONTROL AND IMMIGRATION

Voici mon *passeport.*	passport
mon *visa.*	visa
ma *carte de touriste.*	tourist card
Combien de temps comptez-vous rester ici?	how long do you plan
Je vais rester *seulement quelques jours.*	only a few days
une *semaine.*	a week
un *mois.*	a month
C'est un *voyage d'affaires?*	business trip
C'est un *voyage touristique?*	pleasure trip
Je *suis* seulement *en transit.*	passing through
Où *allez-vous rester* pendant votre *séjour?*	will you be staying, stay

1. Complete.

Au _____ des passeports
            1

— Votre _____, s'il vous plaît.
           2

— Le _____.
        3

— Combien de temps _____-vous rester ici?
                         4

— Je vais rester _____ _____.
                        5

— Où allez-vous rester pendant votre _____?
                                          6

— Je serai à l'hôtel Hilton.

— C'est un voyage d'_____ ou un voyage _____?
                         7   8

— Un voyage d'_____. Je travaille pour une compagnie internationale.
                   9

GOING THROUGH CUSTOMS

J'ai *rempli* la *déclaration de douane.*	filled in, customs declaration
Avez-vous *quelque chose à déclarer?*	something to declare
Non, je *n'ai rien à déclarer.*	nothing to declare
Oui, j'ai *des choses à déclarer.*	some things to declare
Si vous n'avez rien à déclarer, *suivez la flèche verte.*	follow the green arrow
Si vous avez quelque chose à déclarer, suivez la flèche *rouge.*	red
Le *douanier* demande.	customs agent
Avez-vous des *cigarettes,* du *tabac?*	cigarettes, tobacco
de l'*alcool?*	alcohol
des *fruits* ou des *légumes?*	fruit, vegetables
des *cadeaux?*	gifts
J'ai seulement des *effets personnels.*	personal belongings

Je peux voir votre *déclaration de douane?*	customs declaration
Je veux déclarer *une bouteille de* whisky.	a bottle of
une cartouche de cigarettes.	a carton of cigarettes
Ouvrez cette *valise,* s'il vous plaît.	suitcase
ce *sac,* s'il vous plait.	bag
Si vous avez plus d'un litre de whisky, il faut payer des *droits*	
(frais) de douane.	customs duty

2. Complete.

1. Dans cet aéroport, on n'inspecte pas tout le monde. Les passagers qui n'ont rien à _____ peuvent suivre la _____ verte. Ceux qui ont quelque chose à déclarer doivent suivre la _____ _____ .

2. Dans ce pays, on permet aux touristes d'entrer avec deux bouteilles de whisky. Si un touriste a trois bouteilles, il faut _____ la troisième et payer des _____ de douane.

3. Le _____ travaille pour la douane. Il veut voir ma _____ de douane.

4. Je n'ai rien à déclarer parce que j'ai seulement des _____ personnels.

Chapter 4:   At the train station
Chapitre 4:   A la gare

GETTING A TICKET (Fig. 4-1)

la gare

Fig. 4-1

On peut acheter des *billets* à la gare ou dans le train.   tickets
Je vais de Paris à Marseille lundi.
Je vais retourner à Paris vendredi prochain.
Je dois acheter un billet *aller-retour (d'aller et retour)*.   round trip
Je vais aller de Paris à Marseille.
Je ne vais pas retourner à Paris.
Il me faut seulement un *billet aller* (un *billet simple*, un *aller-*   one-way ticket
    simple).
Le billet est *valable* deux semaines.   valid
                jusqu'au 13 mars.

1.   Complete.
    A la Gare de Lyon à Paris
    Client: Un _____ pour Marseille, s'il vous plaît.
                        1

19

Employé: Un billet aller (simple) ou un _____ _____-_____?
                                                                    2
Client: Je ne vais pas revenir à Paris. Un _____ _____, s'il vous plaît.
                                                              3

2.   Complete.
    A la Gare Centrale à Montréal
    Client: Un _____ pour Québec, s'il vous plaît.
                                1

    Employé: Un billet aller-retour ou un _____ _____?
                                                                    2

    Client: Je vais revenir à Montréal dans une semaine. Un _____ _____-
                                                                                          3

                _____, s'il vous plaît.

Je vais *acheter un billet*.	buy a ticket
Je vais *prendre un billet*.	buy a ticket
Pour acheter un billet, il faut aller au *guichet*.	ticket window
On *vend* des billets au guichet.	sell
Si vous voyagez par le train *rapide*, il faut payer un *supplément*.	express (fast), supplement
Le train *express* est moins rapide que le train rapide.	express (but slower than *le rapide*)
Le train *omnibus* s'arrête à toutes les stations.	local (slow)
Le train *direct (rapide)* ne fait pas d'*arrêts*.	direct, stops
Il n'est pas nécessaire de *prendre une correspondance (changer de train)*.	change trains
Les trains rapides et les trains directs *roulent en semaine* seulement.	run on weekdays
D'autres trains partent seulement les *dimanches et* les *jours fériés*.	Sundays and holidays
Voulez-vous voyager en *première classe* ou en *seconde?* en *troisième?*[1]	first class, second class third class
Ce sont les *lignes de banlieue*.	commuter lines
Ce sont les *grandes lignes*.	long-distance lines

3.   Complete.
        Marcel veut aller à Nice par le train. Il peut partir n'importe quel jour. Il va au guichet de la gare pour se renseigner sur les prix des billets.
        Au _____
                        1
    Marcel: Je voudrais un billet aller-retour pour Nice.

    Employé: Quand voulez-vous voyager?

    Marcel: Ça dépend. Quels sont les possibilités et les différents prix?

    Employé: Le train _____ s'arrête à toutes les stations, mais le _____ des bil-
                                    2   3

                lets est le moins cher. Il n'y a pas de train rapide le samedi, le dimanche et les jours

                _____. Le train rapide part _____-_____ seulement.
                            4   5

                Le train express ne part pas en semaine. Il part seulement les _____ et les
                                                                                              6

                _____ fériés.
                            7

_____
[1] In France some trains have three classes.

Marcel: Je vais prendre le train _____ . Je n'aime pas m'arrêter à toutes les stations. Je
                                                8

             veux partir le lundi, 15 juillet, et je veux revenir le lundi, 22 juillet. Quel est le prix d'un

             billet _____-_____ ?
                                   9

Employé: Première ou _____ classe?
                                10

Marcel: _____ classe. C'est moins cher.
                    11

Employé: 300 francs, s'il vous plaît.

WAITING FOR THE TRAIN

		Horaire			schedule (timetable)
A Destination de	Départ	Arrivée	Remarques		destination, departure, arrival, notes
Lyon	15 h 30	18 h 30	retard de 30 minutes		delay
Marseilles	16 h 30	19 h 30	à l'heure		on time

Le train pour Lyon devait partir à 15 h 30.
Le train ne va pas partir à l'heure.
Le train va partir à 16 h.
Le train va être *en retard*.   late
Il va *avoir trente minutes de retard*.   be 30 minutes late
Il y aura un retard de trente minutes.   There will be a 30-minute delay.
Le train *venant de* Nice *a-t-il du retard?*   coming from, is it late
Les passagers vont attendre dans *la salle d'attente*. waiting room

4. Answer.
    1. A quelle heure le train pour Lyon devait-il partir?
    2. Est-ce qu'il part à l'heure?
    3. A quelle heure le train va-t-il partir?
    4. Est-ce qu'il y un retard?
    5. Le train a combien de minutes de retard?
    6. Où est-ce que les passagers attendent le train?

5. Complete.
    Le train ne va pas partir à l'_____ . Il y a un _____ de trente minutes. Le
                                         1   2

    train a _____ minutes _____ _____ . Le passagers peuvent attendre
                    3   4

    dans la _____ _____ .
                    5

CHECKING YOUR LUGGAGE

J'ai beaucoup de *bagages*.   luggage
            de *valises*.   suitcases
            de *malles*.   trunks
Je ne peux pas *porter* toutes les valises.   carry
Le *porteur* peut les porter.   porter
Je vais *déposer (mettre)* mes valises à la *consigne*. put (check), checkroom

A la consigne, l'employé me donne un *bulletin de consigne*.   luggage stub (check)
Pour *retirer* mes bagages, je dois *remettre* mon bulletin.   claim, hand over

6. Complete.
    1.   J'ai beaucoup de valises. J'ai beaucoup de _____ .
    2.   Je ne peux pas porter tous mes bagages. Le _____ va les porter.
    3.   Le train a un retard d'une heure. Je vais _____ mes valises à la _____ .
    4.   Quand j'ai mis mes bagages à la consigne, l'employé m'a donné un _____
         _____ _____ .
    5.   Je dois _____ mon bulletin à la consigne pour _____ mes bagages.

7. Complete.
    M. Lapointe arrive à la gare. Il a beaucoup de _____ et il ne peut pas les porter. Il
                      1
appelle un _____ . Le _____ l'aide à porter ses valises. Le train va partir a 13 h.
            2   3
M. Lapointe doit attendre une heure. Il décide de _____ ses bagages à la _____ .
                                4   5
A la consigne, l'employé lui donne un _____ _____ _____ . M.
                                      6
Lapointe doit _____ son bulletin a l'employé pour _____ ses bagages.
              7   8

GETTING ON THE TRAIN

Le train *à destination de* Lyon part dans cinq minutes.   for
Il part du *quai* (de la *voie*)[2] numéro quatre.   platform (track)
J'ai un *siège réservé* (une *place réservée*) dans le train.   reserved seat
Mon siège est dans le *wagon* (la *voiture*) numéro trois.   car
Mon siège est le numéro cinq dans le *compartiment* numéro   compartment
   quatre.
C'est un compartiment *fumeurs/non-fumeurs*.   smoking/no-smoking
Passez sur le quai.   go to

8. Complete.
    1.   Le train pour Lyon part du _____ numéro quatre.
    2.   Je regarde mon billet. J'ai une _____ réservée, mais j'ai oublié le numéro.
    3.   J'ai le siège numéro cinq dans le _____ numéro trois dans le _____ numéro
       quatre.
    4.   Je veux fumer. C'est un compartiment _____ .

9. Complete.
    1.   Le train va partir tout de suite. Il faut aller sur le _____ immédiatement.
    2.   Dans les _____ des wagons de première classe, il y a six sièges. Dans les
       compartiments de seconde classe, il y a huit _____ .
    3.   Il y a dix compartiments dans chaque _____ du train.

ON THE TRAIN

Le *contrôleur* entre dans mon compartiment.   conductor
Il veut *vérifier* et *ramasser* les billets.   check, collect

---

[2] In Quebec you will hear the word *voie* instead of *quai*. *Voie* means "track" and *quai* means "platform."

Les passagers mangent au *wagon-restaurant*. dining car
Ils dorment dans une *couchette* (un *compartiment de wagon-lit*).[3] sleeping car

10. Complete.
1. La personne qui vérifie ou ramasse les billets s'appelle le _____.
2. Parce que c'est un long voyage de nuit, les passagers dorment dans le _____-_____ ou dans les _____.
3. Si les passagers ont faim pendant le voyage, ils peuvent manger quelque chose au _____-_____.

Mme Moulin va faire un voyage par le train. Elle descend du taxi devant la gare. Elle a quatre valises. Elle a besoin de quelqu'un pour l'aider avec ses valises, et elle appelle un porteur. Le train qu'elle prend part en semaine seulement et non pas le dimanche et les jours fériés. A la gare, elle apprend que le train ne va pas partir à l'heure. Le train a une heure et demie de retard. Donc, elle décide de déposer ses valises à la consigne. Après avoir mis ses valises à la consigne, elle va au guichet où elle achète son billet. Elle achète un billet aller-retour en première classe dans le train express à destination de Lyon. Ensuite elle s'assied dans la salle d'attente pour attendre le train. Après une heure, elle va à la consigne pour retirer ses bagages et elle remet son bulletin à l'employé. Elle appelle encore un porteur. Le porteur apporte ses valises au quai numéro 15. Le train est sur le quai. La dame et le porteur cherchent le wagon (la voiture) numéro 10. Enfin ils le (la) trouvent et la dame donne un pourboire au porteur. Dans le wagon numéro 10, qui est un wagon de première classe, la dame cherche le siège numéro six dans le compartiment B. Sa place réservée est le siège six dans le compartiment B du wagon (de la voiture) numéro 10. Puisque le voyage n'est pas long, la dame n'a pas pris un compartiment de wagon-lit. Si elle a sommeil, elle peut dormir sur son siège. Quand le train part, le contrôleur vient ramasser les billets. La dame lui demande où se trouve le wagon-restaurant. Le contrôleur lui explique que le wagon-restaurant est deux voitures en arrière.

11. Based on the story, decide whether each statement is true or false.
1. Mme Moulin fait un voyage en auto.
2. Elle va à la gare en autobus.
3. Elle n'a besoin de personne pour l'aider avec ses bagages parce qu'elle a seulement une valise.
4. Le train part à l'heure.
5. Elle achète un billet aller (un aller-simple, un billet simple).
6. Elle met ses bagages à la consigne.
7. Pour retirer ses bagages, elle donne son bulletin au contrôleur.

12. Answer.
1. Comment Mme Moulin va-t-elle à la gare?
2. Combien de valises a-t-elle?
3. Qui appelle-t-elle?
4. Est-ce que le train va partir à l'heure?
5. Où Mme Moulin met-elle ses valises?
6. Où achète-t-elle son billet?
7. Quelle sorte de billet achète-t-elle?
8. Dans quelle sorte de train va-t-elle voyager?
9. Qu'est-ce qu'elle donne à l'employé pour retirer ses bagages?
10. Où le porteur apporte-t-il les valises?
11. Quelle voiture cherche-t-elle?
12. Quel numéro de siège a-t-elle?
13. Pourquoi n'a-t-elle pas réservé de wagon-lit?
14. Où va-t-elle manger?

---

[3] In France a sleeping car is called a *couchette* or a *wagon-lit*, which is more elegant than a *couchette*.

13. Match.

1.	les bagages	(a)	l'affiche qui indique les départs et les arrivées des trains
2.	le quai	(b)	l'endroit où un voyageur peut mettre ses bagages
3.	le guichet	(c)	où on mange dans le train
4.	le porteur	(d)	la place pour un voyageur dans le train
5.	la consigne	(e)	les valises et d'autres articles du voyageur
6.	le billet	(f)	l'endroit d'où partent les trains
7.	les jours fériés	(g)	où on dort dans un train
8.	l'horaire	(h)	la personne qui aide à porter les valises
9.	le contrôleur	(i)	la personne qui ramasse les billets
10.	le wagon-lit	(j)	ce qu'on doit acheter pour voyager en train
11.	le wagon-restaurant	(k)	les jours de congé
12.	le siège	(l)	où on achète les billets

Chapter 5:   The automobile

Chapitre 5:   L'automobile, la voiture, l'auto

RENTING A CAR

Je voudrais *louer* une *voiture* (une *auto*).	rent, car
Quel est le prix de la location par jour?	What's the rental fee by the day?
par semaine?	by the week
Est-ce que le *kilométrage*[1] est *compris?*	mileage charge, included
C'est combien du (au) *kilomètre?*	kilometer
L'*essence* est comprise?	gas
Avez-vous une voiture à *transmission automatique?*	automatic transmission
Combien faut-il *déposer?*	deposit
Il faut laisser un *dépôt.*	deposit
Quel est le *montant de la caution?*	deposit
Je voudrais une *assurance tous risques.*	full-coverage insurance
Voici mon *permis de conduire.*	driver's license
Je voudrais payer avec une *carte de crédit.*	credit card
Signez le contract ici, s'il vous plaît.	sign the contract

1. Complete.
    1. Je ne veux pas faire le voyage par le train. Je préfère _____ une voiture.
    2. Vous pouvez louer une voiture par _____ ou _____ _____.
    3. Les frais sont de 300 francs _____ jour ou 2000 francs _____ semaine.
    4. Quelquefois le _____ n'est pas _____.
    5. Quelquefois il faut payer pour _____ aussi.
    6. Dans certains pays, il est nécessaire d'avoir un _____ _____ _____ international pour louer une voiture.
    7. Parce que vous pouvez toujours avoir un accident, c'est une bonne idée de prendre une _____ _____ _____ quand vous louez une voiture.

2. Complete.
    — Je veux _____ une voiture, s'il vous plaît.
             1
    — Voulez-vous une grande voiture ou une petite?

    — Une _____, s'il vous plaît.
          2
    — Pour combien de temps la voulez-vous?

    — Quel est le _____ de la _____?
          3   4
    — 300 francs par jour ou 2000 francs par _____. Le _____ n'est pas
                                           5   6
    compris.

    — C'est combien de plus au kilomètre?

    — 1 franc, et l'essence est _____.
              7

---

[1] *Kilométrage* refers to distance traveled as measured in kilometers. The closest English equivalent is "mileage," although this, of course, refers to a distance in miles rather than in kilometers.

— Bon. Je voudrais une voiture pour une semaine.

— Et je vous conseille de prendre une _____ _____ _____ en cas
                                                 8

    d'accident.

— Bien sûr.

— Puis-je voir votre _____ _____ _____ , s'il vous plaît?
                                  9

— Le voici. Est-ce qu'il faut laisser un _____ ?
                                  10

— Si vous payez avec une carte de _____ , non. Sinon, il faut laisser un dépôt.
                                  11

— Donc, je vais payer avec une _____ _____ _____ .
                                  12

— Bon. Voici votre permis de conduire et les papiers.

CHECKING OUT THE CAR (Figs. 5-1, 5-2 and 5-3)

Je suis un bon *conducteur*.	driver
Je sais *conduire*.	drive
accélérer.	accelerate
freiner.	brake
débrayer.	declutch
embrayer.	engage the clutch
arrêter la voiture.	stop the car
démarrer.	start the car
Comment fonctionnent les clignotants?	How do the blinkers work?
les feux de position?	parking lights
les feux de croisement?	low beams
les feux de route?	high beams
les phares?	headlights
les essuie-glaces?	windshield wipers
Comment fait-on pour *changer de vitesse?*	change gears
Que fait-on pour *passer de la première à la deuxième vitesse?*	shift from first to second gear
Que fait-on pour mettre la voiture *au point mort (au neutre)?*	in neutral
en marche arrière?	in reverse
Que fait-on pour *faire (engager la) marche arrière?*	reverse gear
Je *roulais à toute vitesse*.	was driving at top (full) speed
à une vitesse de 100 kilomètres à l'heure.	at 100 kilometers an hour
J'avance.	go forward
Je *recule*.	go back
Je *dépasse cette voiture*.	pass (overtake) this car
Je *stationne la voiture*.	park the car
Est-ce qu'il y a une *carte routière* dans la *boîte à gants?*	road map, glove compartment
Est-ce qu'il y a un *cric* dans le *coffre?*	jack, trunk
Est-ce qu'il y a aussi une *roue de secours?*	spare tire
Est-ce qu'il y a une *manivelle* et une *clé en croix?*	crank, lug wrench
Il manque un *enjoliveur*.	hubcap
Mettez-vous derrière le *volant*.	steering wheel

3. Choose the appropriate word(s).

    1.   Il faut mettre votre pied sur la pédale de _____ avant de changer de vitesse. (*a*) frein
          (*b*) l'embrayage (*c*) l'accélérateur

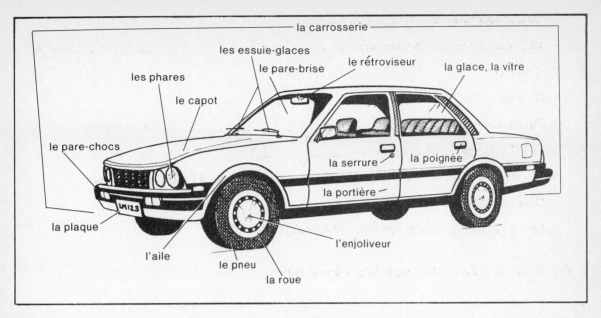

Fig. 5-1

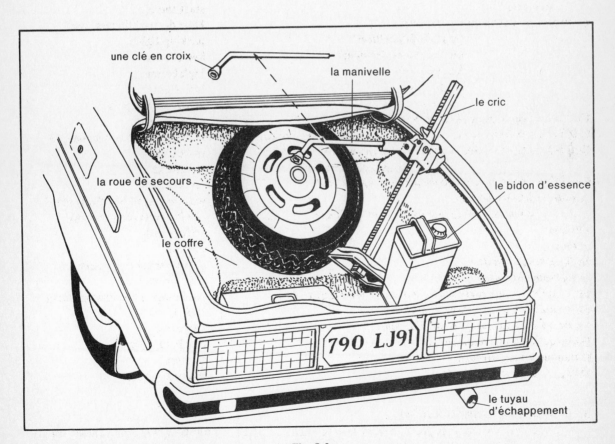

Fig. 5-2

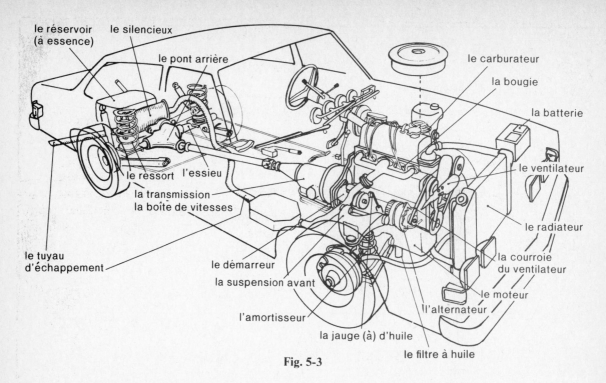

le réservoir (à essence)
le silencieux
le pont arrière
le carburateur
la bougie
la batterie
le ventilateur
le ressort
l'essieu
la transmission
la boîte de vitesses
le radiateur
le tuyau d'échappement
le démarreur
la suspension avant
la courroie du ventilateur
le moteur
l'alternateur
l'amortisseur
la jauge (à) d'huile
le filtre à huile

Fig. 5-3

2. Pour arrêter la voiture, il faut _____. (*a*) freiner (*b*) embrayer (*c*) débrayer
3. Avant de tourner à droite, il faut mettre _____. (*a*) le klaxon (*b*) les clignotants (*c*) les essuie-glaces
4. La nuit, il faut mettre les _____. (*a*) vitesses (*b*) phares (*c*) freins
5. Il y a quelqu'un sur la route. Je dois utiliser _____. (*a*) le volant (*b*) le klaxon (*c*) les clignotants
6. Avant de mettre l'auto en marche, il faut mettre la clé dans le _____. (*a*) démarreur (*b*) volant (*c*) moteur
7. Je ne peux pas voir très bien. _____ est sale. (*a*) L'essuie-glace (*b*) Le pare-brise (*c*) Le pare-chocs
8. Le _____ indique à combien de kilomètres nous roulons. (*a*) volant (*b*) compteur de vitesse (*c*) démarreur
9. Pour stationner la voiture, il faut mettre _____. (*a*) le frein à pied (*b*) le frein à main (*c*) l'accélérateur
10. Quand nous voyageons de nuit sur l'autoroute, et qu'il y a beaucoup de voitures et qu'il fait très noir, il faut allumer les _____. (*a*) clignotants (*b*) feux de croisement (*c*) feux de route
11. Quand je stationne la voiture, _____. (*a*) j'avance (*b*) je recule (*c*) je dépasse

4. Complete.
1. Il faut savoir comment mettre la voiture en première et en marche arrière. Il faut savoir _____ _____.
2. Quand nous allons tourner, il faut mettre les _____.
3. Je ne connais pas bien cette ville. J'espère qu'il y a une carte dans la _____ _____ _____.
4. La roue de secours est dans le _____.

5. Put the following into proper order to start a car. Omit any item that does not belong.
1. freiner
2. mettre la clé de contact dans le démarreur

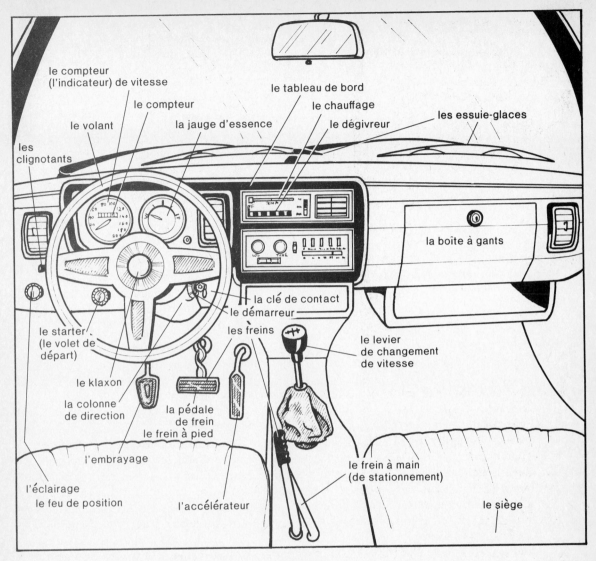

Fig. 5-4

3. klaxonner
4. avancer la voiture en mettant le pied sur la pédale de l'accélérateur
5. mettre la voiture en première et embrayer
6. mettre le clignotant
7. mettre le pied sur la pédale de l'embrayage

AT THE GAS STATION

A la *station d'essence* (la *station-service*).   gas station
J'ai besoin d'*essence*.   gas
Le *réservoir* est presque *vide*.   gas tank, empty
Combien vendez-vous l'essence?   How much do you sell gas for?
Combien vaut le litre d'essence?   a liter of gas
Donnez-moi *50 francs* d'essence.   50 francs worth
       20 litres d'essence.   20 liters

Donnez-moi 20 litres d'essence *sans plomb.*	unleaded
avec plomb.	leaded
ordinaire (régulière).	regular
Donne-moi 20 litres *de super.*	super
Faites le plein, s'il vous plaît.	fill it up
Mettez de l'*eau dans le radiateur.*	water in the radiator
la batterie.	battery
S'il vous plaît, *vérifiez le liquide de freins.*	check the brake fluid
l'huile.	oil
les *bougies.*	spark plugs
la *pression des pneus.*	tire pressure
Pourriez-vous *changer ce pneu?*	change this tire
gonfler les pneus?	put air into the tires
Faites une vidange d'huile, s'il vous plaît.	change the oil
Pourriez-vous *nettoyer le pare-brise?*	clean the windshield
Pourriez-vous *nettoyer les vitres?*	clean the windows
Pourriez-vous *faire un graissage?*	do a grease job
Veuillez faire la *vidange et un graissage complet.*	oil change and lubrication
J'ai besoin d'*antigel.*	antifreeze

6. Complete.

1. J'ai besoin d'essence. Le _____ est presque vide. Je dois aller à la _____- _____.

2. Je ne vais pas faire le _____ d'essence. Je veux seulement 20 _____ d'essence.

3. S'il vous plaît, mettez de l'eau dans le _____ et dans la _____.

4. Voulez-vous vérifier la _____ des pneus et _____ les pneus si nécessaire.

5. Il faut laver le _____-_____. Je ne vois rien.

6. Après quelques 200 kilomètres, c'est une bonne idée de vérifier l' _____ et aussi le liquide de _____.

7. Si vous voulez maintenir une voiture en bon état, il faut faire la _____ et un _____ de temps en temps.

8. Donnez-moi 20 litres d' _____ sans _____, s'il vous plaît. Il n'est pas nécessaire de faire le _____.

9. En hiver, il faut acheter de l'_____.

SOME MINOR PROBLEMS

Ma voiture est *en panne.*	broken down
tombée en panne.	has broken down
Ma voiture *ne démarre pas.*	doesn't start
cale/a calé.	stalls/has stalled
s'arrête.	stops
Le moteur *chauffe.*	is overheating
cogne.	knocks
tourne mal.	is firing
a des ratés.	misfires
cliquette.	vibrates (pings)
Il y a des *grincements.*	rattling noise
Il y a beaucoup de *bruit* quand je *freine.*	noise, brake
Les freins sont *usés.*	worn out
Verifiez les *garnitures des freins.*	brake linings
La valve/le radiateur *perd (fuit).*	is leaking

Il y a une *fuite d'huile.*	oil leak
fuite d'essence.	gas leak
Il y a une *odeur d'essence.*	smell of gasoline
Il faut *resserrer* les freins.	tighten
J'ai un *pneu crevé* (une *crevaison*).	flat tire
Ce pneu est *à plat (crevé).*	flat
La batterie est *déchargée.*	dead
Pourriez-vous la *recharger?*	recharge
Le carburateur *a besoin de réglage.*	needs regulating
La *serrure* est *cassée/bloquée.*	lock, broken/jammed
Est-ce que vous pourriez téléphoner à un *service de dépannage?*	road service
Y a-t-il un *mécanicien?*	mechanic
Pourriez-vous envoyer quelqu'un pour la *remorquer?*	tow
Pourriez-vous me *remorquer à l'aide d'une corde?*	tow
Pourriez-vous m'obtenir une *dépanneuse?*	tow truck
Pourriez-vous *faire les réparations?*	make the repairs
Pourriez-vous la *réparer* tout de suite?	repair
Pourriez-vous commander des *pièces de rechange?*	spare parts
J'ai besoin d'un *bidon d'essence de réserve.*	reserve gas can

7. Complete.

L'autre jour nous étions sur l'autoroute et la voiture est tombée en _____. La voiture
                                                                    1

avait _____ et je ne pouvais pas la faire _____ de nouveau. Il a fallu téléphoner
                2   3

au service de _____. Nous avions besoin d'_____. Le _____ nous en
                4   5   6

a apporté.

8. Complete.
1. Quand le moteur _____, il y a un bruit.
2. Le radiateur _____ beaucoup d'eau et je pense que le moteur _____.
3. Parce que je ne peux pas faire démarrer la voiture, il faut appeler un service de
   _____.
4. Si nous avons besoin de pièces de _____, j'espère que nous pourrons les obtenir tout de
   suite au garage.
5. Le mécanicien me dit qu'il peut _____ la voiture tout de suite.
6. Je ne peux pas mettre l'auto en marche. Je ne peux pas la faire _____.
7. J'ai un pneu _____. Il faut mettre la roue de secours.
8. Il y a une _____ d'huile.
9. La batterie est _____. Pourriez-vous la recharger?
10. Le _____ répare la voiture.
11. Il faut remplacer les freins. Ils sont _____.

ROAD SIGNS AND TRAFFIC REGULATIONS

Les panneaux routiers et le code de la route   Road signs and traffic regulations

Restez à droite (tenez votre droite)   Keep to the right

Allumez vos lanternes   Turn on your headlights

Attention aux travaux   Road work ahead

Danger   Danger

Défense de doubler   No passing

Descente dangereuse/rapide   Steep hill

Déviation   Detour

Feux de circulation   Traffic lights

Priorité à droite   Give right of way to traffic from the right

Stop (arrêt)   Stop

Prudence   Caution

Roulez lentement   Slow

Rue barrée   Road closed

Cul-de-sac (rue sans issue)   Dead end
Sens interdit   Do not enter

Sens unique   One way

Serrez à droite   Squeeze right

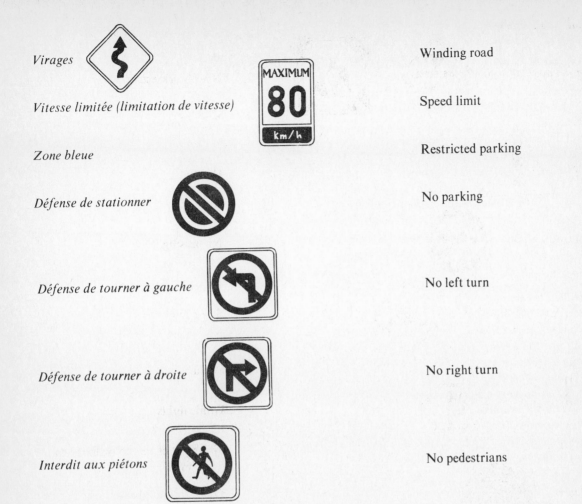

Virages	Winding road
Vitesse limitée (limitation de vitesse)	Speed limit
Zone bleue	Restricted parking
Défense de stationner	No parking
Défense de tourner à gauche	No left turn
Défense de tourner à droite	No right turn
Interdit aux piétons	No pedestrians

9. Write in French what each of the road signs means (Fig. 5-5).

Fig. 5-5

Chapter 6:   Asking for directions
Chapitre 6:   *Demander son chemin*

ASKING FOR DIRECTIONS WHILE ON FOOT

Pardon, monsieur /madame/ mademoiselle.	
Je suis perdu(e). Je me suis égaré(e).	I'm lost
Où se trouve (où est) la *rue* de Prony?	street
l'*avenue* Foch?	avenue
le *boulevard* Saint-Honoré?	boulevard
la *place* Saint-Michel?	square
le *faubourg* Saint-Germain?	quarter (borough)
le *quartier* Latin?	quarter
le *quai* d'Orsay?	quai
le *pont* Henri IV?	bridge
Est-ce bien le chemin pour le *musée?*	is this the way, museum
Est-ce que c'est *loin* ou *près* d'ici?	far, near
Vous pouvez y *aller à pied.*	go on foot
Il faut *faire demi-tour.*	turn around
Tournez à droite.	turn right
à gauche.	left
Prenez la première rue à droite.	take the first
Allez tout droit jusqu'au *coin.*	go straight ahead, corner
C'est à trois *rues d'ici.*	blocks from here
Au *carrefour,* tournez à gauche aux *feux (de circulation).*	intersection, traffic lights
Traversez la rue.	Cross the street.
C'est trois rues *plus loin.*	farther on
Regardez tout droit.	Look straight ahead.
Allez tout droit.	Go straight ahead.
Piétons	pedestrians

1.   Complete.
     A Montréal
     — Pardon, monsieur. Je ne sais pas où je suis. Je me suis _____ .
                                                                    1

     — Je peux peut-être vous aider. Quelle _____ cherchez-vous?
                                                  2

     — La rue de la Montagne. Est-ce que c'est loin?

     — Non, ce n'est pas trop _____ . C'est tout _____ . Vous pouvez y aller
                               3   4

     _____ _____ . Mais vous allez dans la mauvaise direction. Il faut
            5

     d'abord faire _____-_____ . Ensuite allez tout _____ . A trois
                           6   7

     _____ de là, _____ à droite. Allez un peu plus loin et au _____
        8   9   10

     tournez à gauche aux _____ .
                          11

Où se trouve la place des Invalides?
C'est très loin d'ici. Il faut prendre l'*autobus.*   bus
L'*arrêt d'autobus* se trouve au *prochain coin de rue.*   bus stop, next corner

Il faut prendre la *ligne* numéro dix.   line
Descendez de l'autobus au prochain (au sixième) *arrêt* et vous   get off, stop
   serez sur la place des Invalides.
Les autobus *passent toutes les dix minutes.*   come every ten minutes
Il faut prendre le *métro* et *prendre une correspondance* à la sta-   subway, change (transfer)
   tion Concorde.
La *station de métro* se trouve au coin.   subway stop

2. Complete.

— Pardon, monsieur. Savez-vous où se trouve la place des Invalides?

— Oui, monsieur. Mais c'est très ＿＿＿＿＿＿＿ d'ici. Il faut prendre l'＿＿＿＿＿＿＿ ou le
                                          1   2

＿＿＿＿＿＿＿. Vous ne pouvez pas y aller ＿＿＿＿＿＿＿＿＿＿＿.
       3   4

— Où est l' ＿＿＿＿＿＿＿ d'autobus?
              5

— L'arrêt d'autobus se trouve au prochain ＿＿＿＿＿＿＿ ＿＿＿＿＿＿＿.
                                                6

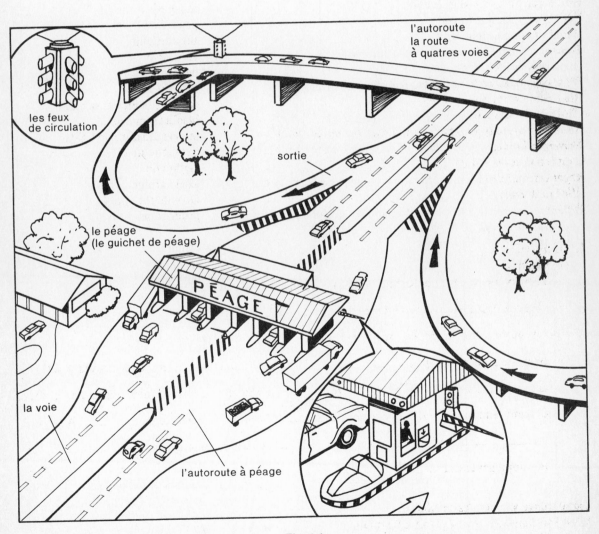

Fig. 6-1

Il y a deux autobus qui partent du même _____. Vous devez prendre la
7

_____ numéro dix. _____ au sixième arrêt et vous serez sur la
8   9

_____ _____.
10

— Merci.

— De rien.

— Oh! Qu'est-ce qu'il faut faire si je décide de prendre le _____ au lieu de l'autobus?
11

— Il faut prendre le métro à la station Etoile et ensuite il faut prendre la _____ à la
12

station Concorde, direction Balard.

ASKING FOR DIRECTIONS WHILE IN A CAR (Fig. 6-1)

Que fait-on pour aller à Neuilly?	how does one get to
Neuilly se trouve dans la *banlieue.*	suburbs
les *environs de la ville.*	outskirts of the city
Il faut prendre l'*autoroute.*	expressway
C'est la *nationale* numéro 1.	interstate highway
Qu'est-ce que je fais pour aller sur l'autoroute?	
Quelle est la *meilleure route?*	best way
Allez *tout droit* jusqu'au second feu (de circulation).	straight ahead
Prenez la rue . . .	take the street
Ensuite, *tournez* à droite et *continuez tout droit.*	turn, continue straight ahead
C'est une *rue à sens unique.*	one-way street
Après avoir payé le *péage* (le *droit de péage*), restez dans la *voie* de droite.	toll, lane
Vous sortez à la troisième *sortie* après avoir passé le *péage* (la *barrière à péage*).	exit, tollbooth
Il y a des *embouteillages* pendant les *heures de pointe (heures d'affluence).*	traffic jams, rush hour
Il y a beaucoup de *circulation.*	traffic
Restez à (votre) droite.	Keep right.
Doublez à gauche.	Pass on the left.

3. Identify the items in Fig. 6-2.

4. Match.

1. ce qu'il faut payer quand on est sur l'au-toroute
2. les lumières qui indiquent si les autos peu-vent passer ou si elles doivent s'arrêter
3. une rue où les voitures ne peuvent pas cir-culer dans les deux sens
4. où les rues se croisent
5. où on paie le droit de péage
6. la période du jour où il y a beaucoup de voitures sur les routes
7. un endroit qui est près de la ville
8. ne tourner ni à gauche ni à droite
9. beaucoup de voitures sur la route

(a) les heures de pointe (les heures d'affluence)
(b) aller tout droit
(c) un carrefour
(d) la banlieue
(e) un embouteillage
(f) le droit de péage
(g) les feux de circulation
(h) la barrière à péage
(i) une rue à sens unique

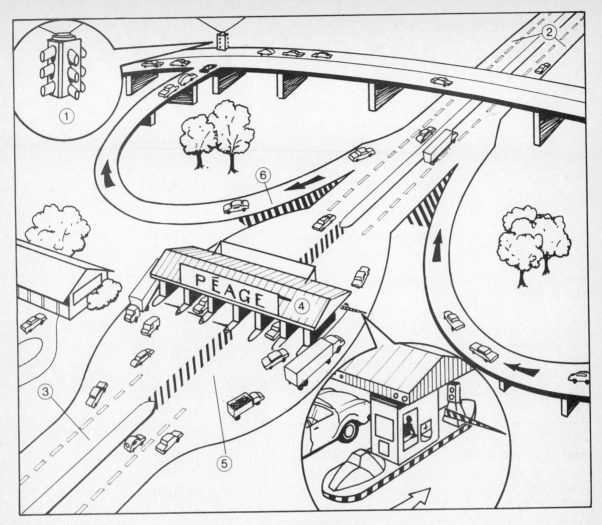

Fig. 6-2

Chapter 7: At the hotel
Chapitre 7: A l'hôtel

CHECKING IN (Figs. 7-1 and 7-2)

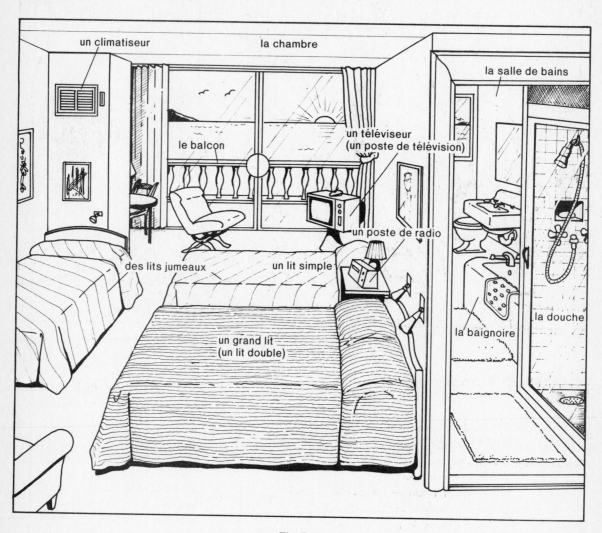

Fig. 7-1

L'homme est à la *réception*.	registration desk
Le *client* parle.	guest
Je voudrais une *chambre à un lit* (une *chambre simple*).	I would like, single room
à deux lits (une chambre *double*)	double
(pour deux personnes).	
Je voudrais une chambre à un lit.	
une chambre avec un *grand lit* (un *lit double*).	double bed
une chambre à *deux lits* (avec des *lits jumeaux*).	twin beds
Je voudrais une chambre qui *donne sur la rue*.	faces the street
donne sur la mer.	overlooks the ocean
donne sur le jardin.	overlooks the garden

38

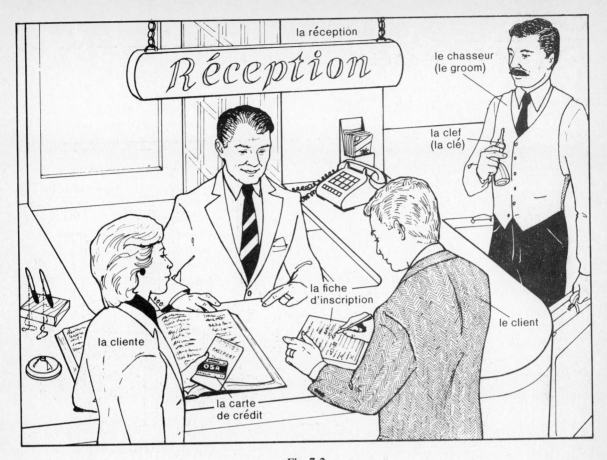

Fig. 7-2

Je voudrais une chambre qui donne sur *la piscine*.	swimming pool
donne sur *la cour*.	courtyard
donne sur *les montagnes*.	mountains
avec un *balcon*.	balcony
au sud.	facing south
Je voudrais une chambre avec *salle de bains privée*.	private bath
avec *douche*.	shower
climatisée (avec climatiseur).	air-conditioned
avec chauffage (chauffée).	heated
avec un *poste de radio*.	radio
avec un *téléviseur*.	television set
Je voudrais une chambre avec *pension complète*.	three meals (American plan)
demi-pension.	breakfast and lunch or dinner (modified American plan)
Le *petit déjeuner (déjeuner)*[1] est-il *compris*?	breakfast, included
Le *service* et les *taxes* sont compris.	service charges, tax
J'ai une *réservation*.	reservation
J'ai une *chambre réservée*.	room reservation

---

[1] Note that the names of the meals in France and French Canada are different.

	France	French Canada
breakfast	*le petit déjeuner*	*le déjeuner*
lunch	*le déjeuner*	*le dîner*
dinner	*le dîner*	*le souper*

Voici ma *confirmation.*	confirmation
Je vais m'*inscrire.*	check in
Le *réceptionniste* parle.	desk clerk
L'hôtel n'est pas *complet.*	full
Nous avons des chambres *libres.*	available
Puis-je voir votre *passeport?*	passport
Remplissez cette *fiche d'inscription,* s'il vous plaît.	fill in, registration card
Allez-vous payer *comptant* ou avec une *carte de crédit?*	cash, credit card
Avez-vous des choses à *déposer* dans le *coffre-fort?*	put, safe deposit box
Le *propriétaire* est ici le matin.	owner
Le *gérant* est ici entre 9 h et 6 h.	manager
Combien de temps *comptez-vous rester?*	do you plan to stay
Vous avez la chambre 20 au *deuxième étage.*[2]	third floor
Prenez l'*ascenseur.* Le *chasseur* (le *groom*) va *monter les bagages.*	elevator, bellhop, take up your baggage
Le *service dans les chambres* est de 6 h du matin à 2 h.	room service
Quand vous sortez de l'hôtel, laissez les *clefs (les clés)* chez le *concierge*/à la *réception.*	keys, concierge/reception desk
Le *portier* peut vous aider à trouver un taxi.	doorman
Vous pouvez *défaire vos valises.*	unpack

1. Complete.
1. Une chambre à un _____ est pour une personne seulement.
2. Une chambre pour deux personnes est une chambre _____.
3. Une chambre peut avoir un _____ ou deux _____.
4. On peut entendre beaucoup de bruit dans une chambre qui _____ sur la _____.
5. Puisque l'hôtel est sur la plage, je veux une chambre qui donne sur la _____.
6. Puisque j'aime les fleurs, je veux une chambre qui donne sur le _____.
7. Je veux prendre mes repas à l'hôtel. Je veux une chambre avec _____.
8. Le _____ et les _____ sont compris dans le prix des chambres.
9. Je veux prendre seulement le petit déjeuner et un repas principal. Je veux une chambre avec _____-_____.
10. En hiver, je veux une chambre avec _____ et en été je veux une chambre _____.
11. Je sais que ça va me coûter plus cher, mais je préfère avoir une chambre avec _____ _____ _____ ou _____ privée.
12. J'ai une _____ et voici ma _____ pour la chambre.
13. Le _____ travaille à la réception.
14. Vous montez les bagages dans l'_____.
15. Si l'hôtel est _____, il n'y a pas de chambres _____.
16. A la réception, le client doit remplir une _____ d'_____. Quelquefois, il doit montrer son _____ au réceptionniste s'il vient d'un pays étranger.
17. Le _____ monte les valises.
18. Beaucoup de gens préfèrent payer avec une _____ _____ _____ au lieu de payer _____.

---

[2] In France the first floor is called *le rez-de-chaussée,* the second floor is *le premier étage,* the third, *le deuxième étage,* etc.

2. Complete.

A la réception

— Bonjour. Avez-vous une _____ pour deux personnes?
                                          1

— Avez-vous une _____?
                          2

— Non, je n'en ai pas.

—Attendez. L'hôtel est presque _____, mais nous avons trois _____
                                                3   4

libres. Préférez-vous une chambre avec un _____ lit ou avec deux
                                                                              5

_____?
          6

— Avec deux lits _____, s'il vous plaît. La chambre _____ sur la rue ou sur
                              7   8

le jardin?

— Les seules chambres qui me restent donnent _____ la _____.
                                                                        9   10

— Quel est le prix de la chambre?

— 300 francs par jour. Le _____ et les _____ sont compris.
                                        11   12

— Les repas sont compris?

— Seulement le _____ _____ est compris.
                              13

— Bon.

— Combien de temps comptez-vous rester?

— Une semaine. Et pardon, comme il fait chaud en ce moment, est-ce que la chambre est

_____?
          14

— Oui, monsieur. Et vous avez une _____ _____ _____ privée.
                                                                              15

— Bon.

— Parfait. S'il vous plaît, _____ cette fiche et donnez-moi votre _____.
                                          16   17

— Le voici.

— Merci. Le _____ va monter vos bagages dans l'_____.
                        18   19

SPEAKING WITH THE MAID (Fig. 7-3)

Je parle avec la *femme de chambre*.	chambermaid
Avez-vous un *service de nettoyage/de blanchisserie?*	dry-cleaning/laundry service
Pourriez-vous *faire donner un coup de fer à (repasser)* ce *complet?*	iron, suit
Veuillez *laver* ces vêtements.	wash
Je voudrais *faire nettoyer* cette *robe*.	have cleaned, dress
Veuillez *faire nettoyer à sec* cette robe.	dry-clean
Quand est-ce que *ça sera prêt?*	will it be ready
Si vous la voulez aujourd'hui, il faut payer un *supplément*.	supplement
Pouvez-vous *faire la chambre* maintenant?	make up (prepare)

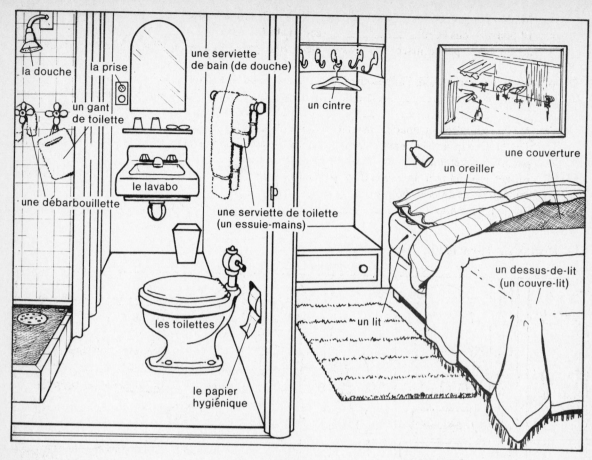

Fig. 7-3

J'ai besoin d'un *oreiller*.	pillow
d'une *taie d'oreiller*.	pillowcase
d'une *couverture* de plus.	blanket
de *draps*.	sheets
d'un *gant de toilette* (une *débarbouillette*).[3]	washcloth
d'une *serviette*.	towel
de *savon*.	soap
de *cintres*.	hangers
de *papier hygiénique*.	toilet paper
d'un *rasoir électrique*.	electric razor
d'un *cendrier*.	ashtray
Où est la *prise* pour le rasoir électrique?	socket (outlet)
le *sèche-cheveux*?	hair dryer
Quelle est la *tension* (le *voltage*) ici?	voltage

3. Complete.

1. Je veux qu'on fasse notre chambre. Je vais appeler la _____ _____
_____ tout de suite.

2. J'ai beaucoup de vêtements sales. Je vais voir s'il y a un service de _____ ici.

---

[3] A washcloth is *une débarbouillette* in French Canada and *un gant de toilette* in France. Very often washcloths in France are in the shape of a mitten. *Toilettes* in the plural means "toilet." In the singular it is generally used with the expression *faire sa toilette* and means "to wash up."

3. Madame, pouvez-vous _____ la chambre maintenant?

4. Et pouvez-vous faire _____ cette robe?

5. Je ne peux pas utiliser mon rasoir électrique parce que je ne sais pas où se trouve la _____.

6. La nuit j'ai très froid; j'ai besoin d'une _____ de plus.

7. Je me lave avec un _____ _____ et je me sèche avec une _____ _____.

8. Je veux prendre une douche, mais il n'y a pas de _____.

9. J'ai beaucoup de vêtements. Dans les hôtels il n'y a jamais assez de _____ pour pendre mes vêtements.

10. En général, on met un rouleau supplémentaire de _____ _____ dans la salle de bains dans les hôtels.

11. Sur le lit, il y a un _____, une _____ et des _____.

4. Identify each item in Fig. 7-4.

Fig. 7-4

SOME PROBLEMS YOU MAY HAVE (Fig. 7-5)

Le *lavabo* est *bouché*.	washbasin, clogged
Mon lavabo n'a pas de *bouchon*.	stopper
Le *robinet ne fonctionne pas*.	faucet, doesn't work
La *lumière*	light
Les *toilettes* ne fonctionnent pas.	toilet

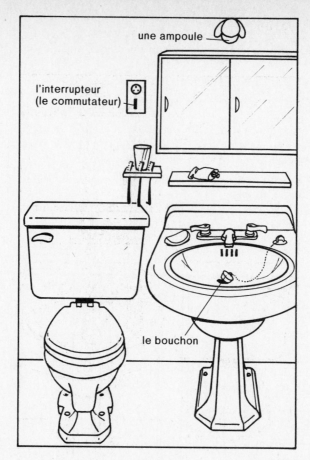

une ampoule

l'interrupteur
(le commutateur)

le bouchon

Fig. 7-5

La chasse d'eau ne fonctionne pas.	The lavatory won't flush.
Je ne peux pas *tirer la chasse d'eau du W.C.*[4]	flush the toilet
L'*interrupteur* ne fonctionne pas.	light switch
L'*ampoule* est *grillée.*	light bulb, burned out
Il n'y a pas d'*eau chaude.*	hot water
La *climatisation* ne fonctionne pas.	air conditioning
Pouvez-vous *chauffer davantage?*	turn up the heat
Pouvez-vous *baisser le chauffage?*	turn down the heat

5.   Complete.
   1.   Je ne peux pas allumer la lampe. Je pense que l'_____ est _____ ou que
        peut-être l'_____ ne fonctionne pas.
   2.   J'ai ouvert le _____, mais il n'y a pas d'eau.
   3.   Le lavabo ne se vide pas. Il est _____.
   4.   Je ne peux pas prendre de douche s'il n'y a pas d'eau _____.
   5.   Je ne peux pas garder l'eau dans le lavabo. Il n'y a pas de _____.
   6.   J'ai froid. Pouvez-vous _____ davantage?
   7.   J'ai chaud. Pouvez-vous _____ le chauffage?

---

[4] A *W.C.* is an abbreviation for water closet and refers either to the toilet or to a bathroom that has only a toilet and a
sink.

6. Identify each item in Fig. 7-6.

Fig. 7-6

CHECKING OUT

A la *caisse*	cashier
A quelle heure faut-il *quitter (libérer)* la chambre?	vacate
Quelle est l'*heure de départ?*	departure time
Pouvez-vous *préparer ma note?*	prepare my bill
Ma note est-elle *prête?*	ready
Ces *frais pour le service dans les chambres* ne sont pas les miens.	room service charges
Je voudrais *faire descendre mes bagages.*	have my bags brought down
Acceptez-vous les *cartes de crédit?*	credit cards
Les frais pour le service dans les chambres sont *portés automatiquement sur votre compte.*	charged directly to your account
Avez-vous des *suppléments à payer?*	supplemental charges (room service charges)
Avez-vous pris des *consommations* dans votre chambre?	drinks
Avez-vous fait des *appels téléphoniques?*	phone calls
Voici du *courrier* pour vous.	mail

7. Complete.

A la caisse

— Avez-vous préparé ma _____ pour la chambre numéro 805, s'il vous plaît?
                                1

— Avez-vous commandé quelque chose du service dans les _____ ce matin?
                                                        2

— Non. J'ai payé pour le petit déjeuner.

— Avez-vous fait des _____ téléphoniques ce matin?
                        3

— Non, monsieur.

— Bon. Voici votre _____. Le tarif est 300 francs.
                        4

— Pardon, monsieur, mais ces frais de _____ _____ _____
                                                                5
_____ ne sont pas les miens. Je n'ai rien commandé dans ma chambre.

— Pardon! C'est pour la chambre numéro 905.

— Acceptez-vous les _____ _____ _____, monsieur?
                                        6

— Oui, quelle _____ avez-vous?
                    7

8. Complete.

1. Quand un client arrive à l'hôtel, il va d'abord à la _____ où il parle avec le _____.

2. En général, il faut _____ une fiche d'_____ et montrer son _____ à l'employé.

3. Une personne seule dans un hôtel veut une chambre à _____ _____. Pour deux personnes, il leur faut une chambre avec un _____ _____ ou une chambre avec des _____ _____.

4. Dans beaucoup d'hôtels, le _____ et les _____ sont compris dans le tarif. Quelquefois le _____ _____ est compris aussi.

5. Il y a beaucoup de bruit dans une chambre qui _____ _____ la rue.

6. Beaucoup de gens font une _____ avant d'arriver à l'hôtel. Quand ils arrivent à l'hôtel, ils montrent leur _____ à la réception.

7. Si l'hôtel n'a pas de chambres _____, il est _____.

8. Le _____ aide les voyageurs avec leurs bagages.

9. On prend l'_____ pour monter dans la chambre.

10. La _____ _____ _____ nettoie les chambres dans l'hôtel.

11. Parmi les choses qui doivent se trouver dans la salle de bains il y a _____, _____ et _____.

12. En hiver, presque tous les hôtels ont des chambres _____ et en été, ils ont des chambres _____.

13. Quand un client a froid pendant la nuit, il veut une _____ de plus pour la mettre sur son _____.

14. Il faut avoir des _____ dans l'armoire pour pendre les vêtements.

15. Beaucoup d'hôtels offrent à leurs clients un service de _____ pour nettoyer ou laver et repasser leurs vêtements.

16. Si un client veut commander quelque chose à manger dans sa chambre, il faut appeler le _____ _____ _____.

17. Dans beaucoup d'hôtels, les clients doivent _____ leurs chambres avant midi le jour de leur départ.

18. Quand les clients viennent à l'hôtel, ils doivent aller à la réception. Quand ils quittent l'hôtel, ils doivent payer à la _____.

19. Beaucoup de gens préfèrent régler leur compte avec une _____ de _____.

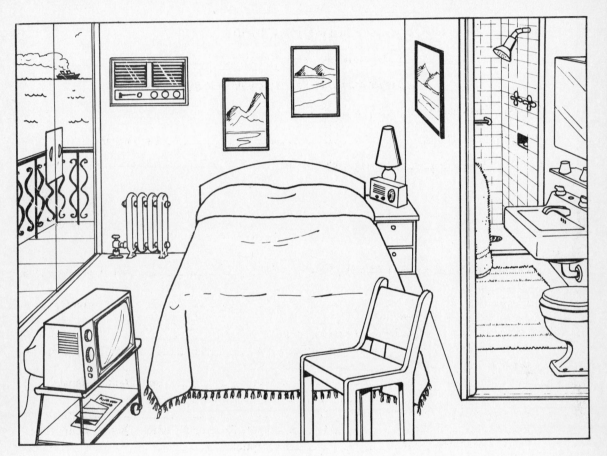

Fig. 7-7

9. Answer on the basis of Fig. 7-7.
   1. Est-ce que la chambre donne sur la rue?
   2. Est-ce qu'elle a un balcon?
   3. Quelle sorte de lit a la chambre?
   4. Quelle sorte de chambre est-ce?
   5. Est-ce qu'elle a une salle de bains privée?
   6. Qu'est-ce qu'il y a dans la salle de bains?
   7. Qu'est-ce que la chambre contient pour les jours où il fait chaud?
   8. Qu'est-ce qu'elle a pour les jours où il fait froid?

10. Look at Fig. 7-8 and correct each false statement.
1. Les gens sont à la caisse.
2. Ils sortent de l'hôtel.
3. Ils parlent aux chasseurs.
4. La dame remplit une fiche d'inscription.
5. Le chasseur a la clef de la chambre.
6. La femme a une carte de crédit à la main.

Fig. 7-8

11.   Answer on the basis of Fig. 7-9.
1.   Quelle sorte de chambre est-ce?
2.   Qu'est-ce qu'il y a sur le lit?
3.   Qui travaille dans la chambre?
4.   Qu'est-ce qu'elle fait?
5.   Qu'est-ce qu'il y a dans l'armoire?
6.   Est-ce que le lavabo est dans la même pièce que la douche?
7.   Est-ce qu'il y a une douche dans la salle de bains?
8.   Combien de serviettes y a-t-il?
9.   Combien de rouleaux de papier hygiénique y a-t-il?

Fig. 7-9

Unit 2: Services
Unité 2: Les services

Chapter 8: At the bank
Chapitre 8: A la banque

CHANGING MONEY (Fig. 8-1)

Fig. 8-1

CHANGING MONEY (Fig. 8-1)

Où est la *banque?*	bank
Y a-t-il une *succursale* de la Banque Royale?	branch
Où est le *bureau de change?*	foreign exchange counter
J'ai besoin d'*argent* français.	money
Je voudrais *changer* 100 dollars en francs.	change
Avez-vous des *chèques de voyage* ou de l'*argent liquide?*	traveler's checks, cash
Combien vaut le dollar aujourd'hui?	how much is
Quel est le *taux de change* aujourd'hui?	rate of exchange
Il est *à 7 francs le dollar.*	7 francs to the dollar
Quels sont les *frais?* (Quelle est la *commission?*)	commission charges
Le *caissier* vous donne de l'argent.	cashier (teller)
Vous pouvez passer à la *caisse.*	cashier's window
Avez-vous une *pièce d'identité?*	identification

1. Complete.

M. Legrand est en France et il n'a pas d'_____ français. Il veut changer 100 dollars
                                              1

_____ francs. Il ne veut pas changer l'argent à l'hôtel parce que dans les hôtels, il y a des
        2

_____ plus élevés à payer. Il veut changer son argent à la _____. Il sait que le
        3   4

_____ _____ _____ à la banque est meilleur que celui de l'hôtel.
                            5

2. Complete.

— Je veux _____ 100 dollars, s'il vous plaît.
                1

— Oui, monsieur.

— Quel est le taux de change?

—Avez-vous   des   _____   _____   _____   ou   de   l'argent
                                            2

_____?
        3

— Des chèques de voyage.

— Aujourd'hui, le taux de change est à 7 francs _____ dollar.
                                                        4

— Bon.

— Je peux voir votre passeport, s'il vous plaît?

— Oui, monsieur. Le voici.

— Vous pouvez passer à la _____. Là on va vous donner l'argent.
                                    5

MAKING CHANGE

Régler (payer) le compte.	Pay the account (bill).
Voici la *facture.*	bill
Il faut *payer comptant.*	pay in cash
Je n'ai pas d'*argent liquide.*	cash
Je veux *toucher (encaisser) un chèque.*	cash a check
Je n'ai que de *grosses coupures.*	large bills
Je voudrais des *petites coupures.*	small bills
Pouvez-vous *me donner (faire) la monnaie de* ces *billets* de 100 francs?	change, bills
Je n'ai pas de *monnaie.*	change
Voilà cinq *pièces* de 1 franc.	pieces (coins)

3. Complete.

Mme Péneau ne paie pas la facture par chèque. Elle paie avec de l'argent _____.
                                                                                          1

Mais elle n'en a pas. Donc, elle doit aller à la banque pour _____ _____
                                                                                    2

_____.

4. Complete.

Oh! Je n'ai pas de _____. Pourriez-vous me donner la monnaie de ces
                          1

_____ de 100 francs?
        2

5. Complete.

A la banque

— Je veux changer un chèque de voyage, s'il vous plaît.

— Oui, monsieur. Le chèque est en francs?

— Non, monsieur, il est en _____ .

1

— Je ne peux pas vous donner des dollars.

— Je le sais. Je veux le changer en francs. Quel est le _____ _____

2

_____ ?

— 7 francs _____ dollar.

3

— Très bien.

— Vous pouvez passer à la caisse.

A la _____

4

— Voilà 1000 francs. Voici dix _____ de 100 francs.

5

— Pardon, monsieur. Pouvez-vous me donner la _____ de 100 francs, s'il vous plaît?

6

J'ai besoin de petites coupures.

— D'accord. Voici trois _____ de 20 francs et quatre de 10.

7

— Pardon, encore. Je n'ai pas de petite _____ non plus. Pourriez-vous changer un

8

billet de 10 francs, s'il vous plaît?

— Voici de la _____ pour 10 francs. Dix _____ de 1 franc.

9   10

— Merci.

A SAVINGS ACCOUNT

C'est une *caisse d'épargne*.	savings bank
Je voudrais *ouvrir un compte d'épargne*.	to open a savings account
Je voudrais *faire un versement (faire un dépôt)*.	to make a deposit
Je voudrais *déposer (verser, faire un dépôt de)* 100 dollars.	deposit
Je ne voudrais pas *retirer* d'argent de mon *compte* maintenant.	withdraw, account
Je ne veux pas *faire de retrait (de fonds)*.	make a withdrawal
Je voudrais un *certificat de dépôt à taux d'intérêt variable*.	variable-interest certificate of deposit
Regardez l'*affiche*.	sign
Je vais à la *caisse*.	teller's window
Je donne mon *livret d'épargne* (Canada: *carnet de banque*) au *caissier*.	bankbook (passbook), cashier
On *touche des intérêts* pour ce compte tous les *mois*.	gets interest, month
Le *solde* indique la somme d'argent qu'on a à la banque à ce moment.	balance
J'aime *épargner (économiser)* de l'argent.	save

6. Complete.

Je veux épargner (économiser) de l'argent. J'ai un _____ _____ à la

1

caisse d'épargne. Demain, je vais _____ 100 dollars sur mon compte. J'essaie de faire un

2

_____ chaque mois, au commencement du mois pour _____ des

    3   4

_____ . A la caisse d'épargne je vais à la _____ et je donne mon

    5   6

_____ d'épargne au _____ . Comme vous pouvez le deviner, j'aime

    7   8

_____ de l'argent, et je n'aime pas _____ de l'argent de mon compte.

    9   10

A CHECKING ACCOUNT

J'ai un *compte (de) chèques* à la banque.	checking account
Je voudrais *toucher (encaisser)* un chèque.	cash
Il faut *endosser* le chèque avant de pouvoir le toucher.	endorse
Je n'ai plus de chèques. J'ai besoin d'un autre *carnet de chèques (chéquier)*.	checkbook
Je voudrais savoir le *solde* de mon compte.	balance

7. Complete.
   1. J'ai 200 dollars sur mon compte (de) chèques. J'ai un _____ de 200 dollars.
   2. Oh! la la! Je n'ai plus de chèques. J'ai besoin d'un autre _____ _____ _____ .
   3. —Je voudrais _____ ce chèque. —Avez-vous un _____ _____ dans cette banque?
   4. Si je veux toucher un chèque, je dois l'_____ .

GETTING A LOAN

Je ne peux pas *payer comptant*.	pay cash
Je veux *acheter (payer) à crédit*.	buy (pay) on credit
Je veux payer *en versements échelonnés*.	in installments (using the installment plan)
Je veux *emprunter de l'argent*.	borrow
Je veux *faire un emprunt*.	take out a loan
On *me fait un prêt*.	gives me a loan
Je voudrais *faire un versement initial de* 5000 dollars.	make a down payment
Quel est le *taux d'intérêt?*	interest rate
Il est de (à) 22 *pour cent*.	percent
Je dois faire des *versements (paiements) mensuels*.	monthly payments
Quelle est la *date d'échéance?*	due date
Quelle est la *période d'amortissement?*	duration
Je vais acheter une maison. Je dois *faire un emprunt hypothécaire (prendre une hypothèque)*.	take out a mortgage
Quel est le *taux d'hypothèque (d'un prêt hypothécaire)?*	mortgage rate

8. Complete.
   Mlle Mongrain veut acheter une voiture. La voiture va lui couter 8000 dollars. Mlle Mongrain

voudrait payer en _____ _____ parce qu'elle n'a pas assez d'argent pour la

                          1

payer _____ . Elle peut faire un _____ de 1000 dollars, mais

          2   3

elle doit aller à la banque pour _____ _____ _____ pour pouvoir

                                        4

payer les autres 7000 dollars. Il y a deux choses importantes qu'elle veut savoir avant d'emprunter de

l'argent. Elle veut savoir le _____ _____ et les versements _____ .
                                            5   6

L'employé lui dit aussi que la date d'_____ de chaque paiement sera le premier du mois.
                                              7

9. From the list, select the appropriate word(s) to complete each sentence.

(a)	endosser	(l)	monnaie
(b)	chèques de voyage	(m)	chèque
(c)	carnet de chèques	(n)	pour cent
(d)	taux de change	(o)	billet
(e)	taux d'intérêt	(p)	emprunt hypothécaire
(f)	compte d'épargne	(q)	livret d'épargne (carnet de banque)
(g)	emprunt	(r)	versements échelonnés
(h)	versement initial	(s)	solde
(i)	paiements mensuels	(t)	comptant
(j)	date d'échéance	(u)	compte chèques
(k)	argent liquide		

1. Tu vas faire un voyage et tu ne veux pas emporter beaucoup d'argent liquide. Tu vas acheter des _____ _____ _____ .
2. Vous n'allez pas payer avec de l'argent liquide. Vous préférez payer par _____ .
3. Pour pouvoir payer par chèque, il faut avoir un _____ _____ à la banque.
4. Si vous n'avez pas de _____ , vous devez changer un billet.
5. Avant de toucher un chèque, on doit l'_____ .
6. Avant de changer de l'argent en monnaie étrangère, il faut savoir le _____ _____ _____ .
7. Si vous n'avez pas assez d'argent pour acheter quelque chose dont vous avez besoin, il faut faire un _____ à la banque.
8. Il est nécessaire de faire le paiement à la _____ _____ .
9. Je ne paie pas cette voiture comptant. Je la paie en _____ _____ .
10. Je ne peux pas payer par chèque parce que je n'ai pas mon _____ _____ _____ sur moi.
11. Pour retirer (faire un retrait) ou verser (faire un dépôt) de l'argent à la banque, il faut donner votre _____ _____ au caissier.
12. J'aime épargner (economiser) de l'argent. J'ai un _____ _____ .
13. Je ne sais pas exactement ce qui me reste sur mon compte. Je veux savoir le _____ de mon compte.
14. Pour acheter une maison, vous pouvez faire un _____ _____ .
15. Même si on me fait un prêt, je dois avoir assez d'argent pour faire un _____ _____ .

10. Complete each item with an appropriate verb.
1. J'ai besoin d'argent français. Je vais _____ un chèque de voyage.
2. J'ai tout l'argent qu'il me faut. Je vais _____ l'argent dont je n'ai pas besoin à la banque.
3. Je veux _____ un chèque.
4. Avant de le toucher, je dois l'_____ .
5. Je voudrais _____ ce billet de 100 dollars.
6. Pour pouvoir l'acheter, je vais _____ un emprunt.
7. Je _____ la facture à crédit.
8. D'abord je dois _____ un versement initial.
9. Ensuit je dois _____ des versements mensuels.
10. On _____ des intérêts chaque mois si on a un compte d'épargne.

11. Complete.
1. Le taux de change est _____ 7 francs _____ dollar.
2. Quel est le taux de change? 7 francs _____ dollar.
3. Le taux d'intérêt est _____ 22 _____ cent.
4. Je voudrais changer 100 dollars _____ francs.
5. Je ne paie pas comptant. Je paie _____ crédit.

Chapter 9: At the post office
Chapitre 9: A la poste (au bureau de poste)

SENDING A LETTER (Fig. 9-1)

Je voudrais *envoyer* une *lettre*.	send, letter
une *carte postale*.	postcard
Je dois *mettre* cette lettre *à la poste*.	mail
Je ne peux pas la mettre dans *la boîte aux lettres*.	mailbox
Je dois aller à la *poste* (au *bureau de poste*).	post office
Je dois *affranchir* la lettre.	put stamps on
A combien faut-il affranchir cette lettre?	How much postage does this letter require?
ce *paquet?*	this package
ce *colis?*	this parcel
Quel est l'*affranchissement*[1] *par avion?*	postage, by air mail
par voie ordinaire?	by regular (surface) mail
J'achète trois *timbres (timbres-poste)* de 20 *centimes (sous)*.[2]	stamps, cents
Je voudrais *recommander* cette lettre.	send by registered mail
Allez à ce guichet pour les *envois recommandés*.	registered mail
On doit *signer* pour recevoir *une lettre recommandée*.	sign, registered letter
du courrier recommandé.	registered mail
A quel guichet *faut-il s'adresser* pour les timbres?	does one have to go to
Sur l'*enveloppe*, il faut écrire	envelope
le *nom* et l'*adresse* du *destinataire*.	name, address, addressee
le *nom* et l'*adresse* de l'*expéditeur*.	name, address, sender
le *code postal*.[3]	ZIP code (postal code)

1. Complete.

    Je veux envoyer cette lettre. Mais je ne peux pas la mettre dans la _____

    _____ _____ . Je dois aller à la _____ pour deux raisons. Je ne sais

            1   2

    pas quel est l'_____ et je n'ai pas de _____ . Je dois acheter des

                       3   4

    _____ à la _____ .

       5   6

2. Complete.

    Au _____ **de poste**

           1

    —Je voudrais envoyer cette lettre à la Martinique. A combien faut-il l'_____ ? Quel

                                                            2

    est l'_____ s'il vous plaît?

          3

---

[1] *L'affranchissement* refers to the postage. In some post offices, the client actually puts the envelope in a machine to cancel the stamp before putting the letter in the mailbox.

[2] In French Canada, "cents" is translated by *sous*. In France it is *centimes*.

[3] Note that in Canada the "ZIP code" is called a "postal code" in English. It is a series of letters and numbers with a space after the first three, for example, M4S 1C8. In France the postal code is placed before the name of the city or town. The first two numbers of the postal code correspond to the *département* (administrative division of France) the other three to the post office branch.

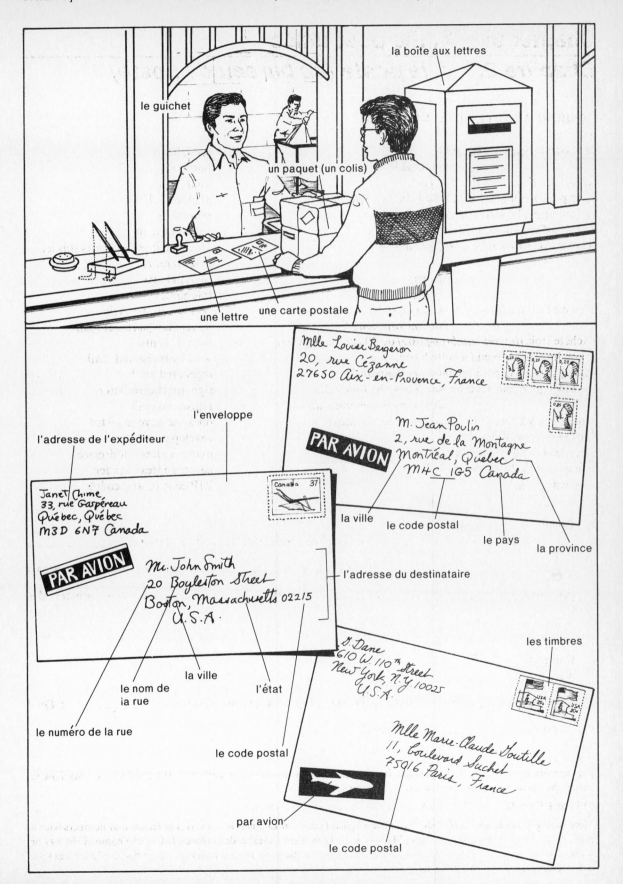

Fig. 9-1

— Voulez-vous l'envoyer par voie ordinaire ou par _____ ?

4

— _____ _____ , s'il vous plaît.

5

— L'_____ sera de 2 francs, 45 centimes.

6

—Bon, donnez-moi un _____ de 2 francs, deux de 20 centimes et un autre de 5

7

centimes.

— Voulez-vous recommander la lettre?

— Non, je ne veux pas l'envoyer en _____ .

8

3. Answer on the basis of Fig. 9-2.
1. Quel est l'affranchissement pour envoyer la lettre?
2. Est-ce qu'on va envoyer la lettre par voie ordinaire ou par avion?
3. Quelle est l'adresse du destinataire?
4. Quel est le code postal du destinataire?
5. Quelle est l'adresse de l'expéditeur?
6. Combien de timbres y a-t-il sur l'enveloppe?

Fig. 9-2

SENDING A PACKAGE

Je voudrais *poster* ce *colis (mettre* ce *colis à la poste).*	mail, package (parcel)
ce *paquet.*	package
Combien *pèse*-t-il?	weigh
Je ne sais pas. Je dois le mettre sur la *balance.*	scale
Je voudrais l'*assurer (l'envoyer en valeur déclarée).*	insure
C'est *fragile?*	fragile
Il faut *remplir* cette *déclaration pour la douane.*	customs declaration
Combien de temps *prendra-t-il pour arriver?*	will it take to get there
Par avion, ça va prendre cinq jours.	by plane
Par bateau, ça va prendre trois mois.	by boat

4. Complete.
1. Je voudrais poster ce _____ pour les Etats-Unis. Mais je ne sais pas combien il
_____ . Je ne peux pas le peser parce que je n'ai pas de _____ . Je dois aller à
la poste.

2. Ce paquet n'a pas de grande valeur. Il vaut moins de 10 dollars. Je ne vais pas l'_____.

3. Il n'est pas nécessaire de _____ _____ _____ pour la douane parce que le paquet vaut moins de 10 dollars.

4. Si je l'envoie par _____, ça va prendre seulement cinq jours pour arriver. Si je l'envoie par _____, ça va _____ trois mois. Mais l'affranchissement par avion est plus élevé que l'_____ par bateau.

OTHER WORDS YOU MAY NEED

Est-ce qu'il y a *du courrier*[4] pour moi?	mail
On *délivre* le courrier tous les jours, *sauf* le samedi et le dimanche.	deliver, except
Le *facteur* (la *factrice*) délivre le courrier le matin.	letter carrier
Avez-vous une *boîte postale?* (Canada: une *case postale*)	post office box
Avez-vous des lettres *poste restante*[5] au nom de Longrain?	general delivery
Oui. Avez-vous une *pièce d'identité?*	identification
Où puis-je trouver un *mandat?*	money order
Remplissez cette *formule de mandat.*[6]	money order request
Je voudrais envoyer un *télégramme.*[6]	telegram
Je voudrais envoyer un télégramme *avec réponse payée* pour 15 mots.	reply paid
Je vais l'envoyer *port payé.*	postage paid

5. Complete.

Je ne dois pas aller à la _____ pour prendre mon courrier. Le _____ le
                            1   2
délivre a la maison. Il _____ le courrier chaque matin à 10 h. Je vais voir si j'ai du
                        3
_____ aujourd'hui. Tiens! J'ai reçu une facture et je dois la payer par _____.
    4   5
Donc, il faudra aller à la poste demain. Je dois aussi envoyer un _____ urgent à ma tante.
                                                                  6

---

[4] The general word for mail is *le courrier* when one is receiving mail. When one is actually working on one's mail, such as writing a letter, the word to use is *la correspondance.*

[5] When you do not have a permanent address, you can pick up your mail at *poste restante* that is, "general delivery."

[6] In general, in France money orders and telegrams are sent through the post office.

Chapter 10: A telephone call
Chapitre 10: Un coup de téléphone

A TELEPHONE CALL (Fig. 10-1)

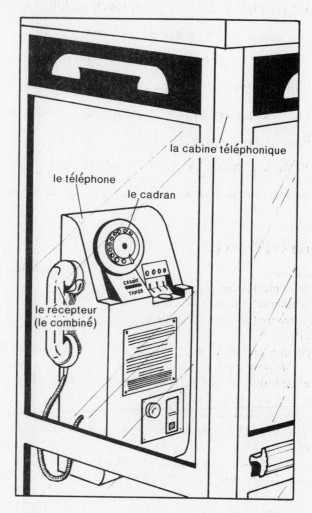

Fig. 10-1

Faire une *communication locale*	local call
Je voudrais *donner un coup de téléphone.*	make a phone call
*téléphoner à*_____.	telephone
Je ne sais pas le *numéro.*	number
Avez-vous un *annuaire des téléphones (du téléphone, téléphonique)* pour Montréal?	phone book (directory)
Je voudrais faire *une communication locale (un appel local).*	local call
Donc, je peux appeler *sans frais.*	without charge
Je peux *composer (faire)* le numéro directement.	dial
Pour *faire* une communication locale (un appel local) vous pouvez composer le numéro directement.	make
Je vais *décrocher le récepteur (l'appareil).*	pick up the receiver

62

Je vais attendre la *tonalité*.	dial tone
Ensuite, je vais *composer le numéro*.	dial the number
Le téléphone *sonne*.	is ringing
J'ai terminé ma conversation. Je vais *raccrocher*.	hang up
La *ligne* est *occupée*.	line, busy

1. Complete.

Mme Pierron veut donner un _____ de téléphone. Elle veut appeler un ami, mais elle ne
                                                    1

sait pas son _____ de téléphone. Il faut qu'elle consulte l'_____
                              2

_____ _____ pour trouver le numéro. C'est 590-2375. Parce que son ami habite
       3

dans la même ville, Mme Pierron va faire une _____ _____. Elle peut donc
                                                                      4

_____ le numéro directement. Mme Pierron _____ le récepteur. Elle attend la
       5   6

_____. Ensuite elle compose le _____ sur le _____. Le téléphone
       7   8   9

_____. Après sa conversation avec son ami, elle _____ le récepteur. Ensuite
       10   11

elle téléphone à une autre amie, mais cette fois la _____ est _____. Elle
                                                              12   13

essaiera plus tard.

MAKING A LONG-DISTANCE CALL

Communications interurbaines	long-distance calls
Je voudrais faire une communication interurbaine.	
Pour faire une communication interurbaine, il faut passer par	
l'intermédiaire de l'*opératrice* (de l'*opérateur;* du/de la	operator
téléphoniste (Canada)).	
Je voudrais faire un *appel avec préavis (PAV)*.	person-to-person
de personne à personne (Canada).	person-to-person
Je ne veux pas payer. Je voudrais faire une *communication en*	
PCV[1] *(payable à l'arrivée);* un *appel à frais virés* (Canada).	collect
En France, pour appeler à l'extérieur de votre région, *faites*	dial
l'indicatif de zone (deux chiffres), puis le numéro ou l'*indicatif*	zone code, department code
du département ou territoire (trois chiffres), puis le numéro.	
Au Canada, pour appeler à l'extérieur de votre région, *faites* le	dial
O, puis l'*indicatif régional approprié,* puis le numéro de	appropriate area code
téléphone.	
Vous pouvez *faire une communication en PCV.*	reverse the charges
faire virer les frais (Canada).[1]	
si l'autre personne *consent à assumer les frais.*	consents to pay
Je désire obtenir une communication avec . . .	Please connect me with (put me through to) . . .
D'accord. *Ne quittez pas (ne coupez, ne raccrochez pas).*	Don't hang up.

2. Complete.
1. Je ne vais pas faire une communication locale. Je vais faire une _____

_____.

---

[1] Note the different terms used for "person-to-person" and collect calls in France and in French Canada. The word *téléphoniste* is used in Canada for "operator" while the word in France is *opératrice* or *standardiste* (switchboard operator).

2. Je ne peux pas composer le numéro directement. Il faut passer par l'_____.

3. Pour faire une communication interurbaine au Canada, il faut savoir le numéro et aussi l'_____ _____. En France il faut savoir l'indicatif de la _____ ou du _____.

4. Je ne veux pas payer la communication. Je vais faire une communication en _____ (France) ou un appel _____ _____ _____ (Canada). Je vais faire _____ les frais (Canada).

5. Je voudrais parler seulement à M. Dupont. Je vais faire un appel avec _____ (France) ou de _____ à _____ (Canada).

6. Je désire obtenir une _____ avec M. Dupont.

7. Vous n'avez pas le bon _____ régional. Attendez un moment. Ne _____ pas.

USING A PUBLIC TELEPHONE (Fig. 10-2)

Où se trouve une *cabine téléphonique?* telephone booth
Voici ce qu'il faut faire pour *donner un coup de téléphone.* make a telephone call

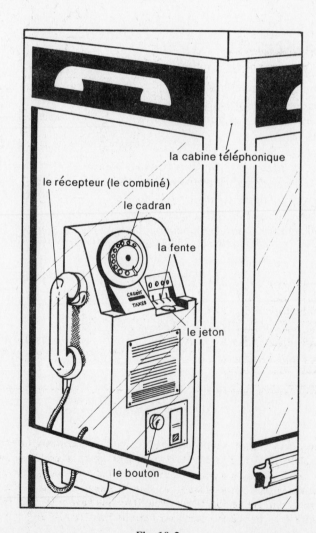

Fig. 10-2

En France:

1. *Décrocher le récepteur (le combiné).*	Pick up the receiver.
2. Mettre de la *monnaie*/le *jeton* dans la *fente.*	change/token, slot
3. Attendre la *tonalité.*	dial tone
4. *Faire (composer) le numéro.*	Dial.
5. *Attendre qu'on réponde.*	Wait for an answer.
6. *Appuyer sur le bouton.*	Push the button.
7. *Commencer à parler.*	Begin to speak.

L'appareil reçoit des *pièces*[2] de 0.20 F, 0.50 F, 1 F, 5 F   coins

1. *Décrocher le combiné* et introduire la *monnaie.*   pick up the receiver, change
2. *Former le numéro* de votre correspondant dès réception de la   dial the number
   tonalité.   dial tone
3. *Surveiller* le signal visuel de fin de crédit qui vous laisse 10   watch
   secondes, soit pour terminer votre conversation, soit pour introduire de nouvelles *pièces.*   coins

On the front of a public phone in France you may see the instructions shown in Fig. 10-3.

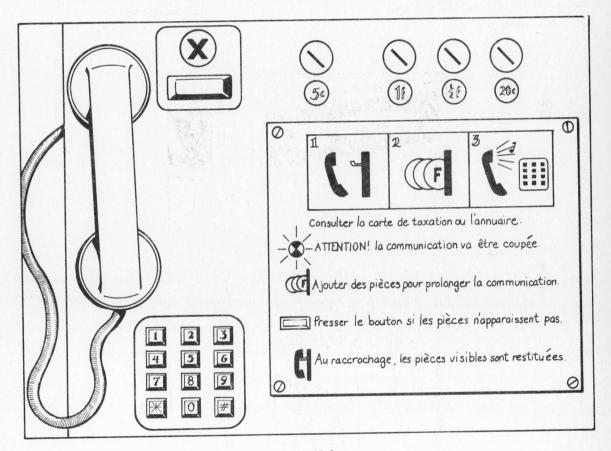

Fig. 10-3

---

[2] Telephone booths in which you actually deposit a coin are becoming quite common in France. They are universal in Canada. Many public telephones in France are located in the post office, in restaurants, and in cafés, and you may have to buy a "token" (*jeton*). You may wonder why you have to wait until your party answers before you push the button. Here's the reason: When your party answers, you will be able to hear him or her, but if you speak without pushing the button, your party will not be able to hear you. Once you have pushed the button, you cannot get your *jeton* back. So if you push it and your party dosen't answer, the *jeton* has already dropped down and you cannot retrieve it.

Consulter la *carte de taxation* ou l'*annuaire*.	rate card, phone directory
Attention! La communication va être *coupée*.	cut off
Ajouter des pièces pour *prolonger* la communication.	add, prolong
Presser le bouton si les pièces *n'apparaissent pas*.	press the button, don't appear
Au raccrochage, les pièces visibles sont *restituées*.	after hanging up, returned

Au Canada

Appels locaux	local calls
1. *Décrocher le récepteur.*	Pick up the receiver.
2. *Attendre la tonalité.*	Wait for the dial tone.
3. *Mettre la monnaie.*	Put the change in the slot.
4. *Laisser tomber chaque pièce.*	Let each coin drop separately.
5. *Composer.*	Dial.
Appels interurbains	long-distance calls
Pour faire vous-même des appels interurbains, ne pas mettre de *pièces de monnaie*.	change (coins)
Appels *de numéro à numéro* payable à ce téléphone:	station-to-station calls
à l'*intérieur de la région: faites* le 1 + le numéro	within the call area, dial
à l'*extérieur de la région:* faites le 1 + l'*indicatif régional* + le numéro	outside the calling area, area code
Appels à *frais virés*, avec *carte interurbaine*, ou *facturés* à un autre numéro et appels *de personne à personne*:	collect, credit card, charged, person-to-person
à l'intérieur de la région: faites le 0 + le numéro	
à l'extérieur de la région: faites le 0 + l'indicatif régional + le numéro	
Assistance-annuaire pour les appels interurbains:	directory assistance
à l'intérieur de la région: 1 + 555-1212	
à l'extérieur de la région: 1 + l'indicatif régional + 555-1212	

3. Complete.
En France

Et voilà. Je suis dans une _____ téléphonique. C'est la première fois que je donne un
                                    1
_____ de téléphone dans une cabine _____. Qu'est-ce que je dois faire? Ah!
       2   3
Voici les directives. Voici la _____. Mais où est-ce que je mets les pièces? Je dois mettre les
                                        4
_____ dans la _____. Ensuite, je dois _____ le récepteur. Bon,
       5   6   7
j'ai décroché le _____. Je mets les _____ dans la _____ et j'attends
                        8   9   10
la _____. Ah! je l'entends. Ensuite, je _____ le numéro sur le cadran. Si
          11   12
quelqu'un répond, j'_____ sur le _____ et je commence à parler.
                            13   14

SPEAKING ON THE TELEPHONE

— Bonjour! Je voudrais parler à Monsieur Lapointe, s'il vous
  plaît.

— *C'est de la part de qui? (Qui est à l'appareil?)*[3]   Who's calling?
— De la part de Mlle Dupont.
— Un moment (instant), s'il vous plaît. *Ne quittez pas.* Il n'est   Don't hang up.
  pas ici pour le moment.
— Est-ce que je pourrais lui *laisser* un *message?*   leave, message
— Bien sûr. Je vais le prendre.
— Je *rappellerai* plus tard. Bonjour.   call back

4. Make up your own telephone conversation, using the following as a guide.
    — Bonjour! Je voudrais parler à _____, s'il vous plaît.
                                              1

    — C'est   _____   _____
                                                         2

        _____ ?

    _____ .
                              3
    — Un _____, s'il vous plaît. Je regrette. Il _____ _____
            4

        _____ _____ .
            5

    — Est-ce que je peux _____ _____ ?
                                  6

SOME THINGS THAT MAY GO WRONG

Il n'y a pas de *tonalité*.   dial tone
Le téléphone *ne fonctionne pas*.   doesn't ring (is out of order)
La ligne est défectueuse.   There is trouble on the line.
La ligne est occupée.   The line is busy.
J'ai été coupé.   I was cut off.
On nous a coupé la ligne.   We were cut off.
Pourriez-vous me redonner la communication?   Could you reconnect me?
Je vais rappeler plus tard.   I'll call back later.
Je vous entends mal.   We have a bad connection.
Il n'y a pas de réponse.   There's no answer.
Pardon. Vous parlez avec la/le *standardiste* (le/la *téléphoniste*)   switchboard operator
    au *tableau de distribution* (au *standard téléphonique*).   switchboard
Pour appeler M. Landry directement, composez le numéro du bu-
    reau et demandez le *poste* numéro 672.   extension
Vous vous êtes trompé de numéro.   You have the wrong number.
Il *n'y a pas d'abonné* au numéro que vous avez demandé.   there is no listing

5. Complete.
    1. Je ne peux pas composer le numéro. Il n'y a pas de _____ .
    2. Je pense que le téléphone ne _____ pas.
    3. Je n'entends pas très bien. La ligne est _____ .
    4. Essayez plus tard. La ligne est _____ .
    5. Non, M. Lebrun n'habite pas ici. Vous vous êtes _____ de numéro.
    6. Vous pouvez joindre Mlle Leclerc à son bureau, 456-7768, _____ numéro 543.
    7. Personne ne répond. Je vais _____ plus tard.

---

[3] The expression *C'est de la part de qui?* literally means "on the part of whom?" It corresponds to the English expression "Who's calling?" *Qui est à l'appareil* "Who's on the line?" is also used.
    Many people in French Canada say *bonjour* for both "hello" and "good-bye" in telephone conversations.

8.   Nous étions en train de parler et tout d'un coup je n'ai plus rien entendu. On _____
_____   _____   _____   _____ .

9.   Oui, Mme Goutille travaille ici. Mais vous parlez à la _____ . Son poste est le 675.

Mme Goutille va faire une communication interurbaine. Elle ne doit pas consulter l'annuaire des téléphones parce qu'elle sait déjà le numéro de son amie. Elle sait aussi l'indicatif régional (du département). Puisqu'elle ne va pas faire une communication locale, elle doit passer par l'opératrice (la téléphoniste), car elle ne peut pas composer le numéro directement. Elle décroche le récepteur, attend la tonalité et compose le numéro 0. L'opératrice (la téléphoniste) répond:

— Quel numéro désirez-vous?
— Pouvez-vous me donner le numéro 613-879-3354, s'il vous plaît?
— Un instant, madame. Ne quittez pas, s'il vous plaît. Oh! La ligne est occupée.
— Oui, je sais. Je l'entends. Merci, mademoiselle. Je vais rappeler plus tard.

Cinq minutes plus tard, la dame essaie de nouveau. Encore une fois, elle décroche le récepteur, attend la tonalité et compose le 0 pour avoir l'opératrice (la téléphoniste) qui lui donne l'indicatif régional et le numéro qu'elle veut. Quelle chance! Le téléphone sonne.
« Madame, dit l'opératrice (la téléphoniste), on ne répond pas. » Zut! Il y a cinq minutes la ligne était occupée et maintenant personne ne répond.
Une heure plus tard, la dame essaie de nouveau. Quelqu'un répond et la dame commence à parler. Elle n'en croit pas ses oreilles. L'opératrice (la téléphoniste) s'est trompée de numéro. Elle compose encore le numéro pour avoir l'opératrice (la téléphoniste) et lui explique son problème. L'opératrice (la téléphoniste) compose le numéro encore une fois. Le téléphone sonne et quelqu'un répond. C'est son amie.

— Bonjour.
— Bonjour, Jacqueline.
— Michelle, comment vas-tu?

Encore rien. Il y a un silence total et encore une fois la tonalité. On leur a coupé la ligne. Il semble que Mme Goutille ne parlera jamais à son amie.

6.   Mme Goutille had four problems with her phone call. What were they?

7.   Put the following in the proper order to make a phone call.
     1.   Décrocher le récepteur
     2.   Raccrocher le récepteur
     3.   Composer le numéro
     4.   Chercher le numéro dans l'annuaire des téléphones
     5.   Attendre la tonalité
     6.   Attendre une réponse
     7.   Parler

8.   Complete.
     1.   Il n'y a pas de tonalité. Le téléphone ne _____ pas.
     2.   La ligne est _____ . L'autre personne parle.
     3.   Je parle à l'_____ . Je dois lui donner le numéro de _____ .

4. La personne avec qui je voudrais parler n'est pas là. Est-ce que je peux lui laisser un
_____ ?

5. Je n'ai pas pu avoir la personne avec qui je voulais parler. Je me suis _____ de
numéro.

9. Answer based on the story.
1. Quel genre de communication la dame va-t-elle faire?
2. Pourquoi n'est-il pas nécessaire de consulter l'annuaire des téléphones?
3. Qu'est-ce qu'elle sait aussi?
4. Pourquoi est-ce qu'elle ne peut pas téléphoner directement?
5. Qu'est-ce qu'elle décroche?
6. Qu'est-ce qu'elle attend?
7. Quel numéro compose-t-elle?
8. Qui répond?
9. Quel numéro la dame veut-elle obtenir?
10. Quel est l'indicatif régional?
11. Pourquoi est-ce qu'elle ne peut pas parler avec son amie?
12. Pourquoi ne peut-elle pas parler avec son amie la deuxième fois qu'elle appelle?
13. Est-ce que quelqu'un répond la troisième fois?
14. Est-ce que c'est son amie?
15. Qu'est-ce que l'opératrice (la téléphoniste) a fait?
16. Est-ce que son amie répond la quatrième fois?
17. Est-ce que les deux amies parlent au téléphone?
18. Pourquoi ne peuvent-elles pas terminer la conversation?

Chapter 11: At the hairdresser's
Chapitre 11: Chez le coiffeur

FOR MEN

Pour hommes	For men
Je veux *me faire couper les cheveux.*	have my hair cut
Je veux une *coupe.*	cut
Le *coiffeur lui coupe les cheveux.*	hairdresser (barber), cuts his hair
Une coupe aux *ciseaux* ou au *rasoir* ou *à la tondeuse?*	scissors, razor, with clippers
Ne me les coupez pas trop court.	Don't cut it too short.
Je vais (me) les faire *rafraîchir* seulement.	trim
Veuillez *me rafraîchir la barbe.*	trim my beard
Veuillez *me tailler la moustache.*	trim my mustache
les favoris.	my sideburns
Veuillez *me raser.*	shave me
Un peu plus court sur les côtés.	a little shorter, on the sides
derrière.	in the back
sur le haut.	on top
sur le cou.	on the neck
J'ai les *cheveux gras.*	oily hair
secs.	dry
Je voudrais un *shampooing* aussi.	shampoo
Je ne veux pas de *laque.*	hairspray
Faites-moi la raie à droite.	Part my hair on the right.

1. Complete.
1. J'ai les cheveux trop longs. J'ai besoin d'une _____. Je dois me _____ _____ les cheveux.
2. Mes cheveux ne sont pas trop longs. J'ai besoin seulement de (me) les faire _____.
3. Je viens de me laver les cheveux. Je n'ai pas besoin d'un _____.
4. Le coiffeur va me rafraîchir la _____ et me tailler la _____.
5. J'ai les favoris trop longs. Veuillez me les _____.
6. Je n'aime pas les cheveux trop courts. Ne me les _____ pas trop court.
7. Le coiffeur coupe les cheveux avec des _____ ou un _____ ou la _____.
8. Un peu plus court sur les _____ , s'il vous plaît.
9. Faites-moi la _____ à droite.
10. J'ai les cheveux _____. Je ne me les lave pas souvent.

2. Complete, based on Fig. 11-1.
1. Un peu plus court. . . .
2. Veuillez me tailler. . . .
3. J'ai les cheveux. . . .
4. Faites-moi. . . .

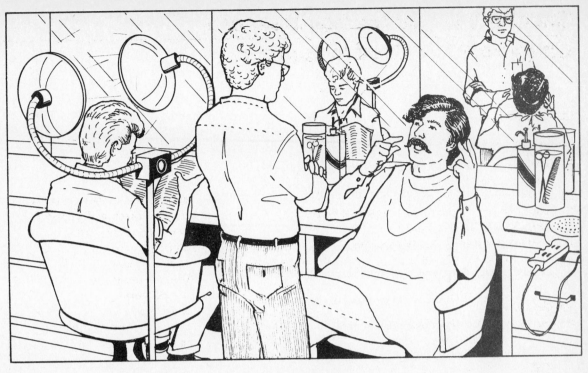

Fig. 11-1

3. Match.

1.	J'ai les cheveux trop longs.	(*a*)	Il faut me les rafraîchir seulement.
2.	Je veux me faire laver les cheveux.	(*b*)	Taillez-les, s'il vous plaît.
3.	Je n'ai pas les cheveux trop longs.	(*c*)	Je dois me faire couper les cheveux.
4.	J'ai les favoris trop longs.	(*d*)	Je dois aller chez le coiffeur.
5.	Je dois me faire couper les cheveux.	(*e*)	J'ai besoin d'un shampooing.
6.	Voulez-vous une coupe au rasoir?	(*f*)	Non, à la tondeuse, s'il vous plaît.

FOR WOMEN

Pour femmes	For women
Je voudrais (faites-moi) une *coupe*.	cut
un *shampooing* et une *mise en plis*.	shampoo and set
une mise en plis avec *gros rouleaux*.	large rollers
petits rouleaux.	small rollers
une *permanente*.	permanent
un *indéfrisable*.	permanent wave
un *rafraîchissement*.	trim
un *brushing*.	blow dry
un *coup de peigne*.	comb out
un *rinçage*.	a rinse
une *couleur*.	a dye job
une *manucure*.	a manicure
une *pédicure*.	a pedicure
Je voudrais de la *laque*.	hair spray
du *vernis à ongles*.	nail polish

Je voudrais une *teinte plus foncée*.	darker shade
claire.	lighter
Le *séchoir* (le *sèche-cheveux*) est trop chaud.	hair dryer
J'ai les cheveux *raides*.	straight
frisés.	curly
gras.	oily
secs.	dry

4. Complete.

— Bonjour, mademoiselle. Voulez-vous une permanente?

— Non, merci. Je veux seulement un _____ et une _____ _____
 1 2

_____ .

— Il me semble que vos cheveux sont trop longs. Je vous fais une _____ aussi?
 3

— Non, merci. J'aime mes cheveux comme ils sont. Je ne veux pas de _____ non plus
 4

parce que j'aime la couleur de mes cheveux.

— D'accord. Voulez-vous une manucure?

— Oui, merci, mais ne mettez pas de _____ _____ _____ .
 5

5. Give the opposite.
1. raides
2. secs
3. foncée

Chapter 12:   At the dry cleaner's or laundry[1]

Chapitre 12:   *Au comptoir d'un pressing (à la teinturerie), à la launderette ou à la blanchisserie (laverie)*[2]

J'ai beaucoup de *vêtements sales.*	dirty clothes
Je vais à la *teinturerie* (au *pressing*).	dry cleaner's
Où se trouve la *teinturerie* (le *pressing*) *la (le) plus proche?*	nearest dry cleaner's
Je voudrais *faire laver*[3] et *faire repasser* cette robe.	have washed, have ironed
Je ne veux pas d'*amidon.*	starch
C'est trop *amidoné (empesé).*	starched
Je voudrais *faire laver mon linge.*	have my laundry washed
Je voudrais *faire nettoyer à sec*[3] cette robe.	have dry-cleaned
La robe est *déchirée.*	torn
tachée.	stained
Est-ce que ce tissu va *rétrécir?*	shrink
Il manque un bouton.	A button is missing.
J'y ai mis une *épingle de sûreté.*	safety pin
Pourriez-vous le *remplacer/recoudre?*	replace/sew
Pourriez-vous *faire coudre* ce bouton?	sew
Il y a un *trou.*	hole
Faites-vous les *raccommodages?*	mending
Ceci est déchiré. Pourriez-vous le *raccommoder* (le *réparer*)?	mend (repair)
Pourriez-vous *faire disparaître* cette *tache?*	remove, stain
C'est du *café*, du *vin*, de la *graisse.*	coffee, wine, grease
Pourriez-vous *repriser* ceci?	darn
La *doublure* est *déchirée.* Pourriez-vous la *recoudre?*	lining, torn, resew
Le *tailleur* n'est pas ici aujourd'hui.	tailor
Quand est-ce que ce sera *prêt?*	ready
J'en ai besoin pour lundi.	I need it
Je le voudrais pour mardi.	I would like it

1.   Complete
   1.   Ce chandail de laine va _____ si je le lave dans l'eau. Je dois le faire _____
       _____ _____ à la _____ .
   2.   Cette chemise est _____ . Il faut la laver. Après l'avoir lavée, je dois la
       _____ .
   3.   Quand je lave mes chemises, je n'aime pas mettre d'_____ avant de les repasser.
   4.   La _____ de ce manteau est _____ . Pourriez–vous la _____ , s'il
       vous plaît?
   5.   Il y a un trou dans cette jupe. Pourriez-vous le _____ ?

---

[1] For articles of clothing and fabrics, see pages 97–101.

[2] A "dry cleaner's" is *une teinturerie* or *un pressing* in France. In French Canada, you will often hear *nettoyage à sec.* *Une launderette* is a "self-service laundry." *Une blanchisserie* or *une laverie* is a place where clothes can be washed and ironed, but not dry-cleaned.

[3] To "dry-clean" is *nettoyer* or *nettoyer à sec.* To "wash" or "clean" something in a washing machine or in water is *laver.*

6. Il _____ un bouton à cette chemise. Pourriez-vous le _____ ?

7. J'ai renversé quelque chose sur cette chemise. Pourriez-vous faire _____ cette _____ ?

8. Pourriez-vous _____ ces chaussettes?

9. J'ai besoin de mes vêtements pour lundi. Est-ce que ce sera _____ pour lundi?

2. Complete.

A la blanchisserie

— Bonjour. Je voudrais faire _____ et faire _____ cette chemise.
                                        1   2

— D'accord. La voulez-vous _____ ?
                                        3

— Oui, un peu, s'il vous plaît. Et il y a une tache de vin sur la manche. Pouvez-vous la faire disparaître?

— Nous pouvons essayer, mais nous ne pouvons pas promettre de le faire. Une _____
                                                                                        4
de vin est très difficile à faire disparaître.

— Oui, je le sais. Et est-ce que vous pouvez me laver ce chandail?

— Non, je ne peux pas le laver parce que c'est de la laine. Si je le lave, il va _____ . Il
                                                                                        5
faut le _____ _____ _____ .
                                        6

— Très bien. Je pourrai l'avoir pour demain? Quand est-ce qu' il sera _____ ?
                                                                                        7

— Cela prendra deux jours.

Unit 3: Food
Unité 3: La nourriture

Chapter 13:   At the restaurant
Chapitre 13:   Au restaurant

GETTING SETTLED

C'est un restaurant *élégant*.	luxurious
cher.	expensive
ordinaire.	inexpensive
J'ai une *réservation* au nom de _____.	reservation
J'*ai réservé* une table pour trois personnes.	have reserved
Pourriez-vous nous donner une table *dans le coin?*	in the corner
près de la fenêtre?	near the window
dehors à la terrasse?	outside on the patio
Voici le *garçon*.	waiter
Voulez-vous un *apéritif?*	aperitif (cocktail)
Pourriez-vous nous apporter la *carte* (le *menu*)?	menu

1. Complete.
    1. Je n'ai pas _____ de table. J'espère qu'il y aura une _____ libre.
    2. C'est un restaurant cher. C'est un restaurant _____.
    3. Les prix dans les restaurants _____ sont plus élevés que ceux dans les restaurants _____.
    4. Il fait très beau ce soir. Je préfère m'asseoir dehors à la _____.

2. Complete.
   Au restaurant
   — Bonsoir, mesdames, messieurs. Avez-vous une _____ ?
   $\overline{\qquad 1 \qquad}$
   — Oui, monsieur. Nous avons _____ une _____ pour trois personnes.
   $\qquad \overline{2} \qquad \overline{3}$
   — Votre nom, s'il vous plaît?

   — Au _____ de _____.
   $\overline{4} \qquad \overline{5}$
   — Préférez-vous une table ici dans le _____ ou préférez-vous une table
   $\overline{6}$
   _____ à la _____ ?
   $\overline{7} \qquad \overline{8}$
   — Ça sera bien ici.

   — Voulez-vous un _____ pour commencer?
   $\overline{9}$
   — Oui, nous allons prendre quelque chose.

3. Complete.
   Le _____ travaille dans le restaurant. Quand les clients s'asseyent, il vient leur
   $\overline{1}$
   demander s'ils veulent prendre un _____. Ensuite il leur apporte la _____.
   $\overline{2} \qquad \overline{3}$
   Les clients lisent le _____ pour décider ce qu'ils vont commander.
   $\overline{4}$

76

4. Answer on the basis of Fig. 13-1.
1. Quel genre de restaurant est-ce?
2. Combien de personnes y a-t-il à table?
3. Où se trouve la table?
4. Qui les sert?
5. Qu'est-ce que le garçon a à la main?

Fig. 13-1

LOOKING AT THE MENU[1]

Entrées[2] *et hors-d'oeuvre*	first course, hors d'oeuvres
Potages, soupes, salades	thick soups, soups, salads
Poissons et crustacés	fish and shellfish
Viandes, volaille	meat, fowl
Légumes	vegetables
Fruits et fromages	fruit and cheese
Desserts	desserts
Pâtisseries	pastries
Boissons	beverages

---

[1] See Appendix 5 for food items you may wish to order. For a list of sauces and French and French Canadian dishes, see pages 83–87.

[2] Entrée can mean a hot or cold first course or hors d'oeuvre (appetizer).

Je n'ai pas très faim.	I'm not very hungry.
Je suis au régime.	I'm on a diet.
Je vais prendre seulement une *soupe* et un *plat*[3] *principal.*	soup, main course
J'ai très faim.	
Comme *entrée (hors-d'oeuvre, premier plat),* je vais prendre des	first course (hors d'oeuvres)
escargots.	snails
Comme *plat principal,* je vais prendre du *poisson.*	main course, fish
Avez-vous un *menu à prix fixe*[4] (un *menu du jour,* un *menu tou-*	fixed-price menu
ristique, un *menu table d'hôte,* un *menu promotionnel*)?	
Quelle est la *spécialité de la maison?*	house specialty
Quel est le *plat du jour?*	daily special
Est-ce qu'on sert des *mets*[5] (*plats*) *italiens/mets chinois* dans ce	Italian dishes/Chinese dishes
restaurant?	
Le garçon parle:	
Que désirez-vous comme hors-d'oeuvre?	
Je suggère . . .	I suggest (recommend)
Bon appétit![6]	
Le client parle:	
Qu'est-ce que vous suggérez?	
Avez-vous une *carte des vins?*	wine list
Je voudrais une *demi-bouteille* de beaujolais.	half-bottle
une *carafe* de beaujolais.	carafe

5. Complete.
   1. Dans beaucoup de restaurants il y a un _____ _____ _____ qui offre aux clients un repas complet à un prix fixe.
   2. On sert des _____ italiens, français et espagnols dans ce restaurant.
   3. Dans beaucoup de régions, un repas complet consiste en six ou sept _____ .
   4. Quand j'ai très faim, je prends une _____ , un plat principal et un dessert.
   5. Dans beaucoup de pays on mange la salade avant de manger le _____ _____ et dans d'autres on la mange après.
   6. Je ne sais pas quel vin je vais commander. Je dois regarder la _____ _____ _____ .
   7. Je ne sais pas ce que je vais commander. Peut-être le garçon pourra-t-il _____ quelque chose.

ORDERING MEAT OR FOWL (Fig. 13-2)

Comment voulez-vous votre steak?	
Je le veux *saignant.*	rare
à point.	medium
bien cuit.	well-done

---

[3] The word *plat* can refer to a "plate" or a "course." As in the United States and Canada, the fancier restaurants in the French-speaking world serve meals in courses, with each dish eaten separately.

[4] Most restaurants offer a fixed-price menu. The fixed-price menu usually includes soup, main course, dessert, and coffee. Several selections are given for each course. The fixed-price menu is almost always less expensive than the items ordered separately. The terms *menu du jour, menu touristique, table d'hôte,* and *menu promotionnel* are all used for such a fixed-price menu.

[5] *Mets* or *plat* are terms used for "dish" or type of cuisine.

[6] *Bon appétit* is said frequently at meals. A waiter will often say it as soon as he finishes serving the entire table.

le poulet frit

la poitrine de poulet

l'aile de poulet

la cuisse de poulet

le poulet grillé
au charbon de bois

le poulet rôti

Fig. 13-2

Je voudrais une *côtelette d'agneau.*	lamb chop
une *côtelette de veau.*	veal cutlet
un *carré d'agneau.*	rack of lamb
une *escalope de veau.*	veal scallopini
une *côte de boeuf.*	prime rib
une *entrecôte.*	rib steak
un *filet,* un *contre-filet.*	filet, loin steak
Je prendrai un *bifteck* (un *steak,* du *bifteck*).	beef (steak)
J'aime le *ragoût de porc.*	pork stew
le *ragoût de boeuf.*	beef stew
Je vais prendre un morceau de boeuf *rôti.*	roasted
au four.	baked
grillé.	broiled (grilled)
J'aime la viande de boeuf *en ragoût.*	stewed
coupée en dés.	diced
hachée.	minced
émincée.	cut in thin slices
au jus.	in its juices
sautée.	sautéed

6. How would you order your meat if you want it prepared in the following manner?
   1. cooked on a charcoal grill
   2. in its natural juices

3. baked in the oven
4. cooked over low heat with liquid, on top of the stove
5. done in a roasting pan
6. minced
7. done lightly in butter in a frying pan

7. Identify each item in Fig. 13-3.

8. Complete.

La plupart de gens préfèrent leur viande à point, mais il y en a qui l'aiment _____ ou
1
_____ _____. Comme viande il y a du _____, des côtelettes
2   3
d'_____ ou de _____ et le _____ de porc. Comme volaille il y a du
4   5   6
_____ frit ou du _____ rôti. Je préfère les _____ aux cuisses.
7   8   9

Fig. 13-3

ORDERING SEAFOOD

J'aime le poisson *à l'étuvée (à l'étouffée)*.   steamed
            poché.   poached
            bouilli.   boiled

J'aime le poisson *au four*.	baked
frit.	fried
frit à grande huile.	deep fried
pané.	breaded and deep fried
sauté.	sautéed
grillé.	broiled (grilled)
fumé.	smoked
Beaucoup de poissons ont trop d'*arêtes*.	bones

9. If you wanted fish prepared in the following manner, how would you order it?
    1. boiled
    2. placed on a rack over boiling water
    3. sautéed in butter
    4. fried in a frying pan
    5. breaded and deep fried
    6. done on a flat iron grill
    7. cooked in water

SOME PROBLEMS YOU MAY HAVE

Pourriez-vous m'apporter une *assiette*?	plate
un *verre*?	glass
un *verre d'eau*?	glass of water
une *tasse*?	cup
une *tasse de café*?	cup of coffee
une *soucoupe*?	saucer
une *fourchette*?	fork
une *(petite) cuiller (une cuillère)*?	spoon
un *couteau*?	knife
une *cuiller (cuillère) à café*	teaspoon
une *cuiller (cuillère) à soupe*?	soup spoon
une *serviette*?	napkin
un *sucrier*?	sugar bowl
une *salière*?	salt shaker
un *cendrier*?	ashtray
une *poivrière*?	pepper shaker
un *moulin à poivre*?	pepper mill
un *cure-dent*?	toothpick
un *couvert*?[7]	place setting
des *glaçons*?	ice cubes
Du *poivre*, s'il vous plaît.	pepper
Du *sel*	salt
De *l'eau*	water
Du *sucre*	sugar
Du *beurre*	butter
La *nappe* est *sale*.	tablecloth, dirty
La viande est *trop saignante*.	too rare
trop cuite.	too well done
trop dure.	too tough

---

[7] Note that the word *couvert* has several meanings. In restaurant jargon it can refer to the number of places at a table. In the case of establishments that charge a "cover charge," the term *couvert* is also used. *Le couvert* also means the cutlery needed for each place setting.

Le repas est *froid*.   cold
C'est *trop salé*.   too salty

10. Complete.
   1. Sur la table, le sel est dans une _____ et le poivre est dans une _____. Le
       _____ est dans un sucrier.
   2. En général, un couvert consiste en une _____, un _____, une petite
       _____ et une _____ _____ _____.
   3. Il y a trop de sel dans la sauce. La sauce est trop _____.
   4. Je ne peux pas couper la viande avec ce couteau. La viande est trop _____.

11. Identify each item in Fig. 13-4.

Fig. 13-4

GETTING THE CHECK

L'*addition,* s'il vous plaît.   check (bill)
Le service est-il compris?   Is the service included?
Je vais *laisser un pourboire.*   leave a tip
Acceptez-vous les *cartes de crédit?*   credit cards
Pourriez-vous me donner un *reçu* (une *facture*)?   receipt

12. Complete.

Quand nous finissons le repas au restaurant, je demande au garçon d'apporter

l'_____. Il me l'apporte. Je lui demande si le service est _____. Il me répond
     1   2

que oui, mais je décide quand même de lui laisser un _____ parce que le service avait été
                                               3

bon. Malheureusement, le restaurant n'accepte pas les _____ _____
                                                                         4

_____. Pour cette raison, il faut payer comptant.

L'autre jour, je suis allé au restaurant avec des amis. Quand nous sommes arrivés, nous avons dit au maître d'hôtel que nous avions une réservation pour quatre personnes. Il nous a donné une bonne table dans un coin. Nous avons décidé de ne pas nous asseoir à la terrasse parce qu'il faisait un peu froid. Le garçon est venu à notre table et nous a demandé si nous désirions un apéritif. Tout le monde a décidé que oui. Pendant que nous prenions notre apéritif, le garçon nous a apporté le menu. Il y avait un menu à prix fixe, mais nous n'avons pas commandé de ce menu. Chacun de nous a commandé trois plats, et chacun a commandé quelque chose de différent.

Quand le garçon est venu avec le premier plat, nous lui avons dit ce qui manquait à notre table. Le garçon est revenu avec un verre, une cuiller à soupe, une petite cuiller, une fourchette, un couteau et une serviette. Ensuite le garçon nous a demandé si nous voulions du vin. J'aime le vin rouge, mais les autres aiment le vin blanc. Donc, nous avons commandé une bouteille de vin blanc. Le repas était bon. Tout était délicieux bien que nous ayons commandé chacun quelque chose de différent. Il est rare que dans le même restaurant, on prépare bien et les poissons et les crustacés et les viandes et la volaille.

Le garçon nous a demandé si nous désirions un dessert. On n'a pas pris de dessert, mais tout le monde a commandé un café express. Quand nous avons terminé avec le café, j'ai demandé au garçon de nous apporter l'addition. Il m'a dit que le service était compris, mais je lui ai laissé un pourboire quand même parce que le service avait été bon.

13. Complete.
1. Les amis ont mangé dans un _____.
2. Ils se sont assis dans un _____.
3. Ils avaient une _____ pour quatre personnes.
4. Ils ne se sont pas assis à la _____ parce qu'il faisait un peu froid.
5. Tout le monde a décidé de prendre un _____.
6. Le _____ leur a apporté le menu.
7. Le menu _____ _____ _____ ne leur a pas plu.
8. Chacun a commandé trois _____ différents.

14. Answer.
1. Qu'est-ce qui manquait sur la table?
2. Quel vin ont-ils commandé?
3. Comment était le repas?
4. Qu'est-ce qu'on prépare bien dans ce restaurant?
5. Qu'est-ce que tout le monde a commandé après le repas?
6. Est-ce que le service était compris?
7. Qu'est-ce que les amis ont laissé sur la table? Pourquoi?

SAUCES AND FOOD PREPARATION

aïoli	garlic mayonnaise
à l'américaine	cooked with white wine, brandy, onions, and tomatoes

amandine	garnished with almonds
béarnaise	sauce with eggs and butter, flavored with shallots and tarragon
béchamel	white sauce
bigarrade	with orange
blanquette	stew sauce with cream
bordelaise	cooked in red wine
bourguignonne	red wine and herbs
chasseur	red wine, mushrooms, shallots, and tomatoes
financière	madeira, olives, and mushrooms
fines herbes	with herbs (for seasoning)
florentine	with spinach
au gratin	with cheese and bread crumbs, browned under the broiler
hollandaise	mayonnaise and egg yolks
lyonnaise	with onions, fried in pan juices
maître d'hôtel	butter, parsley, and lemon juice
marchand de vin	red wine and shallots
marinière	white wine, broth, and egg yolk
meunière	brown butter, parsley, and lemon juice
mornay	with cheese sauce
normande	with cream, mushrooms, and eggs
provençale	with onions, tomatoes, and garlic
rémoulade	mustard-flavored mayonnaise
soubise	onion sauce
thermidor	cream sauce
velouté	rich thickened sauce
vinaigrette	oil and vinegar dressing with herbs

METHODS OF COOKING[8]

Méthodes de *cuisson*	cooking
au beurre	in butter
une blanquette de	in a cream stew sauce
bouilli	boiled
braisé	braised
à la broche	barbecued
en brochette	cooked on a skewer
en cocotte	casseroled, stewed
en croûte	in a pastry
cru	raw
doré, pané	dipped in beaten egg and crumbs
émincé	finely chopped or ground
à l'étuvée (à l'étouffée)	steamed
farci	stuffed
au four	baked
frit	fried
fumé	smoked
garni	garnished
en gelée	in aspic
au gratin	with cheese and bread crumbs and browned
grillé	grilled, broiled

---

[8] See Appendix 5 for an English–French list of methods of cooking.

à l'huile	in oil
julienne	cut in thin strips
au jus	in its natural juices
maison	in the house style, homemade
mariné	marinated
mijoté	stewed, simmered
persillé	with parsley
poché	poached
râpé	grated
en ragoût	stewed
rôti	roast
sauté	quickly pan-cooked in butter, sautéed

SOME TYPICAL FRENCH DISHES

Quelques plats français typiques

hors-d'oeuvre	**appetizers**
une *assiette anglaise*	assorted cold cuts
des *crudités*	salad vegetables with vinaigrette sauce
des *moules marinière*	mussels in white wine and garlic sauce
un *oeuf dur mayonnaise*	hard-boiled egg with mayonnaise
un *pâté de campagne*	country-style pâté (ground meat with seasonings)
un *pâté de foie gras*	goose liver pâté
un *pipérade*	tomatoes and peppers cooked with scrambled egg
une *quiche lorraine*	pie made with ham or bacon, cheese, eggs, and cream
des *rillettes*	potted pork, rabbit, or goose and chicken
une *salade niçoise*	mixed salad with tuna, anchovies, olives, and rice
une *salade verte*	green salad (lettuce only)
une *terrine de lapin*	rabbit pâté

soupes/potages	**soups**
une *soupe du jour*	soup of the day
une *bisque (de homard)*	rich soup with shellfish (lobster)
une *bouillabaisse*	fish soup with different kinds of fish (main course)
un *consommé*	clear beef or chicken soup
une *crème*, un *velouté* (*d'asperges*)	cream (of asparagus) soup
un *potage julienne*	clear soup with thinly sliced vegetables
un *potage parmentier*	potato soup
un *potage Saint-Germain*	thick pea soup

viandes	**meat**
boeuf	beef
un *boeuf bourguignon*	beef cooked in red wine with mushrooms and onions
un *boeuf en daube*	beef braised in red wine and seasoned
une *carbonnade de boeuf*	beef stewed in beer
un *châteaubriand*	beef from filet
une *côte/entrecôte*	T-bone/rib steak
un *filet/contre-filet*	loin steak
un *pot-au-feu*	beef stewed with vegetables
un *ragoût*	stew

un *rôti*	roast
des *tournedos*	thick steak cut from the eye of the filet
agneau	lamb
une *côtelette d'agneau*	lamb chop
un *carré d'agneau*	rack of lamb
l'*épaule d'agneau*	lamb shoulder
un *gigot d'agneau*	leg of lamb
les *ris d'agneau*	lamb sweetbreads
veau	veal
une *blanquette de veau*	veal stewed in a cream sauce
une *côtelette de veau*	veal cutlet
une *escalope de veau*	veal scallopini
des *médaillons de veau*	veal pieces cut from loin
les *ris de veau*	veal sweetbreads
la *tête de veau vinaigrette*	calf's head with vinaigrette sauce
porc	pork
les *basse-côtes*	spare ribs
la *charcuterie*	assorted preserved pork cold cuts
des *andouilles/andouillettes*	chitterlings, grilled sausage
un *boudin*	blood pudding
des *cervelles*	brains
des *tripes à la mode de Caen*	tripe cooked with onions and carrots
volaille et gibier	**fowl and game**
un *canard à l'orange*	duck with orange sauce
un *coq au vin*	chicken cooked in red wine with mushrooms
une *poule-au-pot*	fowl stewed with vegetables
des *cuisses de grenouille*	frog's legs
légumes	**vegetables**
une *ratatouille*	vegetable casserole with onions, eggplant, tomatoes, zucchini, and peppers
poisson	**fish**
les *coquilles Saint-Jacques*	scallops in white wine and cream sauce
des *quenelles*	fish dumplings
desserts	**desserts**
une *coupe glacée*	ice cream sundae
une *crème caramel*	caramel custard, flan
des *crêpes Suzette*	thin pancakes flamed with brandy and orange liqueur
un *gâteau Saint-Honoré*	cake made with cream filling and cream icing
un *mille-feuilles*	Napoleon (pastry layers with custard or cream filling and icing on the top)
un *soufflé au grand marnier*	soufflé made with orange-brandy liqueur
des *babas au rhum*	rum cakes
des *choux à la crème*	cream puffs
une *tarte aux fraises*	strawberry tart
un *éclair au chocolat*	chocolate éclair

pains   **breads**
un *croissant*   crescent-shaped roll
une *brioche*   sweet roll
une *baguette*   long crusty French bread

SOME TYPICAL FRENCH-CANADIAN DISHES

Quelques plats français-canadiens typiques
des *fèves au lard*   pork and beans with bacon, sim-
                                           mered with molasses, mustard,
                                           or maple syrup
la *soupe aux pois*   pea soup made with dried peas
                                           and a piece of pork or ham
un *fricandeau*   veal stew
une *gibelotte*   rabbit stew
des *pieds de cochon*   pig's feet
un *ragoût de pattes de cochon*   stew made with pigs' hocks
un *ragoût de boulettes*   meatball stew
une *six-pâte (cipaille)*   meat and potato pie with six
                                           layers of crust
une *tourtière*   a spicy meat pie made of veal,
                                           chicken, pork, and diced pota-
                                           toes
une *tarte au sucre*   sugar pie
une *tarte au sirop d'érable*   maple-syrup pie

Chapter 14:   Shopping for food[1]

Chapitre 14:   *Faire les courses de l'alimentation*

TYPES OF STORES[2]

Je dois aller à la *boulangerie*.	bakery
à la *pâtisserie*.	pastry shop
à la *confiserie*.	confectioner's (candy store)
à la *crémerie*.	dairy
à la *boucherie*.	butcher
à la *charcuterie*.	pork store
à la *poissonnerie*.	fish market
Je dois aller chez le *fruitier*.[3]	fruit and vegetable store
le *marchand de légumes*.	green grocer
le *marchand de vin*.	liquor store
Je dois acheter des *comestibles* (de l'*alimentation*).	food
Je vais à l'*épicerie*.	small grocery store
Je vais au *supermarché*.	supermarket
Je vais au *hypermarché*.[4]	large supermarket
Je pousse la *charrette* (le *caddie*, le *chariot*) *à travers les rayons*.	shopping cart through the aisles

1. Complete.
   1. On vend des gâteaux à la _____.
   2. On vend du bifteck à la _____.
   3. On vend des fruits et légumes chez le _____.
   4. On vend les produits qui viennent d'une vache à la _____.
   5. On vend du poisson à la _____.
   6. On vend du pain à la _____.
   7. On vend les produits du porc à la _____.
   8. On vend des produits d'alimentation à l'_____.
   9. On vend des bonbons à la _____.

2. Where would you go if you wanted to buy the following?
   1. un filet de boeuf
   2. des éclairs au chocolat
   3. des oranges
   4. du poisson
   5. des oeufs
   6. des croissants
   7. des haricots verts
   8. des côtelettes de porc
   9. des côtelettes d'agneau

---

[1] See Appendix 5 for foods mentioned in this unit.

[2] Note that in France it is still quite common to shop in individual stores that sell specific types of foods, although supermarkets are becoming more and more widespread.

[3] Note that you can buy both fruit and vegetables at the *fruitier*.

[4] *Hypermarché* is a large supermarket that sells other things besides grocery store items. You can also buy clothes, toys, etc.

    10. du lait
    11. du veau
    12. du fromage
    13. de la crème
    14. du vin

3. Complete.

Si nous voulons acheter des comestibles en France et que nous allions dans un petit magasin, nous

allons à l'_____ . Si nous voulons un magasin plus grand, il faut aller au _____,
                1   2

et si nous voulons acheter autre chose que de l'alimentation, il faut aller au _____ .
                                                                                       3

SPEAKING WITH THE VENDOR

Je parle à l'*épicier*.	grocer
C'est combien le kilo?	How much is it per kilo?
200 francs le kilo.	
Que désirez-vous?	What would you like?
Ça a l'air bon.	It looks good.
Les tomates sont à combien le kilo?	How much are the tomatoes per kilo?
Elles sont à 14 francs le kilo.	
Les fruits *ont l'air frais*.	look fresh
Les poires sont *mûres*.	ripe
fraîches.	fresh
trop dures.	too hard
trop molles.	too soft
Un *demi-kilo* de tomates, s'il vous plaît.	half a kilogram
Six *tranches de jambon*	slices of ham
Deux tranches de *bacon*	bacon
Trois *morceaux* de ce fromage	pieces
Une *botte*[5] *de carottes*	bunch of carrots
Des bananes	some bananas
Une *grappe*[5] *de raisins*	bunch of grapes
Un *pied de céleri*	bunch of celery
Une *laitue*	head of lettuce
Une *douzaine d'oeufs*	dozen eggs
Je voudrais une *boîte de thon*.	can of tuna
concentré de tomates.	tomato paste
café moulu.	ground coffee
un *pot de confiture*.	jar of jam
un *paquet de mélange à gâteau*.	package of cake mix
un *paquet (sac)* de *chips* (Canada: *croustilles*).	bag, potato chips
une *boîte de détergent*.	box of detergent
un *paquet de lessive*.	box of soap
une *bouteille de savon liquide*.	bottle of soap
du *détergent liquide*.	liquid detergent

---

[5] The word for "bunch" varies. The word *botte* is used for something that is bunched together as a sales unit—*une botte de carottes*. The word *grappe* is used for something that actually grows in a bunch—*une grappe de raisins*. The word *bouquet* is used with flowers or parsley—*un bouquet de fleurs, de persil*.

Je voudrais de l'*huile*.	vegetable oil
de la *farine*.	flour
du *jus d'orange surgelé concentré*.	frozen concentrated orange juice
un paquet d'*épinards surgelés (congelés)*.	package of frozen spinach
un *bouquet*[5] *de fleurs*.	bunch (bouquet) of flowers
Donnez-moi 800 *grammes* de fromage.	grams
Je vais l'*envelopper*[6] dans du papier.	wrap
Je vais mettre tout ça dans mon *filet*.[6]	net
Pourriez-vous mettre tout ça dans un *sac*?[6]	bag (sack)
Je peux le porter dans le *panier*.	basket
Je voudrais *rendre* des *bouteilles vides*.	return, empty bottles

4. Complete.

Chez le fruitier

— Bonjour, monsieur.

— C'est _____ le céleri?
      1

— 5 francs le _____ .
               2

— Les tomates viennent d'où? Elles sont très _____ . Elles ont l'air _____ .
                                               3   4

C'est combien?

— 10 francs le _____
                 5

— Un _____-kilo, s'il vous plaît.
       6

— Les voici. Un demi-kilo de tomates. 5 francs.

— Merci. Pourriez-vous les mettre dans un _____ ou les envelopper dans du papier?
                                            7

5. Select the appropriate word(s).
   1. _____ _____ d'oeufs, s'il vous plaît. (*a*) Une douzaine (*b*) Une boîte (*c*) Un pied
   2. Donnez-moi _____ _____ de raisin. (*a*) une tranche (*b*) une grappe (*c*) un bouquet
   3. Donnez-moi _____ _____ de céleri. (*a*) une boîte (*b*) une douzaine (*c*) un pied
   4. Donnez-moi _____ _____ d'eau minérale. (*a*) un paquet (*b*) une boîte (*c*) une bouteille
   5. Donnez-moi quatre _____ de jambon. (*a*) tranches (*b*) grammes (*c*) sacs
   6. Donnez-moi _____ _____ de lessive. (*a*) un sac (*b*) un paquet (*c*) un pied
   7. Donnez-moi _____ _____ de chips (croustilles). (*a*) une bouteille (*b*) une boîte (*c*) un paquet
   8. Donnez-moi _____ _____ de confiture. (*a*) un pot (*b*) un paquet (*c*) une bouteille
   9. Donnez-moi _____ _____ de carottes. (*a*) une grappe (*b*) une botte (*c*) un pied

---

[5] See note 5 on p. 89.

[6] Many small stores do not have bags for groceries. Items are sometimes wrapped in brown paper. Many French people carry nets (*filets*) to package their groceries.

6. Complete.
1. Non, le poisson n'est pas frais. Il est _____.
2. Je n'ai pas de _____, mais je peux les envelopper dans du papier.
3. Je dois _____ ces bouteilles vides.
4. Il va me l'_____ dans du papier.

7. Complete the following shopping list.
1. un _____ de tomates
2. une _____ de raisins
3. un _____ de céleri
4. une _____ de légumes congelés
5. une _____ d'eau
6. un _____ de chips (croustilles)
7. huit _____ de jambon
8. une _____ de carottes
9. une _____ d'oeufs
10. six _____ de fromage
11. une _____ de lait
12. un _____ de sucre
13. un _____ de mélange à gâteau
14. un _____ de confiture

Unit 4:   Shopping
Unité 4:   Les achats

Chapter 15:   At the shoe store
Chapitre 15:   Au magasin de chaussures

IN THE SHOE STORE (Fig. 15-1)

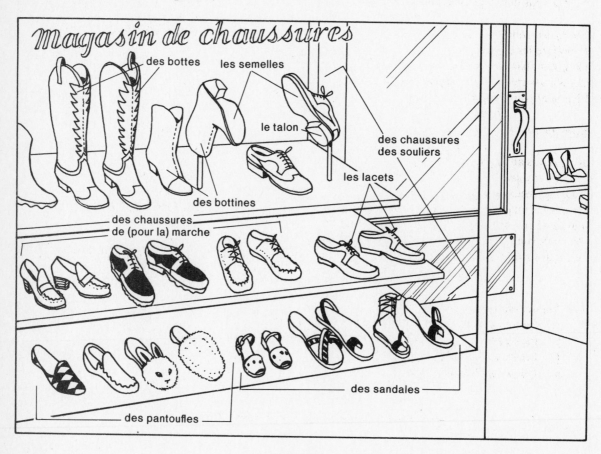

Fig. 15-1

Vous désirez?	What would you like?
Est-ce que je pourrais vous aider?	May I help you?
Je voudrais *une paire de chaussures.*[1]	a pair of shoes
bottes.	boots
bottines.	ankle boots
sandales.	sandals
pantoufles.	slippers
chaussures de (pour la) marche.	walking shoes
chaussures de tennis.	tennis shoes
chaussures de sport.	jogging shoes
Je voudrais des *souliers de course.*	jogging (running) shoes
des *espadrilles.*	beach sandals
Je voudrais des souliers *à lacets.*	with shoelaces
à bouts ronds.	with round toes

---

[1] *Chaussures* is the general term for shoes—sandals, boots, etc. *Souliers* is not used frequently.

94

Je voudrais des souliers *à bouts pointus.*	with pointed toes
à bouts ouverts.	open-toed
Quelle est votre *pointure?*[2]	size
Je *fais du* 39.	wear
Du combien chaussez-vous?	What's your size?
Je chausse du 39.	my size is
Voulez-vous des chaussures en *cuir?*	leather
daim?	suede
Les *talons* sont trop *hauts.*	heels, high
Je préfère les talons *bas.*	low
Je ne veux pas de *semelles de caoutchouc.*	rubber soles
Ces chaussures *ne me vont pas très bien.*	don't fit well
Elles sont trop *étroites.*	narrow
larges.	wide
Elles *me font mal aux pieds.*	hurt my feet
aux *orteils.*	toes
Je voudrais aussi une paire de *lacets*	laces
et du *cirage.*	shoe polish
Voudriez-vous de la *crème?*	shoe polish
Avez-vous un *chausse-pied* et des *embauchoirs?*	shoehorn, shoe trees
J'ai cassé ce talon. Pourriez-vous le *remplacer?*	replace
Pourriez-vous *faire mettre* des talons de caoutchouc?	put on
Je voudrais *faire ressemeler ces chaussures.*	have these shoes resoled

1.   Answer on the basis of Fig. 15-2.
     1.   Ce sont des chaussures, des sandales ou des bottes?
     2.   Est-ce que les chaussures ont des semelles de caoutchouc on en cuir?
     3.   Est-ce que les talons sont hauts ou bas?
     4.   Est-ce que les souliers ont des lacets?

Fig. 15-2

---

[2] Equivalent American and French shoe sizes are listed in Appendix 6. Note that *pointure* is used to mean "size" for shoes and gloves. *Taille* is used for clothes, hats, and gloves.

2. Complete.

— Je peux vous aider, madame?

— Je voudrais une paire de _____ 1 , s'il vous plaît.

— Quelle est votre _____ 2 ?

— Je _____ 3 du 37.

— Aimez-vous les _____ 4 hauts ou bas?

— Je préfère les _____ 5 bas. Je n'aime pas les _____ _____ 6 .

— A bouts _____ 7 ou pointus?

— Pointus.

— D'accord. Quelle couleur préférez-vous?

— Beige, s'il vous plaît.

— En _____ 8 ou en daim?

— En daim, s'il vous plaît.

Plus tard.

— Est-ce que ces chaussures vous vont bien?

— Non, elles ne me _____ 9 pas très bien. Elles me font _____ 10 aux _____ 11 . Avez-vous une autre paire qui soit moins _____ 12 ?

— Oui, je vais la chercher.

— Oh! et je voudrais faire _____ 13 ces chaussures en caoutchouc et j'ai besoin de _____ 14 pour mes chaussures de tennis.

Chapter 16: At the clothing store
Chapitre 16: Au magasin de vêtements

BUYING MEN'S CLOTHING

Vêtements pour hommes	clothing
Je voudrais des *sous-vêtements.*	underwear
des *caleçons.*	trunks (drawers, briefs)
des *slips* (Canada: *culottes).*	underpants
des *chaussettes* (Canada: *bas).*	socks
des *maillots de corps.*	undershirts
des *tricots de corps (de peau).*	undershirts
une *chemise avec col.*	shirt, with a collar
sans col.	without a collar
sport.	sport
un *costume* (un *complet).*[1]	suit
un *smoking.*	tuxedo
un *habit (de cérémonie).*	dress coat (tails)
un *jean* (un *blue-jean).*	jeans (blue jeans)
un *pantalon.*	pants
un *short.*	shorts
un *manteau.*	coat
un *pardessus.*	overcoat
un *imperméable.*	raincoat
un *sweater.*[2]	sweater
un *pull-over* (un *pull).*	pullover sweater
un *gilet.*	sweater (vest)
un *tricot.*	sweater (T-shirt)
un *T-shirt* (un *Tee-shirt).*	T-shirt
une *veste.*	vest
un *veston.*	jacket (coat)
un *maillot de bain* (Canada: un *costume de bain).*[3]	bathing suit
un *pyjama.*	pajamas
une *chemise de nuit.*	nightshirt
une *robe de chambre.*	bathrobe
une *ceinture.*	belt
une *cravate.*	tie
des *gants.*[4]	gloves
un *mouchoir.*	handkerchief
un *chapeau.*	hat
une *casquette.*	cap
des *boutons de manchettes.*	cuff links
des *bretelles.*	suspenders
un *portefeuille.*	wallet

---

[1] Note that there are different words for "suit." *Un complet* or *un costume* is a man's suit. *Un tailleur* or *un costume* is a woman's suit. *Un smoking* is a tuxedo. *Un habit (de cérémonie)* is a dress coat or tails.

[2] There are different words for "sweater." *Un pull-over* or *un chandail* is a pullover sweater. *Un cardigan* is a cardigan sweater, which has long sleeves and opens at the front. *Un gilet* is a sweater without sleeves that opens at the front. *Un tricot* is a pullover sweater or T-shirt.

[3] In French Canada, the word for "bathing suit" is *costume de bain.* In France, it is *maillot de bain.*

[4] See section on women's clothing for types of gloves.

Je voudrais un *porte-clés*.	key case
un *porte-cartes*.	card holder
Je voudrais une chemise en *coton*.	cotton
flanelle.	flannel
soie.	silk
laine.	wool
acrylique.	acrylic
nylon.	nylon
polyester.	polyester
toile.	linen
tissu synthétique.	synthetic material
tissu infroissable.	wrinkle-resistant material
Je la veux *à manches longues* et avec *manchettes*	with long sleeves, French cuffs
et *col*.	collar
Je la veux *avec col*.	with a collar
sans col.	without a collar
Je voudrais une veste en *velours*.	velvet
velours côtelé.	corduroy
tissu croisé (Canada: *denim*).	denim
cuir.	leather
daim.	suede
gabardine.	gabardine
laine.	wool
laine peignée.	worsted wool
tweed.	tweed
Je voudrais un gilet *avec manches*.	with sleeves
sans manches.	sleeveless
J'aime cette chemise *à rayures*.	with stripes (striped)
imprimée.	print
à carreaux.	checked
Cette cravate ne *va* pas très bien *avec* cette chemise à carreaux.	match (go with)
Quelle est votre taille?[5]	What's your size?
Je ne sais pas. *Veuillez prendre mes mesures*.	Please take my measurements.
Encolure 39 ou 40.	collar size
Elle *ne me va pas* très bien.	does not fit
C'est un peu trop *serré*.	tight
ample.	big (loose)
court.	short
long.	long
Faites-vous des vêtements *sur mesure?*	to measure
Aimeriez-vous un pantalon avec *boutons*, à la *braguette* ou	buttons, fly
préféreriez-vous une *fermeture éclair?*	zipper
Payez à la *caisse*.	cashier

1.   Prepare a list for a complete outfit of clothing for a man.

2.   Complete.
     — Est-ce que je pourrais vous _____, monsieur?
                                          1
     — Je voudrais une chemise, s'il vous plaît.

---

[5] Note that *taille* is used for clothing, hat, and glove sizes, while *pointure* is used for shoe and glove sizes. Equivalent American and French clothing sizes are listed in Appendix 6.

— Vous en voulez une en coton?

— Non, je préfère du tissu _____.
                                2

— Comme c'est l'été, vous ne voulez pas une chemise en _____ ou en _____.
                                                           3   4

Je vous suggère d'en prendre une en tissu _____.
                                              5

— D'accord.

— Quelle est votre _____?
                        6

— Ma _____ est 41.
        7

— Voulez-vous des _____ courtes ou longues?
                        8

— Des _____ longues, s'il vous plaît.
           9

— La voulez-vous avec des _____ ou à carreaux?
                               10

— Je ne la veux ni avec des _____ ni à _____. Je voudrais seulement une
                                 11   12

chemise blanche ou bleue parce que je vais la porter avec un _____ bleu. Je voudrais
                                                                 13

aussi acheter une _____ qui ira bien avec cette chemise.
                      14

3. Choose the word that does *not* belong.
   1. Je voudrais une chemise en _____. (*a*) laine (*b*) coton (*c*) cuir (*d*) soie
   2. Je voudrais un pantalon en _____. (*a*) laine (*b*) velours (*c*) col (*d*) gabardine
   3. Je voudrais une veste en _____. (*a*) laine (*b*) manches (*c*) flanelle (*d*) tissue croisé
   4. Je voudrais des gants en _____. (*a*) cuir (*b*) daim (*c*) laine (*d*) velours

4. Complete.
   1. Cette chemise à rayures ne va pas très bien avec ma veste à _____.
   2. J'ai cassé la _____ _____ à la braguette de mon pantalon que j'ai acheté
      hier.
   3. Je porte un _____ sur la tête.
   4. Quand il pleut, je dois porter un _____.
   5. J'ai besoin de sous-vêtements. Je vais acheter des _____ et des _____
      _____ _____.
   6. Je n'aime pas porter des chaussures sans _____.
   7. Je ne sais pas ma taille. La vendeuse va prendre mes _____.
   8. Je n'aime pas le coton. Je préfère le tissu _____ ou un mélange parce que ces tissus sont
      infroissables.
   9. Ce veston ne me _____ pas très bien. Il est trop grand.
   10. Ce veston est trop _____. J'ai besoin d'une plus grande taille.

BUYING WOMEN'S CLOTHING

Vêtements pour femmes	
Je voudrais des *sous-vêtements*.	underwear
des *slips* (Canada: *culottes*).	panties (bikini)
une *combinaison*.	full slip
un *jupon*.	slip
un *demi-jupon*.	half-slip
des *bas (de nylon)*.	(nylon) stockings
des *collants* (Canada: *bas-culottes*).	panty hose (tights)

un *collant.*	tights
une *gaine.*	girdle
des *jarretelles.*	garters
un *porte-jarretelles.*	garter belt
un *soutien-gorge.*	brassière (bra)
une *blouse.*	blouse, smock
un *chemisier.*	shirt blouse
une *robe.*	dress
une *robe du soir.*	evening gown
une *jupe (de la ligne A).*	skirt (A-line)
un *tailleur* (un *costume).*[1]	suit
une *veste.*	vest
un *jean.*	jeans
un *pantalon.*	pants
un *ensemble pantalon* (Canada: un *complet pantalon).*	pantsuit
un *manteau.*	coat
un *manteau de fourrure.*	fur coat
un *imperméable.*	raincoat
un *sweater.*[2]	sweater
un *pull* (un *pull-over).*	pullover sweater
un *tricot.*	T-shirt
un *gilet.*	sweater
un *chandail.*	sweater (pullover)
un *cardigan.*	cardigan sweater
une *robe de chambre.*	dressing gown, robe
un *peignoir.*	negligée
une *chemise de nuit.*	nightshirt (nightgown)
un *pyjama.*	pajamas
un *maillot de bain* (Canada: un *costume de bain).*[3]	bathing suit
des *accessoires.*	accessories
une *écharpe.*	scarf
un *foulard.*	scarf
une *ceinture.*	belt
des *gants.*	gloves
un *mouchoir.*	handkerchief
un *chapeau.*	hat
un *chapeau de paille.*	straw hat
un *sac (à main).*	handbag
un *porte-monnaie.*	change purse
un *parapluie.*	umbrella
Je jette un coup d'oeil seulement.	I am just looking.
En quelle *étoffe*? De quel *tissu*?	cloth (material)
Je voudrais une robe en *coton.*	cotton
coton et *polyester peigné.*	cotton, combed polyester
soie.	silk

[1] Note that there are different words for "suit." *Un complet* or *un costume* is a man's suit. *Un tailleur* or *un costume* is a woman's suit. *Un smoking* is a tuxedo. *Un habit* (*de cérémonie*) is a dress coat or tails.

[2] There are different words for "sweater." *Un pull-over* or *un chandail* is a pullover sweater. *Un cardigan* is a cardigan sweater, which has long sleeves and opens at the front. *Un gilet* is a sweater without sleeves that opens at the front. *Un tricot* is a pullover sweater or T-shirt.

[3] In French Canada, the word for "bathing suit" is *costume de bain*. In France, it is *maillot de bain*.

[4] See page 101 for types of gloves.

Je voudrais une robe en *nylon*.	nylon
acrylique.	acrylic
crêpe de Chine.	crêpe de Chine
jersey.	jersey
popeline.	poplin
mousseline.	muslin
satin.	satin
taffetas.	taffeta
velours.	velvet
velours côtelé.	corduroy
tissu éponge.	terrycloth
tissu synthétique.	synthetic material
tissu *infroissable.*	wrinkle-resistant
J'en voudrais une plus *chaude*.	warmer
légère.	lighter
La préférez-vous à *manches* longues ou courtes?	sleeves
Je voudrais une robe *à rayures*.	striped
à carreaux.	checked
à pois.	polka-dotted
sans dentelle.	without lace
imprimée.	print
Je voudrais une jupe en *velours*.	velvet
en *velours côtelé.*	corduroy
en *laine.*	wool
en *daim.*	suede
en *laine peignée.*	worsted wool
plissée.	with pleats
Je préfère mélange de *coton* et un *tissu* synthétique.	cotton, cloth
Ce chemisier *va* très bien *avec* la jupe.	matches (goes with)
Quelle est votre taille?[5]	What's your size?
Je fais du 40.	I take size 40.
Je ne sais pas. Pourriez-vous *prendre mes mesures?*	take my measurements
Je voudrais un chapeau de *feutre*.	felt
de *paille.*	straw
de *toile.*	cloth
à large bord.	with a large brim
Je voudrais des gants en *coton*.	cotton
en *peau de porc.*	pigskin
en *peau de daim.*	doeskin
en *chevreau.*	kid
en *tricot.*	knit
en *laine.*	wool
fourrés.	fur-lined
lavables.	washable
Quelle est votre *pointure (taille)?*	size
Six et demi.	

5. Prepare a list for a complete outfit of clothing for a woman.

---

[5] Note that *taille* is used for clothing, hat, and glove sizes, while *pointure* is used for shoe and glove sizes. Equivalent American and French clothing sizes are listed in Appendix 6.

6. Choose the appropriate word(s).
1. Je voudrais une robe en _____. (*a*) cuir (*b*) coton
2. Non, je ne veux pas de jupe. Je préfère _____. (*a*) un ensemble pantalon (*b*) une écharpe
3. Vendez-vous _____ de nylon? (*a*) des bas (*b*) des chaussures
4. J'ai acheté un mouchoir en _____. (*a*) cuir (*b*) soie
5. Il fait froid. Je voudrais un _____. (*a*) chandail (*b*) maillot de bain
6. J'ai acheté des gants en _____. (*a*) chevreau (*b*) taffetas
7. Au rayon des gants, on vous demande votre _____. (*a*) pointure (*b*) grandeur
8. Au rayon des vêtements où on achète des jupes, des robes, etc., on vous demande votre _____. (*a*) pointure (*b*) taille

7. Complete.
1. J'ai besoin de sous-vêtements. Je vais acheter des _____, un _____, une _____ et des _____.
2. Je ne veux pas de chemisier en coton parce qu'il n'est pas infroissable. Je préfère un _____ de coton et tissu synthétique.
3. Un chemisier à rayures ne va pas très bien avec une jupe à _____.
4. Je ne sais pas ma taille. Il faut prendre mes _____.
5. Je voudrais un chapeau à large _____.
6. Je n'aime pas faire nettoyer mes gants à sec. J'achète des gants _____.

8. Answer on the basis of Fig. 16-1.
1. C'est un chemisier _____.
2. C'est une jupe _____.
3. C'est une écharpe _____.

Fig. 16-1

Chapter 17: At the jeweler's
Chapitre 17: *Chez le bijoutier*

JEWELRY (Fig. 17-1)

J'ai cassé le *verre* de ma *montre*.	glass, watch
le *bracelet*	bracelet
le *ressort*	spring
J'ai cassé la *monture* de mes *lunettes*.	frame, eyeglasses
la *branche*	arm
Pourriez-vous remplacer la *pierre?*	stone
la *breloque?*	charm
la *chaîne?*	chain
le *fermoir?*	fastener
la *griffe?*	clip
J'aime les *bijoux* en *or*.	jewelry, gold
argent.	silver
Je voudrais des *boucles d'oreilles pour oreilles percées*.	pierced earrings
un *collier de perles*.	pearl necklace
Je voudrais une *bague avec des diamants*.	ring set with diamonds
améthystes.	amethysts

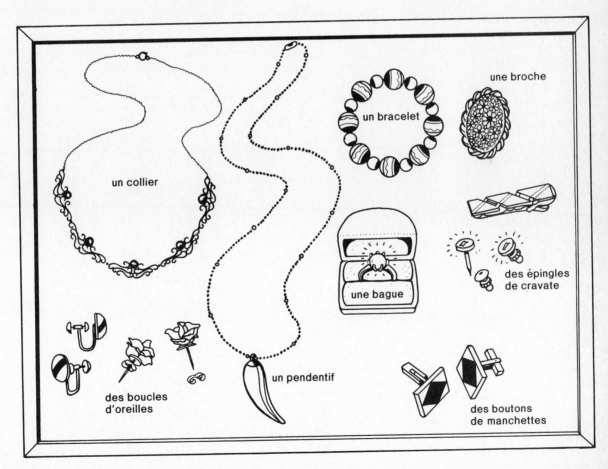

Fig. 17-1

103

Je voudrais une bague avec des *émeraudes.*   emeralds
                                rubis.   rubies
                                saphirs.   sapphires
                                topazes.   topazes
                                turquoises.   turquoises
Je voudrais un *bracelet.*   bracelet
            une *broche.*   brooch
            un *pendentif.*   pendant
            des *épingles de cravate.*   tie-pins
            des *boutons de manchettes.*   cuff links
            des *boucles d'oreilles.*   earrings
Ma montre *retarde.*   is slow
          avance.   is fast
          s'est arrêtée.   has stopped

1.   Complete.
         — Bonjour, madame. Est-ce que je pourrais vous aider?

         — Oui, monsieur. J'ai _____ ma montre.
                                    1

         — Ce n'est pas grave. Il faut simplement remplacer le _____ .
                                                                       2

         — Ma fille a cassé la _____ et une _____ de ses lunettes. Pourriez-vous les
                                      3   4

         réparer?

         — Pas de problème.

         — Oh! et pouvez vous remettre la _____ dans cette bague? Elle est tombée l'autre jour.
                                                  5

         J'ai eu de la chance de le remarquer.

2.   Complete.
         1. Ma montre ne marche pas bien. Elle indique toujours qu'il est plus tard qu'en réalité. Ma montre
             _____ .

         2. Ma montre indique toujours une heure moins avancée qu'il est réellement. Ma montre
             _____ .

         3. Ma montre ne marche pas du tout. Elle s'est _____ .
         4. Je porte une _____ au troisième doigt.
         5. Je porte un _____ autour du cou.
         6. Je mets une _____ _____ _____ sur ma cravate.
         7. Je porte un _____ au poignet.
         8. J'aime les bijoux en _____ et en _____ .

Chapter 18: Other stores
Chapitre 18: D'autres magasins[1]

AT THE STEREO EQUIPMENT STORE (Fig. 18-1)

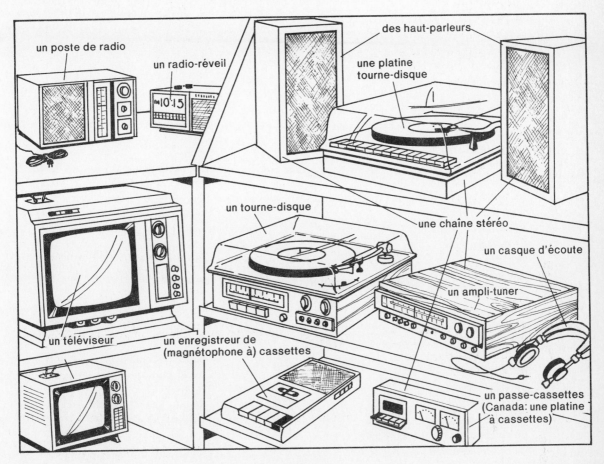

Fig. 18-1

Où est le *rayon des disques?*	record counter
Je voudrais des *disques* de *musique classique.*	records, classical music
de *jazz.*	jazz
de *rock.*	rock
d'*opéra.*	opera
de *musique folklorique.*	folk
Montrez-moi un téléviseur[2] en *couleurs.*	color
noir et blanc.	black and white
Je voudrais un *poste de radio.*[3]	radio

---

[1] In France, as in North America, there are many specialty stores such as the ones mentioned in this unit. Consumers can also purchase a variety of items in a department store, *un grand magasin.*

[2] The "television set" is *un téléviseur.* When you want to talk about watching television, *la télévision* is used. *J'achète un téléviseur. Je regarde la télévision. Je regarde le match de base-ball à la télévision.*

[3] When you are referring to the actual piece of equipment, the radio is *un poste de radio.* Otherwise it is *la radio. J'achète un poste de radio. J'écoute la radio.*

1. Complete.
  1. Pour me réveiller le matin, j'achète un _____-_____ .
  2. Je mets les disques sur le _____-_____ .
  3. Une chaîne stéréo a des _____-_____ pour augmenter le son.
  4. Mes parents n'aiment pas la musique rock. Donc, quand je veux l'écouter, je mets un _____ _____ .
  5. J'achète un _____ _____ _____ pour écouter les actualités, et si je veux voir les actualités, j'achète un _____ .
  6. J'ai un _____ _____ cassettes.

AT THE STATIONER'S

Chez le *papetier*   stationer
Je voudrais des *crayons*.   pencils
    des *plumes*.   pens
    un *stylo*.   fountain pen
    des *stylos à bille*.   ballpoint pens
    de *l'encre*.   ink
    un *porte-mine*.   pencil case
    un *taille-crayon*.   pencil sharpener
    un *porte-plume*.   pen holder
    des *mines*.   refills
    une *gomme*.   eraser
    une *règle*.   ruler
    des *agrafes*.   staples
    une *agrafeuse*.   stapler
    des *punaises*.   thumbtacks
    des *attaches*.   paper fasteners
    des *trombones*.   paper clips
    un *grattoir*.   scraper
    un *pot de colle*.   pot of glue
    du *ruban adhésif*.   adhesive tape
    un *ruban pour machine à écrire*.   typewriter ribbon
    un *ruban cartouche pour machine à écrire*. typewriter-ribbon cartridge
    des *fiches*.   index cards
    du *papier*.   paper
    du *papier à lettres*.   writing paper (stationery)
    des *enveloppes*.   envelopes
    des *cartes*.   greeting cards
    du *papier à dessin*.   drawing paper
    du *papier brouillon*.   scratch paper
    du *papier buvard*.   blotting paper
    un *cahier (un carnet)*.   a notebook

2. Identify the items in Fig. 18-2.
  1. un _____
  2. un _____ _____ _____
  3. une _____
  4. une _____
  5. des _____
  6. des _____
  7. du _____ _____

Fig. 18-2

8. un _____ _____ _____ _____
9. du _____ _____ _____
10. un _____
11. une _____
12. un _____ _____
13. des _____
14. un _____-_____

AT THE BOOKSTORE

A la *librairie*   bookstore
Je voudrais quelque chose *à lire*, et je vais à la librairie.   to read
Il y a un *kiosque à journaux* près de la librairie.   newsstand
On pourrait y acheter un *guide des spectacles*.   entertainment guide
                  un *journal*.   newspaper
                  une *revue* (un *magazine*).   magazine
                  des *cartes postales*.   postcards

On pourrait y acheter une *carte des routes* (une *carte routière*).	road map
un *plan (guide) de la ville*.	city map
Je voudrais une *grammaire française*.	French grammar
un *dictionnaire français-anglais*.	French–English dictionary
un *roman*.	novel
un *livre biographique* (une *biographie*).	biography
un *livre de voyage*.	travel story
un *livre d'histoire*.	history book
un livre de *poésie*.	poetry
un livre de *pièces de théâtre*.	plays
un *roman policier*.	mystery story
un *roman d'amour*.	love story
Avez-vous des *oeuvres* de Sartre?	works
Avez-vous des *ouvrages* sur l'histoire de la ville?	books (works)
Vendez-vous livres *d'occasion?*	second-hand

3. Complete.
   1. On peut acheter des _____ et des _____ _____ au kiosque.
   2. Pour savoir ce qui se passe dans la ville, c'est une bonne idée d'acheter un _____ _____ _____ .
   3. J'achète des _____ _____ pour les envoyer à mes amis.
   4. Je ne connais pas très bien le français. J'ai besoin d'un _____ et d'une _____ .
   5. J'aime beaucoup lire. J'aime les _____ , la _____ et les _____ de théâtre.
   6. Je cherche des _____ de Gide.
   7. Dans cette librairie, on vend des livres à prix réduits parce que ces livres ne sont pas neufs. On vend des livres _____ .

AT THE HARDWARE STORE (Fig. 18-3)

A la *quincaillerie*	hardware store
J'aime *bricoler (faire du bricolage)*.	do handywork
Il y a toujours quelque chose à *réparer,* et je dois aller à la quincaillerie.	repair
J'ai besoin d'*écrous* et de *verrous*.	nuts, bolts
Il faut *verrouiller* ça.	bolt
Il faut *enfoncer* le *clou* dans le mur.	hammer in, nail

4. Complete.
   1. Pour couper le bois, il faut une _____ .
   2. Pour faire un trou dans le mur, il faut une _____ .
   3. Pour planter un clou dans un morceau de bois, il faut un _____ .
   4. Pour mettre une vis dans le bois, il faut un _____ .
   5. Pour ouvrir le robinet, il faut une _____ ou des _____ .

AT THE CAMERA STORE

Au magasin d'appareils photographiques	
Je voudrais acheter un *appareil photographique*.	camera

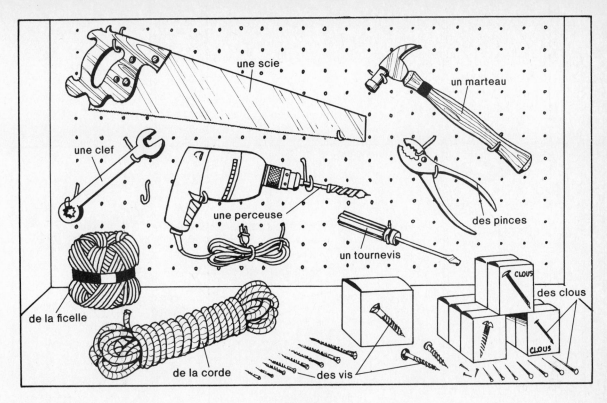

Fig. 18-3

J'ai besoin de *pellicules*.	films
J'ai besoin d'un film de *35 millimètres,* de 36 *poses*.	35 millimeter, exposures
Je voudrais deux pellicules en *noir et blanc* et deux en *couleur*.	black and white, color
Le *développement* est-il *compris dans le prix?*	development, included in the price
Je voudrais faire *développer* ce film.	develop
faire faire des tirages.	have prints made
agrandir ce *négatif*.	enlarge, negative
Je voudrais des *ampoules de flash*.	flash bulbs
cubes-flash.	flash cubes
Mon appareil *est bloqué*.	doesn't work (is jammed)
L'*obturateur* ne marche pas.	shutter
La *cellule* ne marche pas.	light meter
L'*enrouleur* ne marche pas.	film winder
Oh! J'ai oublié d'*enlever le capuchon d'objectif*.	remove the lens cap
J'ai besoin de *filtres (UV)*.	filters (ultraviolet)

5. Complete.

1. Pour prendre des photos, ils faut avoir un _____ _____ .
2. Vous pouvez acheter des pellicules en _____ ou en noir et _____ .
3. Pour prendre des photos dans une maison, il faut avoir des _____ _____
   _____ ou des _____-_____ .
4. Je veux faire développer ce film. Est-ce que le _____ est _____ dans le
   prix?
5. J'ai besoin d'une pellicule de 35 _____, de 36 _____ .
6. Je voudrais faire _____ ces négatifs.
7. Je voudrais faire faire des _____ .

8. Le _____ d'objectif protège l'objectif.
9. La _____ règle l'ouverture.
10. Je ne peux pas enrouler le film. L' _____ ne marche pas.

AT THE PHARMACY (Fig. 18-4)

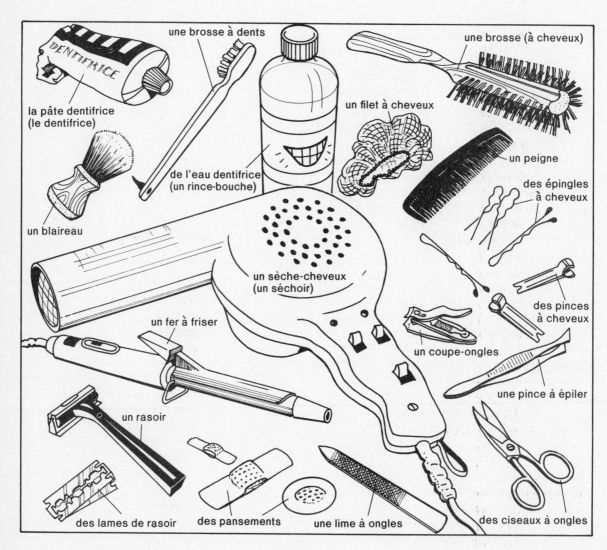

Fig. 18-4

Je dois aller à la *pharmacie*.[4]	pharmacy (drugstore)
Je dois faire *remplir une ordonnance*.	fill a prescription
Je dois acheter du *sirop pour la gorge* (la *toux*)	cough syrup
et des *pastilles*.	losenges
J'ai aussi besoin de *pansements*.	bandages
Avez-vous quelque chose contre les *piqûres d'insectes*?	insect bites

---

[4] Although many pharmacies in France sell only pharmaceutical products, there are more and more drugstores where personal-care items may be purchased.

Nous avons des *produits contre les insectes* (Canada: du *chasse-insectes*), de l'*anti-moustiques* (Canada: du *chasse-moustiques*).

insect repellent
mosquito repellent

J'ai aussi besoin d'une *trousse de secours (de premiers soins).* — first-aid kit
Je dois mettre de la *teinture d'iode* sur cette *blessure.* — iodine, wound (injury)

Pour *ongles* — nails
J'ai besoin d'un *coupe-ongles.* — nail clippers
        d'une *lime à ongles.* — nail file
        de *ciseaux à ongles.* — nail scissors
        d'une *pince à épiler.* — tweezers
        de *vernis à ongles.* — nail polish

Pour hommes —
J'ai besoin d'un *rasoir (de sûreté).* — razor (safety)
        de *lotion après-rasage.* — after-shave lotion
        de *lames de rasoir.* — razor blades
        d'un *blaireau.* — shaving brush
        de *crème à raser.* — shaving cream
        de *mousse à raser.* — shaving foam

Maquillage pour femmes — makeup
Je voudrais un *bâton (tube) de rouge à lèvres.* — lipstick
        de l'*ombre à paupières.* — eye shadow
        un *crayon à sourcils.* — eyebrow pencil
        un *eye-liner.* — eyeliner
        du *mascara.* — mascara
        de la *poudre de riz.* — face powder
        de la *crème pour le visage.* — beauty cream
        du *parfum.* — perfume
        de l'*eau de cologne.* — cologne

Pour les *cheveux* — hair
Je voudrais une *brosse (à cheveux).* — hairbrush
        un *peigne.* — comb
        des *pinces à cheveux.* — hairclips (bobby pins)
        des *épingles à cheveux.* — hairpins
        un *fer à friser.* — curling iron
        un *séchoir à cheveux* (un *sèche-cheveux).* — hair dryer
        un *filet à cheveux.* — hairnet

Pour le *soleil* — sun
Je voudrais de la *lotion solaire.* — suntan lotion
        de la *crème solaire.* — suntan cream
        de la *lotion de bronzage progressif.* — tanning lotion
        de l'*huile solaire.* — suntan oil

Produits *de tous les jours* — everyday
Je voudrais un *shampooing.* — shampoo
        un *flacon de* shampooing. — bottle of
        un shampooing pour cheveux *gras.* — oily
                     secs. — dry
        un *déodorant* (un *anti-perspirant;* Canada: un *antisudorifique).* — deodorant
        du *savon (de toilette).* — soap (toilet)
        du savon pour *peau sèche.* — dry skin
                   peau grasse. — oily skin
        des *mouchoirs de papier.* — tissues
        du *papier hygiénique.* — toilet paper

Je voudrais des *serviettes hygiéniques/tampons hygiéniques*.   sanitary napkins/tampons
        un *rince-bouche* (de l'*eau dentifrice*).   mouthwash
        une *brosse à dents*.   toothbrush
        de la *pâte dentifrice* (du *dentifrice*).   toothpaste

6. Complete.

   1. Je dois acheter des produits de beauté. Je voudrais du _____ _____
      _____ pour mes lèvres, du _____ pour mes yeux, du _____
      _____ _____ pour mes ongles, un _____ _____
      _____ pour mes sourcils, un _____-_____, une _____
      à _____ et des _____ _____ pour mes ongles.

   2. Pour de petites blessures, je dois acheter de la _____ _____ et des
      _____ .

   3. Pour éviter d'attraper un coup de soleil, j'ai besoin de _____ _____ ou d'
      _____ _____ .

   4. Pour me raser, j'ai besoin de _____ _____ _____ et de
      _____ à raser, de lotion _____-_____ et d'un _____ .

   5. Pour éviter les piqûres de moustiques, j'ai besoin d' _____-_____ .

   6. Pour me brosser les dents, j'ai besoin d'une _____ à dents, de _____
      _____ et d'un _____-_____ .

   7. Si j'ai mal à la gorge, je vais acheter du _____ pour la gorge et des _____ .

7. Make a list of things you need to buy in the pharmacy.

Unit 5:   Medical care
Unité 5:   Les soins médicaux

Chapter 19: At the doctor's office

Chapitre 19: *Chez le médecin (dans le cabinet du médecin)*

I HAVE A COLD

Le (la) *malade* parle:	patient
Je ne me sens pas très bien.	I don't feel well.
Je suis *malade.*	sick (ill)
Je suis enrhumé(e). (J'ai un rhume).	I have a cold.
Je crois que j'*ai attrapé la grippe.*	caught the flu
J'ai mal à la gorge.	I have a sore throat.
J'ai mal à l'oreille.	I have an earache.
J'ai mal aux oreilles.	My ears hurt.
J'ai mal à la tête.	I have a headache.
J'ai mal au nez.	My nose hurts.
J'ai de la *fièvre.*	fever
J'éternue.	I'm sneezing.
Je suis *enroué(e).*	hoarse
Je *frissonne.*	have a chill
J'ai un *refroidissement.*	chill
J'ai des *frissons.*	chills
J'ai le *torticolis.*	stiff neck
J'ai une *angine.*	throat infection
J'ai *du mal à respirer.*	difficulty breathing
à avaler.	swallowing
J'ai la *toux.*	cough
Je tousse.	I'm coughing.
J'ai les *glandes enflées.*	swollen glands
Je suis très congestionné(e).	I am very congested.
J'ai des vertiges.	I'm dizzy.
J'ai des nausées.	I'm nauseous.
Le médecin[1] parle:	
Quels sont vos *symptômes?*	symptoms
Où avez-vous mal?	Where does it hurt?
Avez-vous la *nausée?*	nausea
Avez-vous le vertige?	Are you dizzy?
Ouvrez la bouche.	Open your mouth.
Je voudrais *examiner* votre gorge.	examine
Je vais *écouter (ausculter) votre cœur.*	listen to your heart
Respirez à fond.	Take a deep breath.
Montrez-moi votre langue.	Show me your tongue.
Respirez (inspirez).	Breath in.
Soufflez (expirez).	Breath out.
Est-ce que cela vous fait mal?	Does that hurt?
Est-ce que vous avez mal à la poitrine?	Does your chest hurt?
Je vais *prendre votre température.*	take your temperature

---

[1] When speaking about a medical doctor, *le docteur* or *le médecin* is used. When addressing the doctor directly, *docteur* is used. *Le médecin (le docteur) vient. Bonjour, docteur.* A female doctor is *une femme médecin.*

Etes-vous *allergique* à la pénicilline?	allergic
Je vais *vous faire une piqûre.*	give you an injection
Retroussez votre manche.	Roll up your sleeve.
Allongez-vous, s'il vous plaît.	lie down
Deshabillez-vous.	Take your clothes off.
Je vais vous donner une *ordonnance* pour	prescription
un *antibiotique*/des *médicaments.*	antibiotic/medicine
Prenez ces *pilules* trois fois par jour.	pills
Ce n'est pas grave.	It's not serious.
Vous allez *guérir.*	get well (be cured)

1. Complete.

Le pauvre M. Leroi ne se sent pas très bien. Il est _____ . Il a la _____ très
                                                          1   2

rouge et il a du mal à avaler. Quelquefois il a très froid et d'autres fois il a très chaud. Il a de la

_____ et des _____ . Il a les glandes _____ , la _____ et il
      3   4   5   6

est très _____ . Il ne sait pas s'il a seulement un _____ ou s'il a attrapé la
              7   8

_____ . Il doit aller chez le médecin.
    9

2. Complete.
Dans le _____ du médecin
        1

— Bonjour, docteur.

— Bonjour. Où avez-vous mal?

— Je ne sais pas si j'ai un _____ ou si j'ai la _____ .
                          2   3

— Quels sont vos symptômes?

— J'ai mal à la _____ et j'ai du mal à _____ . J'ai mal aux _____
                  4   5   6

aussi.

— Ouvrez la _____ , s'il vous plaît. Je voudrais examiner la _____ . Oui, c'est
                7   8

très rouge. Vous avez les glandes _____ aussi. _____ à fond, s'il vous plaît.
                                9   10

Maintenant _____ . Est-ce que cela vous fait mal quand vous respirez?
               11

— Un peu, mais pas beaucoup.

— _____ -vous?
    12

— Oui, je tousse beaucoup.

— Ouvrez la bouche encore une fois. Je vais prendre votre _____ . Vous avez 39°C. Un
                                            13

peu élevé. Vous avez de la _____ . Etes-vous _____ à quelque médicament?
                            14   15

— Pas que je sache.

— Très bien. Retroussez votre _____ . Je vais vous faire une _____ de péni-
                                  16   17

cilline et je vais vous donner une _____ pour un antibiotique. Vous devez
                                      18

prendre ces _____ trois fois par jour. Ce n'est pas _____. Vous allez vous
　　　　　　　　　　19　　　　　　　　　　　　　　　　　　　　20

sentir mieux dans quelques jours.

3.　Complete.
　　1.　Quand vous avez un _____, en général vous n'avez pas de fièvre. Mais en général vous
　　　　avez de la _____ quand vous avez la _____.
　　2.　Quand on a de la fièvre, on a froid à un moment et on a chaud à un autre. Quand on a froid, il est
　　　　possible qu'on ait aussi des _____.
　　3.　Le malade doit ouvrir la _____ quand le médecin lui _____ la gorge.
　　4.　Quand le médecin va faire une piqûre au malade, le malade doit retrousser sa _____.
　　5.　J'ai un rhume. Je suis _____.
　　6.　J'ai mal à l'estomac. J'ai des _____.

A PHYSICAL EXAMINATION

Histoire médicale	medical history
Avez-vous jamais souffert de ou est-ce que quelqu'un dans votre	
famille a souffert d'*allergies?*	allergies
d'*asthme?*	asthma
d'*arthrite?*	arthritis
du *cancer?*	cancer
de *diabète?*	diabetes
du *coeur?*	heart trouble
de *maladies mentales?*	mental illness
de *maladies vénériennes?*	venereal disease
de *rhume des foins?*	hay fever
d'*épilepsie?*	epilepsy
de *tuberculose?*	tuberculosis
Quand vous étiez petit, avez-vous eu la *poliomyélite?*	polio
la *rougeole?*	measles
les *oreillons?*	mumps
la *varicelle?*[2]	chicken pox

THE VITAL ORGANS (Fig. 19-1)

Les *organes vitales*	vital organs
Quel est votre *groupe sanguin?*	blood type
Avez-vous des problèmes avec vos *règles?*	menstrual periods
Avez-vous *subi une opération?*	had an operation
Avez-vous fait enlever vos *amygdales?*	tonsils
Avez-vous eu une *amygdalectomie?*	tonsilectomy
Avez-vous fait enlever votre *appendice?*	appendix
Avez-vous eu une *appendicectomie?*	appendectomy
J'ai *l'appendicite.*	appendicitis
Le médecin parle.	
Retroussez votre manche, s'il vous plaît.	

---

[2] Other illnesses of which you may wish to know the names for travel purposes are *la variole* (smallpox), *le paludisme*
　(malaria), *la fièvre jaune* (yellow fever), *le choléra* (cholera), *le tétanos* (tetanus), *la typhoïde* (typhoid).

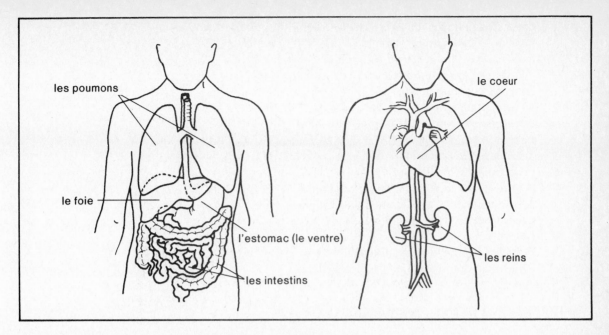

les poumons

le coeur

le foie

l'estomac (le ventre)

les reins

les intestins

Fig. 19-1

Je voudrais prendre votre *tension artérielle.*	blood pressure
Je voudrais faire faire des *analyses de sang.*	blood test
d'urine.	urine test
de matières fécales.	analysis of the feces
J'ai besoin d'un *échantillon (spécimen) de vos urines.*	urine specimen
Je vais *prendre votre pouls (vous tâter le pouls).*	take your pulse
Je vais *faire une radiographie de vos poumons.*	x-ray your lungs
Je vais *écouter (ausculter)* votre coeur	listen to
avec le *stéthoscope.*	stethoscope
Je vais vous faire un *électrocardiogramme.*	electrocardiogram

4. Complete.

1. Une personne qui a une _____ _____ élevée peut avoir une crise cardiaque.

2. Elle ne peut pas supporter la pénicilline. Elle a une _____. Elle est _____ à la pénicilline.

3. Dans le passé, beaucoup d'enfants ont souffert de la _____, des _____ et de la _____. Toutes ces maladies sont des maladies contagieuses. Aujourd'hui il y a des vaccins d'immunisation contre ces _____.

4. Une personne qui souffre d'_____ a des problèmes pour respirer.

5. Le coeur, les poumons et les reins sont des _____ _____.

6. Si vous perdez du sang, il est important de savoir votre _____.

7. Les psychiatres traitent les _____ _____.

8. Le _____, le _____, les _____, les _____, les _____, et l'_____ sont des organes vitaux.

9. Je n'ai jamais _____ d'épilepsie.

10. La tuberculose est une infection des _____.

11. Elle va prendre un échantillon de mon sang parce qu'elle veut faire des _____ _____ _____.

12. S'il y a la moindre possibilité d'une maladie de coeur, le médecin va faire un _____.

13. Bien des fois, si une personne a mal à l'_____, elle vomit ou elle a la diarrhée.
14. Je vais faire une _____ de vos poumons.

5. Select the normal procedures for a medical or physical exam.
   1. Le médecin lui prend la température.
   2. Le médecin lui prend la tension artérielle.
   3. Le médecin lui fait une opération.
   4. Le médecin lui fait une radiographie des poumons.
   5. Le médecin lui prend un spécimen de sang pour faire des analyses de sang.
   6. Le médecin lui tâte le pouls.
   7. Le médecin lui fait une piqûre de pénicilline.
   8. Le médecin lui fait un électrocardiogramme.
   9. Le médecin lui donne une ordonnance pour des antibiotiques.
  10. Le médecin écoute (ausculte) son coeur.
  11. Le médecin prend un échantillon de ses urines.
  12. Le médecin examine certains organes vitaux.

ACCIDENTS AND OTHER PROBLEMS (Fig. 19-2)

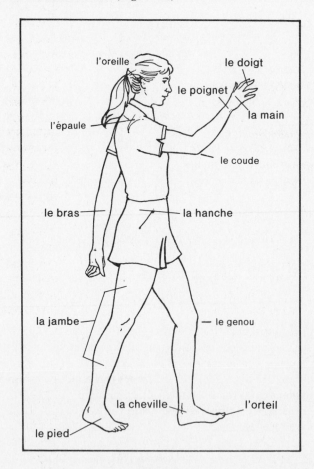

Fig. 19-2

J'ai fait une chute.	I fell.
Je *me suis cassé le doigt.*	broke my finger
le *bras.*	arm

Je *me suis cassé* la *main*.	hand
le *poignet*.	wrist
la *jambe*.	leg
le *pied*.	foot
la *cheville*.	ankle
la *hanche*.	hip
le *gros orteil*.	big toe
Je *me suis foulé le poignet*.	sprained my wrist
J'ai une *foulure*.	sprain
Je *me suis tordu la cheville*.	sprained my ankle
le *dos*.	back
J'ai *mal au dos*.	My back hurts.
J'ai un *bleu (une contusion)*.	bruise
Je saigne.	I'm bleeding.
J'ai *perdu du sang*.	lost blood
Cela me fait mal ici.	It hurts here.
C'est douloureux.	It's painful.
J'ai une *ampoule*.	blister
J'ai une *intoxication alimentaire*.	food poisoning
J'ai *mal au ventre*.	belly ache
à l'estomac (au foie).[3]	stomach
J'ai des *démangeaisons*.	I itch.
J'ai une *indigestion*.	indigestion
J'ai une *insolation*.	sunstroke
Le médecin veut *faire une radiographie de l'os*.	x-ray the bone
faire radiographier votre jambe.	x-ray your leg
Il a une *fracture compliquée*.	compound fracture
Le médecin (le *chirurgien orthopédiste*)	orthopedic surgeon
doit *réduire la fracture (réparer l'os)*.	set the bone
Ensuite il va *mettre la jambe dans le plâtre*.	put the leg in a cast
Le malade doit utiliser des *béquilles*.	crutches
Je *me suis coupé le pied*.	cut my foot
Je *me suis blessé à la joue*.	hurt my cheek
à la tête.	head
Le médecin va *suturer à la tête*.	stitch
Il va *faire des points de suture*.	take stitches
Ensuite il va *bander (mettre un pansement sur)*	bandage
la *blessure*.	wound
Il va *enlever les points de suture* dans cinq jours.	take out the stitches
Il y aura de petites *cicatrices*.	scars

PARTS OF THE BODY

la *cheville*	ankle
le *bras*	arm
le *dos*	back
la *vessie*	bladder
le *corps*	body
un *os*	bone
les *intestins*	bowels
le *cerveau*	brain

---

[3] Many French people complain of having *mal au foie* (liver) when they have a stomach ache.

le *sein*	breast
la *joue*	cheek
la *poitrine*	chest
le *menton*	chin
la *clavicule*	collarbone
une *oreille*	ear
le *coude*	elbow
un *œil* (pl. les *yeux*)	eye
le *sourcil*	eyebrow
la *paupière*	eyelid
la *figure*	face
le *doigt*	finger
le *pied*	foot
le *front*	forehead
la *vésicule biliaire*	gallbladder
la *gencive*	gum
la *main*	hand
la *tête*	head
le *cœur*	heart
le *talon*	heel
la *hanche*	hip
la *mâchoire*	jaw
la *jointure* (l'*articulation*)	joint
le *rein*	kidney
le *genou*	knee
la *rotule*	kneecap
la *jambe*	leg
la *lèvre*	lip
le *foie*	liver
le *poumon*	lung
la *bouche*	mouth
le *muscle*	muscle
un *ongle*	nail
le *cou*	neck
le *nerf*	nerve
le *nez*	nose
la *côte*	rib
une *épaule*	shoulder
la *peau*	skin
un *estomac* (le *ventre*)	stomach
la *tempe*	temple
la *cuisse*	thigh
la *gorge*	throat
le *pouce*	thumb
un *orteil*	toe
la *langue*	tongue
les *amygdales*	tonsils
la *dent*	tooth
la *veine*	vein

6. Complete.

La pauvre Hélène a eu un accident. Elle est tombée et elle s'est cassé la _____. Ses
                                                                                    1

parents l'ont emmenée à l'hôpital. Le médecin leur a dit qu'il voudrait faire _____ la
                                                                               2

jambe pour savoir si Hélène avait une _____ ou une foulure. La radiographie a indiqué
3

qu'elle avait une _____ _____. Donc, le _____ orthopédiste a dû
4   5

_____ la fracture, et ensuite il a dû mettre la jambe dans le _____. La pauvre
6   7

Hélène devra marcher avec des _____ pendant plusieurs semaines.
8

7. Identify each item in Fig. 19-3.

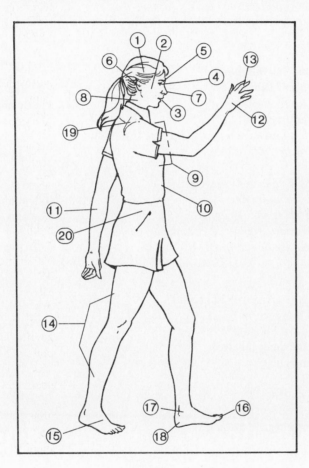

Fig. 19-3

8. Complete.
  1. Je me suis coupé le doigt. Le médecin ne va pas mettre le doigt dans le _____, mais il va mettre un _____ sur la blessure.
  2. Avant de bander le doigt, il doit faire quelques _____ _____ _____ parce que c'est une blessure très profonde.
  3. Je me suis _____ la cheville.
  4. Quand vous tombez, quelquefois vous avez un _____ au genou.
  5. Quand vous êtes blessé, vous _____ du sang.
  6. La nourriture que j'ai mangée n'était pas bonne, et maintenant j'ai une _____ _____.
  7. Quand j'ai des piqûres d'insectes, j'ai des _____.
  8. J'ai mal à l'estomac. J'ai une _____.

Chapter 20:   At the hospital
Chapitre 20:   A l'hôpital

ADMITTANCE

Remplissez ce *formulaire*, s'il vous plaît.	form
Indiquez votre *compagnie d'assurances*.	insurance company
Ecrivez aussi le numéro de la *police* et le nom de l'*assuré*.	policy, insured

EMERGENCY ROOM

Le malade arrive à l'hôpital en *ambulance*.	ambulance
Le malade est sur un *brancard* (une *civière*).	stretcher
Il n'est pas assis dans un *fauteuil roulant*.	wheelchair
On l'emmène à la *salle des urgences*.	emergency room
Un *infirmier* (une *infirmière*) *prend son pouls* (*lui tâte le pouls*).	nurse, takes his or her pulse
Il (elle) lui prend la *tension artérielle* aussi.	blood pressure
Le *médecin* l'examine.	doctor
Un *interne* l'examine dans la salle des urgences.	intern
Le malade a des *douleurs abdominales*.	abdominal pains
Le médecin veut *faire faire une radiographie*.	take an x-ray
Le médecin veut *faire une radiographie de* l'estomac.	x-ray
Il emmène le patient au *service de radiologie*.[1]	x-ray room

1. Answer.
   1. Comment le malade arrive-t-il à l'hôpital?
   2. Est-ce qu'il peut marcher?
   3. Comment entre-t-il à l'hôpital?
   4. Qu'est-ce qu'un infirmier lui tâte?
   5. Qui examine le malade?
   6. Où l'examine-t-il?
   7. Qu'est-ce que le malade a?
   8. Que veut faire le médecin?
   9. Où est-ce qu'on emmène le malade?

2. Complete.

   En général, quand un malade arrive à l'hôpital, lui ou un membre de sa famille doit remplir un

   _____ à la réception. Sur le _____ il faut écrire le nom de la compagnie
   ₁   2

   d'_____, le numéro de la _____ et le nom de l'_____.
   3   4   5

3. Complete.
   1. Beaucoup de malades arrivent à l'hôpital en _____.
   2. Si le patient ne peut pas marcher, on le met sur un _____ ou dans un _____
      _____.

---

[1] The medical departments in a hospital are named after the medical science and are almost always similar to English since both the English and the French terms have Latin roots. The *-y* in English becomes *-ie* in French; thus "radiology" becomes radiologie. Other examples are *neurologie, urologie, cardiologie, gynécologie*. For the doctor who is a specialist in a particular field, the English *-gist* becomes *-gue: radiologue, urologue, cardiologue, gynécologue*.

3. Quand un malade arrive à l'hôpital en ambulance, en général, il va tout de suite à la
   _____ _____ _____.

4. Presque toujours, une infirmière lui tâte le _____ et lui prend la _____
   _____.

5. Si le médecin ne sait pas ce qu'a le malade, il lui fait faire une _____.

SURGERY (Fig. 20-1)

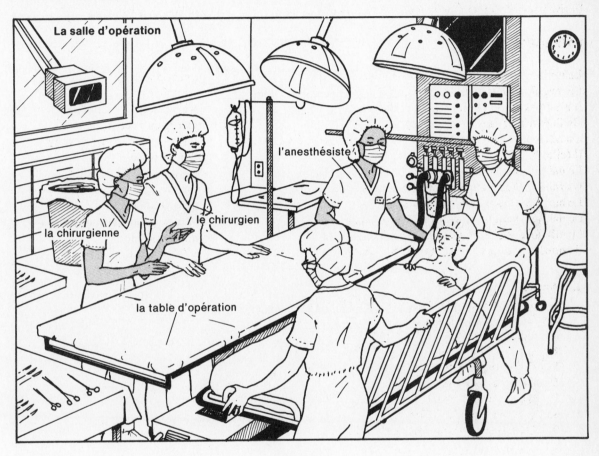

Fig. 20-1

On va l'*opérer* (*faire une opération*).	operate
On fait une *piqûre* (une *injection)*	injection
de *tranquillisant* (*calmant*) au malade.	tranquilizer
On l'emmène à la *salle d'opération* sur un brancard.	operating room
On le met sur la *table d'opération*.	operating table
L'*anesthésiste* lui donne un *anesthésique*.	anesthesiologist, anesthetic
Il lui donne du *penthotal*.	pentothal
Le *chirurgien* (la *chirurgienne*) l'opère.	surgeon
Il opère le malade *d'une appendicite*.[2]	for appendicitis

---

[2] Other terms or surgical procedures you may want to know are: *les intestins* (intestines), *la vessie* (bladder), *le colon* (colon), *le sein* (breast), *la vésicule biliaire* (gallbladder), *le foie* (liver), *un ulcère* (ulcer), *un kyste* (cyst), *les hémorroïdes* (hemorrhoids), *un polype* (polyp), *un ovaire* (ovary), *une cataracte* (cataract), *des amygdales* (tonsils), *une hystérectomie* (hysterectomy).

Il va *enlever l'appendice*.   take out the appendix
Le malade a souffert d'une *crise* d'appendicite.   attack

4. Complete.

Le médecin décide que le malade a besoin d'une _____. Il va l'_____.
                                                        1   2
Avant de l'emmener à la _____ _____ _____, on lui fait une piqûre
                                                 3
de _____ parce qu'on veut le calmer. On l'emmène à la salle d'opération sur un
           4
_____ parce que le malade ne peut pas y aller à pied. Quand ils arrivent
        5
à la salle d'opération, ils mettent le malade sur la _____ _____.
                                                                                    6
L'_____ lui donne un _____ et ensuite le _____ commence
      7   8   9
l'opération. Il l'opère _____ appendicite. Il lui _____ son appendice.
                                10   11

IN THE RECOVERY ROOM

Après une opération, le malade va à la *salle de récupération*.   recovery room
Dans la salle de récupération, on lui donne de l'oxygène.
On ne le met pas dans une *tente à oxygène*.   oxygen tent
On *l'alimente (le nourrit) par intraveineuses*.   gives him intravenous feeding
L'*infirmière* lui explique que le *pronostic* est bon.   nurse, prognosis

5. Complete.
1. Le malade va à la _____ _____ _____ après l'opération.
2. Pour que le malade respire facilement, on lui donne de l'_____.
3. Quelquefois on le nourrit par _____.
4. Le malade est content parce qu'on lui a dit que le _____ est bon.

IN THE DELIVERY ROOM

La dame est *enceinte*.   pregnant
Elle va *accoucher*.   give birth
Elle est *en travail*.   in labor
Elle a des *douleurs de travail*.   labor pains
Elle est dans la *salle de délivrance* (la *salle d'accouchement*).   delivery room
L'*obstétricien* (l'*obstétricienne*) *soigne la malade*.   obstetrician, takes care of

6. Complete.

La dame est _____. Bientôt, elle va _____. En ce moment, elle est en
                    1   2
_____. L'_____ soigne la dame dans la _____ _____
        3   4   5
_____.

Un jour Pierre avait très mal à l'estomac. Il ne pouvait pas se lever de son lit. Il ne savait pas quoi faire, et enfin il a décidé d'appeler une ambulance. L'ambulance est arrivée en quelques minutes. Les infirmiers ont mis Pierre sur un brancard et ils l'ont emmené à l'hôpital. En cinq minutes il s'est trouvé dans la salle des urgences. Une infirmière a pris son pouls et une autre a pris sa tension artérielle. Un médecin est entré et lui a demandé quels étaient ses symptômes. Pierre les a décrits au médecin. Le médecin a voulu savoir s'il vomissait ou s'il avait la diarrhée. Pierre lui a dit que non, qu'il avait seulement des douleurs abdominales. Le médecin l'a examiné et lui a dit qu'il voulait faire une radiographie. Une infirmière a aidé Pierre à s'asseoir dans un fauteuil roulant et l'a emmené au service de radiologie où on lui a fait faire quelques radiographies. Une heure plus tard le médecin lui a expliqué qu'il souffrait d'une crise d'appendicite et qu'il serait nécessaire de faire une opération. On lui a fait une piqûre de tranquillisant et presque tout de suite le malade s'est trouvé sur la table d'opération dans la salle d'opération. L'anesthésiste lui a fait une piqûre de penthotal au bras gauche et lui a demandé de compter jusqu'à dix. Le chirurgien l'a opéré de l'appendice et ensuite il a fait quelques points de suture. Après l'opération, Pierre s'est trouvé dans la salle de récupération avec des tuyaux d'oxygène dans le nez. On l'a nourri par intraveineuses. Le pauvre Pierre ne savait pas où il était quand une infirmière est venue pour lui dire que tout allait bien. Ils avaient terminé l'opération et le chirurgien a donné un bon pronostic. Dans deux jours il pourrait quitter l'hôpital, ni sur un brancard, ni dans un fauteuil roulant, mais à pied.

7. Complete, based on the story above.
1. Pierre avait des _____ d'estomac.
2. Il est allé à l'hôpital en _____.
3. Il n'était pas assis dans l'ambulance. On l'avait mis sur un _____.
4. A l'hôpital on l'a emmené à la _____ _____.
5. Là, on a pris son _____ et sa _____ _____.
6. Il a décrit ses _____ au médecin.
7. On a emmené le patient au service de _____ où on a fait faire quelques _____.
8. Le médecin a décidé d'_____.
9. Avant de l'emmener à la salle d'opération, on lui a fait une _____ de _____.
10. Dans la salle d'opération, on l'a mis sur la _____ _____.
11. L'_____ lui a donné de l'anesthésique.
12. Le _____ l'a opéré de l'_____.
13. Après l'opération, le chirurgien a fait quelques _____ _____ _____.
14. Quand Pierre s'est réveillé, il était dans la _____ _____ _____.
15. Pour pouvoir respirer sans problème, il avait des _____ _____ dans le nez.
16. On l'a aussi alimenté par _____.
17. Pierre était content parce que le chirurgien lui a donné un bon _____.

Chapter 21: At the dentist's office
Chapitre 21: *Chez le dentiste*

VISITING THE DENTIST (Fig. 21-1)

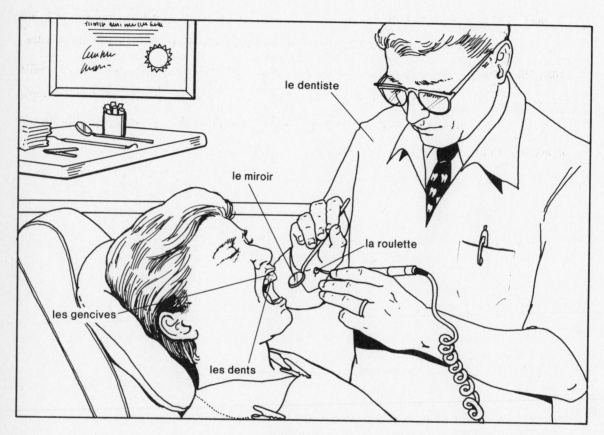

Fig. 21-1

J'ai mal à une dent.	I have a toothache.
J'ai mal aux dents.	My teeth hurt.
Je dois *prendre rendez-vous* avec le *dentiste.*	make an appointment, dentist
J'ai perdu un plombage.	lost a filling
Pourriez-vous *plomber la dent?*	fill the tooth
Il faut *arracher* vos *dents de sagesse.*	extract, wisdom teeth
Vous avec une *carie* à la *molaire.*	cavity, molar
à la *canine.*	eye tooth
Insensibilisez-moi la dent d'abord.	give me an anesthetic
Mes *gencives* sont *enflées.*	gums, swollen
Mes gencives *saignent.*	are bleeding
Rincez-vous la bouche.	Rinse out your mouth.
Le dentiste travaille avec une *roulette.*	drill
Je vais *faire une radiographie de* vos dents.	x-ray
Vous avez un *abcès.*	abscess

1. Complete.

Oh! la la! J'ai mal à cette _____. Il faut prendre _____-_____
                          1   2

avec le _____ le plus tôt possible.
              3

Chez le dentiste

J'explique au dentiste que j'ai perdu un _____ et je lui demande de _____
                                                4   5

la dent. Le dentiste prend sa _____ et commence à travailler. Il fait aussi une
                                      6

_____ de mes dents parce que la dernière fois que je suis allé(e) chez lui c'était il y a deux
      7

ans. Oh, non! Il trouve une _____ dans une autre dent. Il faut plomber cette
                                    8

_____ aussi. Heureusement, il va _____ la dent d'abord. Ensuite il voit que mes
      9   10

_____ sont un peu enflées et il y met un peu de médicament. Je n'aime pas aller chez le
      11

dentiste, mais heureusement, il n'a pas fallu _____ de dent.
                                                      12

Unit 6: Home life

Unité 6: La vie à la maison

Chapter 22: At home
Chapitre 22: A la maison

THE KITCHEN (Fig. 22-1)

Je *lave la vaisselle* dans l'*évier*.	wash the dishes, sink
Je mets le *bouchon* dans l'évier.	plug
Je *bouche* (je *ferme*) l'*évier*.	plug the drain
Ensuite, j'*ouvre le robinet* et je *remplis* l'évier d'eau chaude.	turn on the faucet, fill
Je mets un peu de *poudre à laver* (de *lessive*, du *détergent en poudre*) ou du *détergent liquide* dans l'évier.	soap powder liquid detergent
Je *lave* la vaisselle avec une *lavette*.	wash, dishcloth
Ensuite, je *rince* la vaisselle.	rinse
Ensuite, je mets la vaisselle sur l'*égouttoir*.	drain board (dish drainer)
Ensuite, je *sèche* la vaisselle avec un *torchon*.	dry, dish towel
Il est plus facile de laver la vaisselle si vous avez un *lave-vaisselle*.	dishwasher

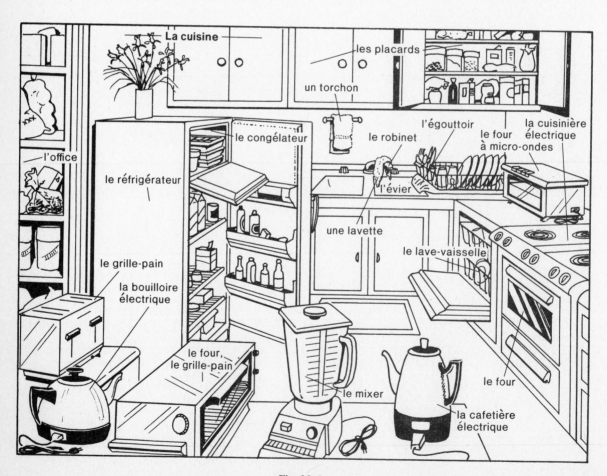

Fig. 22-1

1. Complete.

    J'ai beaucoup de vaisselle sale. Je dois la laver. D'abord je mets un _____ dans

    l'_____. Ensuite, j'ouvre le _____ et je _____ l'_____
        2   3   4   5

    d'eau chaude. Je mets un peu de _____ _____ _____ dans l'évier et
                                                          6

    je commence mon travail. Je lave la vaisselle avec une _____ et ensuite je la mets sur
                                                                    7

    l'_____. Ensuite, il faut la _____. Je la sèche avec un _____. Il
        8   9   10

    est plus facile d'utiliser un _____ - _____.
                                           11

2. Indicate the appliance that you need.
    1. Je vais faire bouillir de l'eau dans la _____ _____.
    2. Je vais faire cuire le rôti très rapidement dans le _____ _____
        _____ - _____.
    3. Je dois mettre des aliments surgelés dans le _____.
    4. Je vais mélanger les légumes dans le _____.
    5. Je vais faire du café dans la _____.
    6. Je vais faire des toasts (du pain grillé, des rôtis) dans le _____ - _____.
    7. Je dois mettre le lait dans le _____.
    8. Je vais faire cuire le bœuf dans le four de la _____ _____.

COOKING (Fig. 22-2)

Je dois *faire la cuisine*.[1]	cook
Je dois *préparer le repas*.	prepare the meal
Je dois préparer le *petit déjeuner* (le *déjeuner*).[2]	breakfast
Je dois préparer le *déjeuner* (le *dîner*).[2]	lunch
Je dois préparer le *dîner* (le *souper*).[2]	dinner
Je vais *faire cuire la viande au four*.	cook the meat in the oven
Je vais faire cuire les œufs dans la *poêle*.[3]	frying pan
Je vais *faire bouillir* de l'eau dans la *bouilloire*.	boil, kettle
Je vais *faire frire* les pommes de terre dans la poêle.	fry
Je vais *faire rôtir* le bœuf dans le four.	roast
Je vais *faire sauter* les légumes.	sauté
Je vais *faire fondre* le beurre.	melt
Je vais le *faire mijoter*.	cook slowly over a low flame
Je vais le *faire chauffer jusqu'à ébullition*.	heat to boiling
Je vais le *mener (porter) à ébullition*.	bring to boil
Je dois *couper* les oignons en *morceaux* avec un couteau.	cut (dice), pieces
Je vais *éplucher*[4] les fruits et les pommes de terre.	peel
Je vais *peler*[4] une pomme.	peel
Je dois *découper* la viande avec un *couteau à découper*.	carve, carving knife
Il faut *passer (égoutter)* le riz dans une *passoire*.	strain, strainer (collander)

----
[1] See Appendix 5 for foods mentioned in this section.

[2] Note the difference between the names of the meals in France and in French Canada.

	France	French Canada
breakfast	*le petit déjeuner*	*le déjeuner*
lunch	*le déjeuner*	*le dîner*
dinner	*le dîner*	*le souper*

[3] The general term for pots and pans, including cake pans, saucepans, frying pans, etc., is *la batterie de cuisine*.

[4] There are two verbs meaning "to peel." *Eplucher* is used with potatoes and fruit. *Peler* is used with fruit.

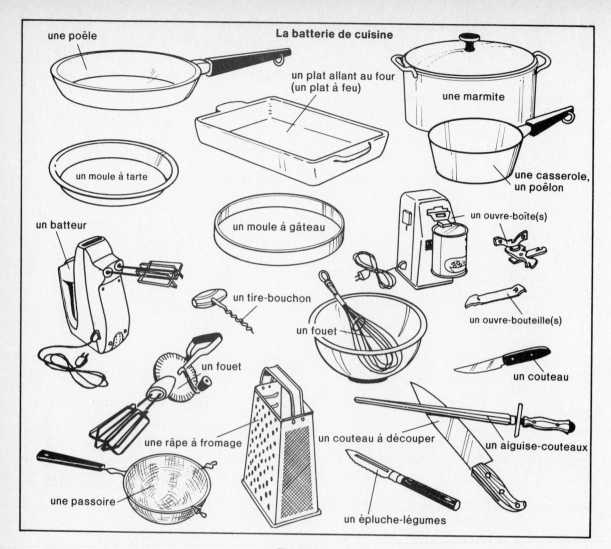

Fig. 22-2

3.   Indicate what pot you need.
   1.   Je vais faire rôtir de la viande et des légumes au four.
   2.   Je vais faire frire des pommes de terre.
   3.   Je vais faire une tarte.
   4.   Je vais faire bouillir de l'eau pour les spaghettis.

4.   Indicate what utensil you need.
   1.   Je vais découper la viande.
   2.   Je vais éplucher les pommes de terre.
   3.   Je vais peler les fruits.
   4.   Je vais battre les œufs.
   5.   Je vais passer le riz.
   6.   Je vais ouvrir une bouteille de vin.
   7.   Je vais ouvrir une boîte de thon.
   8.   Je vais ouvrir une bouteille de coca.

9. Je vais râper le fromage.
10. Je vais aiguiser le couteau.

5. Select one of the following verbs to complete each sentence: *couper, cuire, frire, bouillir, mener, sauter, peler.*

1. Je vais _____ les oignons et ensuite je vais les faire _____ à l'huile dans une poêle.
2. Je vais préparer les œufs à la coque. Je vais les faire _____ .
3. Je vais faire _____ le bifteck dans la poêle.
4. Avant de faire _____ le riz, il faut _____ l'eau à ébullition.
5. Je vais _____ la pêche.

6. Give the appropriate verbal expression for each of the following.
1. bake something in the oven
2. fry something in a frying pan
3. sauté something in butter
4. boil something like potatoes
5. roast pork in the oven
6. melt butter
7. peel potatoes
8. peel apples

Fig. 22-3

7. Answer on the basis of Fig. 22-3 (page 133).

1. Est-ce qu'il y a un lave-vaisselle dans la cuisine?
2. Combien de robinets l'évier a-t-il?
3. Est-ce qu'il y a des assiettes sur l'égouttoir?
4. Est-ce qu'il y a un office à côté de la cuisine?
5. Est-ce qu'il y a des aliments dans les placards?
6. Est-ce qu'il y a une cuisinière à gaz ou une cuisinière électrique?
7. Combien de fours est-ce qu'il y a?
8. Est-ce qu'il y a des glaçons dans le réfrigérateur?
9. Dans quelle partie du réfrigérateur est-ce qu'il y a des glaçons?

THE BATHROOM[5] (Fig. 22-4)

Le matin je *me baigne* (*prends un bain*).   take a bath
     je *prends une douche*.   take a shower
     je *me lave les cheveux*.   wash my hair

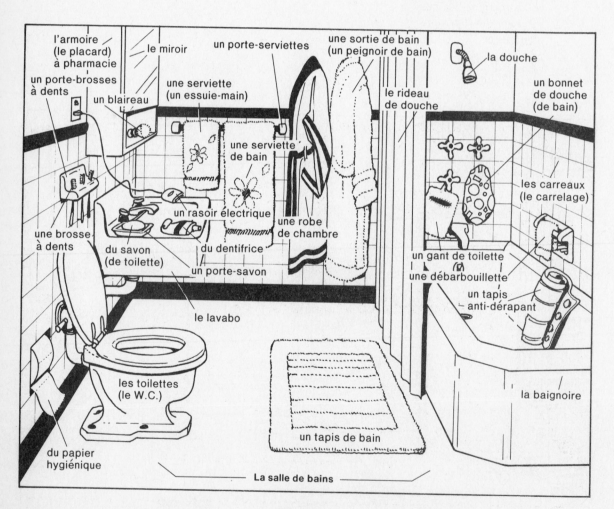

Fig. 22-4

---

[5] The toilet is often referred to as the *W.C.* (water-closet). When referring to the toilet, *les toilettes* (plural) is used. *La toilette* (singular) refers to washing up and is used in the expression *faire sa toilette*.

Le matin je *me lave la figure* avec un *gant de toilette* (Canada: wash my face, washcloth
  une *débarbouillette*).[6]

       je *me sèche.*   dry myself
       je *me brosse les dents.*   brush my teeth
       je *me rase* avec du *savon à barbe* ou de la *crème à*   shave, shaving soap, shaving
          raser.   cream
       je *me maquille.*   put on makeup
       je *me brosse les cheveux.*   brush my hair
       je *me peigne* (*coiffe*).   comb my hair

8. Complete.

    1.   Je me lave les mains dans le _____. Quand je me lave les mains, j'utilise du
        _____.

    2.   Après avoir utilisé le savon, je le mets dans le _____-_____.

    3.   De temps en temps je me baigne dans la _____ et quelquefois je prends une
        _____.

    4.   Je me sèche avec une _____ de bain.
    5.   On pend les serviettes sur un _____-_____.
    6.   Je me regarde dans le _____ pendant que je me peigne.

Fig. 22-5

---

[6] The term for "washcloth" in France is *un gant de toilette*. It is often in the shape of a mitten. In French Canada the
word *une débarbouillette* is used.

7. Je me brosse les dents avec du _____ et ensuite je mets la _____
_____ _____ dans le _____-
_____ _____.

8. Si je ne veux pas me mouiller les cheveux, je mets un _____ _____
_____ avant de prendre une douche.

9. Les _____ sont à droite du lavabo.

10. Après mon bain, je mets une _____ _____ _____.

9. Identify each item in Fig. 22-5 (page 135).

THE DINING ROOM (Figs. 22-6 and 22-7)

La dame *met le couvert*[7] (*la table*).	sets the table
Les *convives se mettent à table*.	diners (guests) sit down
Quelqu'un les *sert*.	serves
Après le dessert et le café, les convives *se lèvent de* table.	get up from
L'homme *débarrasse* la table.	clears
Il met tout sur un *plateau*.	tray

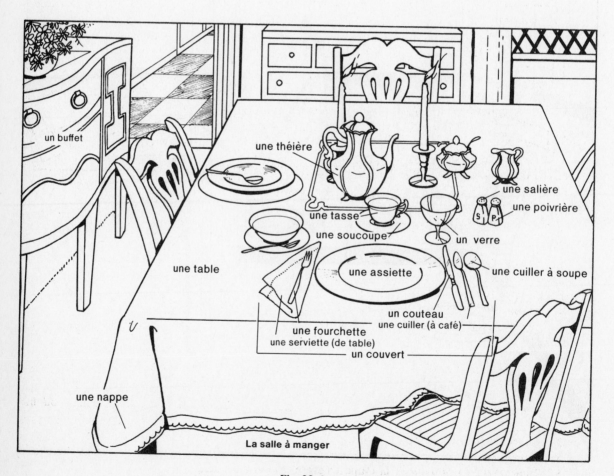

Fig. 22-6

---

[7] *Le couvert* includes all items needed to set the table.

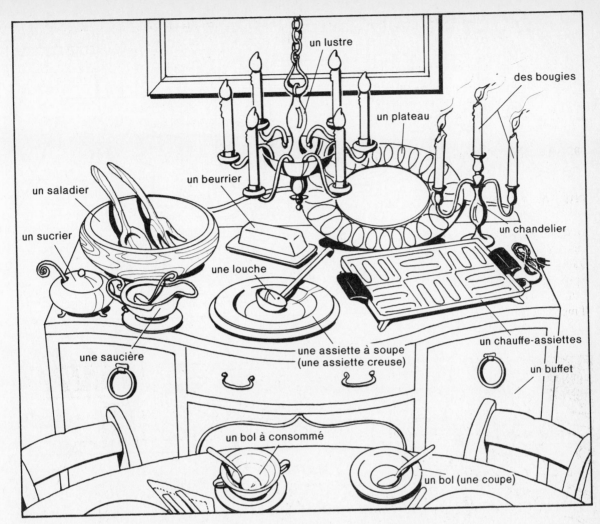

Fig. 22-7

10. Complete.
1. Je veux du sucre. Passez-moi le _____, s'il vous plaît.
2. Je veux du beurre. Passez-moi le _____, s'il vous plaît.
3. Je veux encore du sel. Passez-moi la _____, s'il vous plaît.
4. Je veux du poivre. Passez-moi la _____, s'il vous plaît.
5. Je veux encore de la sauce. Passez-moi la _____, s'il vous plaît.

11. Complete.
1. On sert la salade dans un _____.
2. On sert de la soupe dans une _____ _____ _____ ou un
    _____ _____.
3. On présente le café sur un _____.
4. Vous pouvez tenir les assiettes chaudes dans un _____-_____.
5. Vous pouvez vous servir de la soupe avec une _____.

12. Identify each item in Fig. 22-8.

Fig. 22-8

THE LIVING ROOM AND THE FAMILY ROOM (Fig. 22-9)

La famille s'assied (s'assoit) dans le *salon*/la *salle de séjour*. living room/family room
Ils *bavardent* (*parlent*). chat
Ils *regardent* la télévision.[8] watch
Ils *écoutent* la radio.[8] listen to
Ils écoutent les *actualités* (les *informations*). news
Ils lisent le *journal*/les *revues* (les *magazines*). newspaper/magazines
Ils écoutent des *disques*. records
Ils *reçoivent des invités*. have guests

13. Complete.
1. Il y a des ＿＿＿＿＿＿ ou des ＿＿＿＿＿＿ ＿＿＿＿＿＿ ou des ＿＿＿＿＿＿
   aux fenêtres.
2. Il y a beaucoup de livres sur lès ＿＿＿＿＿＿ de la ＿＿＿＿＿＿ .
3. Quand il fait froid, je me mets près de la ＿＿＿＿＿＿ dans un ＿＿＿＿＿＿ .
4. La lampe est sur la table près du ＿＿＿＿＿＿ .
5. Le tableau a un ＿＿＿＿＿＿ en bois.

---

[8] When referring to the television set or the radio as an appliance, the words *le poste de télévision* (*le téléviseur*) and *le poste de radio* are used. When you want to talk about watching television or listening to the radio, the words *la télévision* and *la radio* are used.

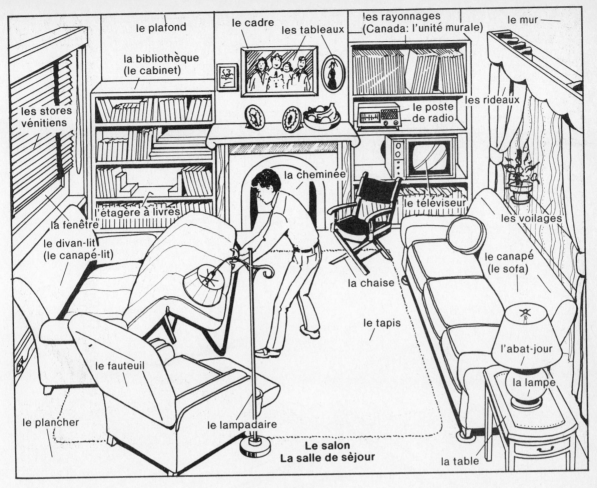

Fig. 22-9

6. Le soir, nous regardons la _____ et nous _____ la radio.
7. Un _____ couvre une partie du plancher.
8. Seulement une personne peut s'asseoir dans un _____, mais trois ou quatre personnes peuvent s'asseoir sur un _____.
9. Le soir, je vais dans le salon où je lis un _____ ou une _____ et où j'écoute des _____.
10. Ce soir, je vais être tout seul à la maison. Je ne _____ pas d'_____.

THE BEDROOM (Fig. 22-10)

Je *vais me coucher*.	go to bed
Je dois *mettre le réveille-matin*.	set the alarm clock
Je vais dormir (je *dors*) huit heures.	I will sleep (I sleep)
Je vais *m'endormir* tout de suite.	go to sleep
Je *me lève* à huit heures.	get up
Je *fais mon lit*.	make my bed

14. Complete
1. Il y a deux lits dans la chambre. Sur la _____ _____ entre les deux lits, il y a une lampe et un _____-_____.

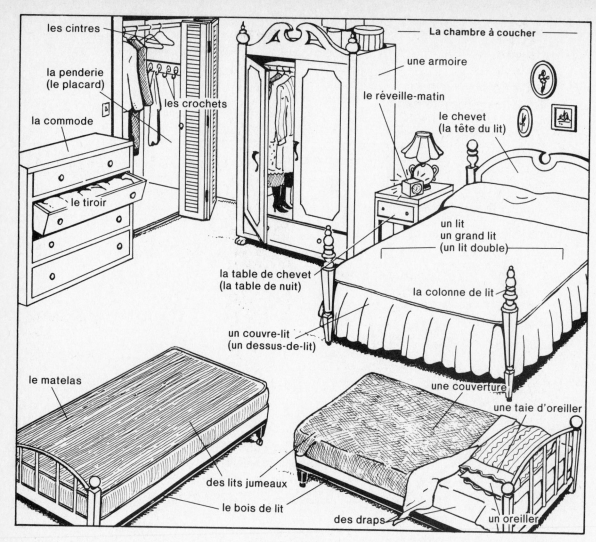

Fig. 22-10

2. Un lit à deux personnes est un _____ lit.
3. Sur un grand lit, il y a normalement deux _____. Pour recouvrir les oreillers, je mets des _____ _____.
4. Quand je fais mon lit, je mets d'abord les _____, ensuite les _____ et finalement le _____-_____.
5. Il y a cinq _____ dans la commode.
6. Je ne peux rien mettre dans l'armoire parce qu'il n'y a pas de _____.

15. Give five items that go on a bed.

16. Answer.
1. A quelle heure t'endors-tu?
2. Mets-tu le réveille-matin avant de t'endormir?
3. Combien d'heures dors-tu chaque nuit?
4. Est-ce que tu t'endors tout de suite?
5. A quelle heure te lèves-tu?
6. Fais-tu ton lit tout de suite?

HOUSEWORK

Je *fais le ménage*.	clean house
Je dois laver le *linge sale*.	dirty clothes
Je dois *faire le lavage* (*la lessive*).	do the laundry
Je vais mettre le linge dans la *machine à laver*.[9]	washing machine
Ensuite, je le mets dans le *séchoir*.[9]	dryer
Je dois *repasser* le linge.	iron
Je dois *donner un coup de fer à* ce linge.	iron
Où sont le *fer* (*à repasser vapeur/sec*) et la *planche à repasser*?	iron (steam/dry), ironing board
Il faut *épousseter* les *meubles*.	dust, furniture
Il faut *donner un coup de chiffon aux* meubles.	dust
Où est le *chiffon à épousseter*?	dust cloth
Je dois *passer l'aspirateur*.	vacuum
Où est l'*aspirateur*?	vacuum cleaner
le *balai électrique*?	electric broom
Je dois *cirer* les meubles et les *faire briller*.	wax, polish
Je dois *balayer* le *plancher* (le *sol*).	sweep, floor
Je dois *cirer* le plancher avec de la *cire*.	polish (wax), wax
Où est le *balai*/la *balayette*?	broom/small broom (brush)
Je dois *frotter (nettoyer) à la brosse (faire un nettoyage à la brosse)*.	scrub
Où sont les *chiffons*?	rags
Où est la *pelle à ordures*?	dustpan
Où sont les *sacs à ordures*?	garbage bags
Où est le *balai à laver le sol*?	mop
Où est l'*éponge*?	sponge
Je dois *vider* la *poubelle*.	empty, wastebasket
Je dois *jeter* les *ordures*.	empty (throw out), garbage
Où est la *poubelle*/la *boîte à ordures*?	wastebasket/garbage can
Elle est dans la *cave*/le *sous-sol*.[10]	cellar/basement

17. Complete.

Je vais faire le ménage aujourd'hui. J'ai beaucoup de linge sale. D'abord, il faut faire le

_____. Heureusement, j'ai une _____ _____ _____ qui
    1   2

facilite le travail. Quand mon linge sera lavé, je le mettrai dans le _____. Ensuite, je dois
                                                     3

le _____. Je vais prendre le _____ et la _____ _____
     4   5   6

_____ et les mettre dans la cuisine. Après avoir lavé et repassé mon linge, je dois aller dans

le salon pour _____ les meubles avec un _____ _____
                    7   8

_____. Je dois _____ le sol de la cuisine avec un _____. Ensuite, je
                         9   10

dois passer l'_____ pour faire le dépoussiérage des planchers. Je vais _____ les
            11   12

meubles avec de la cire, et je vais vider les _____. Je vais tout mettre dans la
                                               13

_____.
   14

[9] In Canada you will hear the words *lessiveuse* for "washing machine" and *sécheuse* for "dryer."

[10] Other rooms and parts of a house you may wish to know are *le grenier* (attic) and *le toit* (roof). *Le sous-sol* is used in Canada and France for "basement." *La cave* is used in France for a cool place without windows (cellar).

18. Match the activity in the first column with the appropriate equipment in the second column.

1. épousseter les meubles   (*a*)   une éponge
2. faire le dépoussiérage du tapis   (*b*)   un balai
3. repasser les vêtements   (*c*)   un aspirateur
4. laver le linge   (*d*)   un chiffon
5. faire sécher le linge   (*e*)   une machine à laver
6. balayer le plancher   (*f*)   de la cire
7. essuyer le comptoir   (*g*)   un fer
8. cirer le plancher   (*h*)   un séchoir

19. Complete

Après avoir préparé un grand repas, souvent il y a beaucoup d'_____. Je mets les
_____ dans la _____ et ensuite je _____ la poubelle.
        2   3   4

SOME MINOR PROBLEMS

Je vais *allumer la lumière*.	turn on the light
La lumière *ne marche pas*.	doesn't work
L'*ampoule* est *grillée*.	light bulb, burned out
Oh! non! J'ai oublié de *la brancher*.	plug it in
J'ai oublié de mettre le *fil électrique* dans la *prise (prise murale, prise femelle)*.	cord, outlet
Voici la *prise (prise mâle)*.	plug
Les lumières *se sont éteintes*.	have gone out
Je n'*ai* pas *éteint* les lumières.	put out (turned off)
Un *fusible a sauté*.	fuse blew
Je dois vérifier la *boîte à fusibles*.	fusebox
Où est l'*interrupteur*?	light switch
Il faut appeler l'*électricien*.	male electrician
l'*électricienne*.	female electrician
Je ne peux pas *vider l'évier*.	empty the sink
J'ai perdu le *bouchon*.	plug (stopper)
L'évier est *bouché*.	clogged up
Le robinet *fuit*.	leaks
Il faut appeler le *plombier*.	plumber
Les *tuyaux* (*conduits*) sont vieux.	pipes
La *plomberie* (*tuyauterie*) est vieille.	plumbing

20. Complete.

Je ne peux pas allumer la lampe. Je ne sais pas ce qui ne va pas. Est-ce que l'_____
                                                        1
de la lampe est _____? Oh! non! Regarde! La lampe n'est pas _____. Je dois
               2   3
brancher le fil dans la _____.
                            4

21. Complete.

Il n'y a pas de lumière. Qu'est-ce qui s'est passé? Je n'ai pas _____ la lumière.
                                                        1
Peut-être un fusible a-t-il _____. Je dois vérifier la _____ _____
                                   2   3

_____. Si je ne peux pas remplacer le fusible facilement, je dois téléphoner à

l'_____.
　　4

22. Complete.

— Le lavabo est plein d'eau et je ne peux pas le _____.
　　　　　　　　　　　　　　　　　　　　　　　　　　　　　　1

— Avez-vous le _____?
　　　　　　　　　　2

— Non. Je ne l'ai pas enlevé.

— L'évier est bouché. Il faut appeler le _____. Bientôt il faudra remplacer tous les
　　　　　　　　　　　　　　　　　　　　　3

_____ dans la maison.
　　4

Unit 7:   Entertainment

Unité 7:   *Les divertissements*

Chapter 23: At the theater and the movies
Chapitre 23: *Au théâtre et au cinéma*

SEEING A SHOW OR PLAY

Je veux aller au *théâtre*.	theater
Y a-t-il un *guide des spectacles*?	entertainment guide
Qu'est-ce qu'on *joue* au théâtre?	play
Je voudrais *retenir* deux *places* pour jeudi soir.	reserve, seats
Quel *genre de spectacle* voudrais-tu voir?	type of show
Je voudrais voir un *drame*.	drama
une *tragédie*.	tragedy
une *comédie*.	comedy
un *opéra*.	opera
un *opéra comique*.	light (comic) opera
une *opérette*.	light opera (musical comedy)
un *vaudeville*.	vaudeville
une *revue musicale*.	musical revue
Qui est l'*acteur* (l'*actrice*)?	actor (actress)
Qui *joue le rôle* de Cyrano?	plays the part (takes the role)
Qui est la *vedette*?	star (lead)
Qui est le *protagoniste*?	protagonist (lead)
Qui a fait la *mise en scène*?	staging
Qui est responsable de l'*éclairage*?	lighting
Qui est responsable du *décor* et des *costumes*?	scenery, costumes
Le spectacle a trois *actes*.	acts
Chaque acte a trois *scènes*.	scenes
Il y a un *entracte* après le deuxième acte.	intermission
L'acteur (l'actrice) *entre en scène*.	enters (comes on stage)
Les *spectateurs applaudissent*.	spectators applaud
Le *public* applaudit.	public
Ils aiment la *pièce* (le *spectacle*).	play (show)
La *pièce* (le *spectacle*) leur *plaît*.	play (show), pleases
Le *rideau se lève*.	curtain goes up
Le *lever du rideau* est à 20 heures.	curtain goes up (curtain time is)
Le rideau *tombe*.	goes down
Au baisser du rideau, la pièce se termine.	when the curtain goes down
Il y a trois *rappels*.	curtain calls
La *salle* est *complète*.	hall, full

1. Complete.
1. Je voudrais voir un spectacle. Allons au _____.
2. Je ne veux pas voir une tragédie. Je préfère voir une _____.
3. L'_____ Gérard Giroudon tient le rôle de Valère et l'_____ Denise Gence tient le rôle de Mariane.
4. Elle joue le rôle le plus important. Elle est la _____.
5. La pièce est assez longue. Elle a cinq _____ et chacun d'eux a trois _____.
6. Entre le troisième acte et le quatrième acte il y a un _____ de quinze minutes.
7. Le _____ tombe après chaque acte.

8.　Tous les spectateurs applaudissent quand la vedette _____ _____ _____ pour la première fois.

9.　Les spectateurs applaudissent parce qu'ils aiment le _____.

10.　Si les spectateurs ont beaucoup aimé la pièce, il y a plusieurs _____ à la fin.

2.　Give the opposite.
1.　une comédie
2.　un acteur
3.　au baisser du rideau

BUYING TICKETS (Fig. 23-1)

Au *guichet* — ticket window (box office)

Je voudrais *retenir* (*prendre*) deux *places* pour le *spectacle de ce* — reserve, seats, tonight's performance
　soir.

Tout est complet pour cette *représentation.* — we're sold out, performance

Est-ce qu'il y a des places pour demain?

Je voudrais des *places à l'orchestre.* — orchestra seats

　　　　　des *fauteuils d'orchestre.* — orchestra seats

　　　　　des places *au premier balcon.* — in the mezzanine

　　　　　des places *au balcon.* — in the (front) balcony

Fig. 23-1

Je voudrais des places au *deuxième balcon*.	in the rear balcony
une *loge*.	box
une *loge au parterre*.	parterre box
des places *à la première rangée (au premier rang)*.	in the first row
des places *au milieu*.	in the center
des places *en avant*.	in the front
des places *en arrière*.	in the back
Il y a des *places debout seulement*.	standing room only
Il est bon de *retenir des places à l'avance*.	book in advance
Combien valent les places?	how much are
Quel est le *prix d'entrée*?	admission price
Vous avez les *sièges* 15 et 16 de la *rangée* F.	seats, row
Le lever du rideau est à quelle heure?	What time does the curtain go up?
A quelle heure commence le spectacle (la représentation)?	What time does the performance start?
Vous pouvez laisser votre manteau au *vestiaire*.	cloakroom
L'*ouvreuse* va vous donner un *programme*.	usher, program
Il faut donner un *pourboire* à l'ouvreuse.	tip

3.   Complete.

Au _____ **du théâtre**
          1

— Je voudrais _____ deux _____ pour le spectacle de ce soir. Avez-vous des
                    2   3

    _____ pour le _____ de ce soir?
      4   5

— Non, Madame. Tout est _____ pour cette représentation. Mais nous avons des
                         6

    _____ pour demain.
      7

— D'accord.

— Préférez-vous être à l'_____, au premier _____ ou au _____
                     8   9   .10

    balcon?

— Je voudrais deux places à l'orchestre, s'il vous plaît.

— Ah! excusez-moi! Les fauteuils d'orchestre sont pris pour demain. Mais il me reste deux places au

    premier _____.
           11

— Très bien. Quel est le prix d'_____?
                        12

— 100 francs, chacune.

— D'accord.

— Voici vos _____. Vous avez les sièges 16 et 17 de la _____ A au premier
              13   14

    balcon.

— Merci. Oh! pardon! A quelle heure _____ le spectacle?
                                15

— Le _____ du rideau est à 20 heures précises.
      16

4. Read the following dialogue and answer the questions.

Marie-Claire: Etes-vous allée au guichet de réservations du théâtre aujourd'hui?
Martine: Oui, j'y suis allée.
Marie-Claire: Et allons-nous au théâtre ce soir?
Martine: Ce soir, non. Il n'y avait pas de places. Tout était complet, mais j'ai deux billets pour demain soir.
Marie-Claire: Bon. Avons-nous des fauteuils d'orchestre?
Martine: Non, mais il y avait quelques places dans la première rangée du premier balcon. Nous avons des places au premier balcon.
Marie-Claire: Bon. On voit très bien de ces places. Je n'aime pas être au deuxième balcon parce que ces places ne sont pas bonnes. Là, on ne voit pas bien et l'acoustique est mauvaise. Je préfère les fauteuils d'orchestre ou au premier balcon.

1. Où Martine est-elle allée aujourd'hui?
2. Est-ce que Marie-Claire et Martine vont aller au théâtre ce soir?
3. Pourquoi ne vont-elles pas aller au théâtre ce soir?
4. Est-ce que tout était complet pour le lendemain aussi?
5. Combien de billets est-ce que Martine a pris pour le lendemain?
6. Est-ce que les places sont à l'orchestre? Pourquoi pas?
7. Où sont les places?
8. Pourquoi est-ce que Marie-Claire n'aime pas être au deuxième balcon?
9. Où préfère-t-elle être?

5. Correct each false statement.

1. On peut prendre des billets pour le théâtre au vestiaire.
2. Le guichet montre les places aux spectateurs.
3. A l'entrée du théâtre, on peut laisser son manteau au guichet.
4. Le rideau tombe quand le spectacle commence.
5. Au théâtre, on entend mieux du deuxième balcon.

AT THE MOVIES

Au *cinéma*	movie theater
Quel film *joue-t-on* en ce moment?	is playing (showing)
Qui *joue* dans le film?	playing (acting)
Prenons des places pour ce soir.	let's get
Je ne veux pas être trop près de l'*écran*.	screen
C'est un film français, mais il est *doublé en* anglais.	dubbed in
Il y a des *sous-titres* en anglais.	subtitles
Où *a-t-on tourné* le film?	did they shoot
C'est la *version française*.	French version
Qui est le *réalisateur*?	director
Le *tournage* d'un film prend beaucoup de temps.	shooting
Qui est le *preneur de son*?	sound technician
Qui est le *cascadeur*?	stunt artist
Qui est le *scénariste* ou le *dialoguiste*?	scriptwriter

6. Complete.

1. On _____ un nouveau _____ de Claude Lelouche au cinéma.
2. C'est un film français qui a été _____ dans le sud de la France.

3. Je ne comprends pas très bien le français. Est-ce que le film est _____ en anglais?
4. Allons-y ce soir s'il y a des _____.
5. Au cinéma, je n'aime pas me mettre trop près de l'_____.
6. Le _____ dirige le film.
7. Le _____ écrit le dialogue.

TYPES OF FILMS

Genres de films	types
C'est une *comédie*.	comedy
un *dessin animé*.	cartoon
un *documentaire*.	documentary
un *film d'amour*.	love story
un *film d'aventures*.	adventure film
un *film d'espionnage*.	spy story
un *film policier*.	police story
un *western*.	western
un *film de guerre*.	war story
un *film d'horreur*.	horror film

7. Classify, in French, films you have seen.

Chapter 24: At a concert
Chapitre 24: Au concert

Je voudrais des billets pour le *concert*.	concert
J'aime le *concert symphonique*.	symphony
L'*orchestre* est excellent.	orchestra
Le *chef d'orchestre dirige* bien.	conductor, conducts
J'aime les *symphonies* de Beethoven.	symphonies
Ce *chanteur*/cette *chanteuse* chante bien.	singer
instruments de musique	musical instruments
instruments à vent	wind instruments
instruments à cordes	stringed instruments
instruments à percussion	percussion
la batterie	drums
Il joue du *violon*.	violin
du *violoncelle*.	violoncello
de l'*alto*.	viola
de la *contrebasse*.	double-bass (contrabass)
de la *basse*.	bass
de la *harpe*.	harp
de la *guitare*.	guitar
des *timbales*.	timpani
du *tambour*.	drum
du *xylophone*.	xylophone
de la *trompette*.	trumpet
du *piano*.	piano
du *hautbois*.	oboe
de la *flûte*.	flute

1. Complete.

1. Le _____, le _____, la _____ et l'_____ sont des instruments à cordes.
2. Les _____, le _____ et le _____ font partie des instruments à percussion.
3. La _____, la _____ et le _____ sont des instruments à vent.
4. La trompette est un instrument à _____.
5. Le violon est un instrument à _____.
6. Le tambour fait partie de la _____.
7. Le _____ _____ dirige bien.
8. J'aime les _____ de Beethoven.

Unit 8: Sports and leisure activities
Unité 8:   Les sports et les loisirs

Chapter 25:   Sports
Chapitre 25:   Les sports

SOCCER

Le *football* (Canada: le *soccer*)[1]	soccer
C'est une *équipe* de football.	team
Il y a onze *joueurs* dans chaque équipe.	players
Les spectateurs regardent le *match*[2] au *stade*.	game, stadium
Ils sont dans les *tribunes*.	grandstand
Les joueurs sont sur le *terrain*.	field
Les joueurs *lancent le ballon* avec les pieds.	toss the ball
Le *gardien de but* garde la *porte*.	goalie, goal
Le gardien de but *arrête* le ballon.	stops (blocks)
L'*ailier gauche* passe le ballon à un membre de son équipe.	left winger
Le joueur *marque (compte) un but.*	makes a goal
Il *marque un point.*	scores a point
Il *score* (Canada).	scores
Un joueur *donne le coup d'envoi.*	kicks off
Un joueur *donne un coup de pied* au ballon.	kicks
L'*arbitre donne un coup de sifflet.*	referee blows his whistle
Il déclare un *penalty* (une *faute*, un *coup de déloyal*).	a foul
C'est la fin de la première *période (mi-temps).*	period (halftime)
Le score (la marque) est *à égalité.*	tied
L'équipe B a *gagné.*	won
On peut voir les scores au *tableau.*	scoreboard

1.   Answer.
1.   Combien de joueurs y a-t-il dans une équipe de football?
2.   Combien d'équipes jouent dans un match de football?
3.   Où jouent les joueurs?
4.   Qui garde la porte?
5.   Avec quoi est-ce que les joueurs lancent le ballon?
6.   Qu'est-ce que le gardien de but veut faire avec le ballon?
7.   Si un joueur marque un but, est-ce qu'il gagne un point pour son équipe?
8.   Qui déclare un penalty (une faute, un coup de déloyal)?
9.   Que fait l'arbitre?
10.   Est-ce que le score à la fin de la première période (mi-temps) est à égalité?
11.   Qui gagne le match?

2.   Complete.

Le match commence. Les deux ＿＿＿＿＿＿ sont sur le ＿＿＿＿＿＿ de football. Au
                                              1   2
total, il y a 22 ＿＿＿＿＿. Un joueur donne le coup d'＿＿＿＿＿＿. L'autre équipe essaie
                       3   4
d'intercepter le ballon. Le joueur ＿＿＿＿＿＿ le ballon à un membre de son équipe. Il arrive à la
                                           5

---

[1] In France *le football* is "soccer." In Canada it is "football." In Canada, "soccer" is *le soccer.*

[2] The word *match* is used for a football, soccer, baseball, or basketball game. The words *partie* and *match* are used for a tennis game. The word *match* or *partie* is used for a hockey game.

porte, mais le ballon n'entre pas. Le ———————— ———————— ————————
———————— le ballon. C'est presque la fin de la première ———————— et aucune équipe n'a
———————— de but. Aucune équipe n'a ———————— .

6   7   8   9   10

3.   Identify each item in Fig. 25-1.

Fig. 25-1

TENNIS

Le *tennis*	tennis
C'est un *tournoi* / une *partie*[2] de tennis.	tournament/game (match)
Les deux joueurs sont sur le *court de tennis*.	tennis court
Chacun a une *raquette*.	racket
C'est une *partie en simple*.	singles match
C'est un *court de simple*.	singles court
C'est une *partie en double*.	doubles match
Un joueur *sert*.	serves
L'autre *renvoie* la balle.	returns
C'est une *partie en revanche*.	return match

---

[2] See note 2 on p. 154.

Elle lance la balle *au-dessus du filet*.	over the net
La balle est *hors des limites (du terrain)*.	out of bounds
Le score est à quinze-*zéro*.	love
C'était une *balle de filet* (un *net*).	net ball
C'est un *jeu blanc*.	no-score game
Elle a gagné deux des trois *matchs*.	sets

4. Complete.

1. Il y a deux _____ dans une partie en simple et il y en a quatre dans une partie en

    _____ .

2. Pour jouer au tennis, il faut avoir une _____ et plusieurs _____ .

3. On joue au tennis sur un _____ de tennis.

4. Dans une partie de tennis, il faut lancer la _____ au-dessus du _____ .

5. Si la balle est envoyée sur la partie rouge, la balle est _____ _____

    _____ .

6. Un joueur _____ la balle et l'autre la _____ .

7. Quand un joueur a marqué et l'autre n'a pas marqué, le score est quinze- _____ .

BASKETBALL

Le *basket-ball* (Canada: le *ballon-panier*)[3]	basketball
Les joueurs sont sur le *terrain de basket-ball (ballon-panier)*.	basketball court
Ils sont dans le *gymnase*.	gymnasium
Un joueur *lance* le ballon.	shoots
L'autre *le met dans le panier*.	puts it in the basket
Il faut mettre le ballon dans le panier dans le *territoire* de l'équipe *adverse*.	territory opposing
Si on lance le ballon, mais qu'on ne réussit pas à le mettre dans le panier, on *perd*.	misses
Si le joueur met le ballon dans le panier, il *marque deux points*. (Canada: il *score*).	scores two points

5. Answer on the basis of Fig. 25-2.
1. Où se passe le match de basket-ball?
2. Qui joue?
3. Qui lance le ballon?
4. Où met-il le ballon?
5. A-t-il manqué ou non?
6. Est-ce que le joueur marque un point?

HOCKEY

C'est un *match* (une *partie*)[2] *de hockey*.	hockey game
Les joueurs sont sur la *patinoire*.	rink
Ils ont des *patins*.	skates
Ils portent des *casques*.	helmets
Ils portent des *chandails (maillots)*.	sweaters

---

[2] See note 2 on p. 154.

[3] In France "basketball" is *le basket-ball*. In Canada it is *le ballon-panier*.

Fig. 25-2

Il y a trois *avants,* un *avant centre,* un *avant droit* (un *ailier droit*) et un avant *gauche* (un ailier gauche).	forwards, center forward, right forward (wing), left
Il y a deux *arrières,* un *arrière droit* (un *joueur de défense droit*) et un arrière gauche (un joueur de défense gauche).	backs, right back (right defense)
Le *gardien de but* arrête le *disque* (la *rondelle,* le *palet*)[4] avec son patin.	goal tender, puck
Le match (le score) est *à égalité.*	tied
Une *passe* à l'*ailier gauche.*	pass, left wing
Une passe de l'ailier droit.	
L'ailier gauche *tire.*	shoots
Il *marque (compte) un but.*	makes a goal
Il *score.*	scores
Les joueurs *lèvent* leurs *bâtons (crosses)*[5] en l'air.	raise, sticks
Il y a trois *périodes* dans un match de hockey.	periods
Le joueur *reçoit* une *pénalité mineure.*	receives, minor penalty

---

[4] You will hear both *disque* and *rondelle* for "puck" if you go to a hockey game in Canada where the commentary is in French. According to the *Dictionnaire des difficultés de la langue française au Canada* (Editions pedagogia, Inc., Québec-Montréal, 1967) the word *palet* should be used for "puck." *Rondelle* and *disque* are given since these are the words used in sports commentaries on the radio, on television, and in live games.

[5] The dictionary mentioned in note 4 states that *bâton* is incorrect for "stick" since a *bâton* is a straight stick. *Crosse,* according to this dictionary, should be used since a hockey stick is curved. The word *bâton* is included in this section since it is the word you will most often hear in sports commentaries in Canada.

Il a deux minutes sur le *banc de punition*.	penalty bench
L'*arbitre* annonce une pénalité *majeure*.	referee, major
Le joueur a cinq minutes sur le banc.	
Le joueur reçoit une pénalité de *méconduite*.	misconduct
Il a dix minutes sur le banc.	
C'est une pénalité de match. On *renvoie* le joueur au *vestiaire* pour le reste de la partie.	send back, locker room
L'*entraîneur* travaille avec les joueurs.	coach

6. Complete.

1.   La personne qui entraîne les joueurs est _____ .
2.   Pour éviter des coups sur la tête, les joueurs portent des _____ .
3.   Le joueur marque un _____ . Il _____ .
4.   Il a deux minutes sur le banc de _____ . Il reçoit une _____ .
5.   L'_____ gauche tire.
6.   Une _____ de l'ailier droit au centre.
7.   Le _____ _____ _____ arrête le _____ .
8.   On joue au hockey avec un _____ et un _____ . Il faut aussi avoir des _____ et porter des _____ .
9.   L'_____ annonce une pénalité.
10. Les joueurs de hockey jouent sur la _____ .

BASEBALL (Fig. 25-3)

Le *base-ball*[6]	baseball
C'est un *match* (une *partie*) de base-ball.	baseball game
Il y a neuf *joueurs* dans une *équipe* de base-ball.	players, team
Les joueurs portent des *gants*.	gloves
Le *receveur* porte un *gant de receveur* (une *mitaine*), un *casque protecteur* et un *masque*.	catcher, catcher's mitt, helmet, mask
Le *voltigeur* porte un *gant de voltigeur*.	outfield player, outfielder's glove
Le *lanceur lance* la balle.	pitcher, pitches
Le *frappeur frappe* la balle avec le *bâton* (la *batte*).	batter, hits, bat
L'*arbitre* crie « *Prise!* » « *Mort!* »	umpire (referee), strike, out
Au *bas* (en *haut*) de la troisième *manche*, le *score* est *à égalité*.	bottom (top), inning, score, tied
Le joueur *fait un circuit*.	makes a home run

D'autre termes de base-ball

la *marque*	score
un *simple* (*double*, *triple*) *but*	single (double, triple) play
un *circuit*	home run
un *grand chelem*	grand slam
un *point*	run
un *point produit*	run batted in

la *technique du lanceur*   **pitcher's tactics**

une *balle*	ball
une *prise*	strike
une *balle rapide*	fast ball

---

[6] The baseball terminology here is that used in Canada. The words in parentheses are alternative words given in French dictionaries.

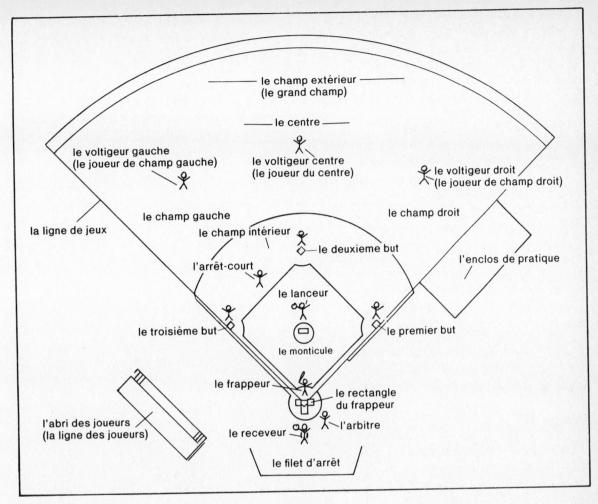

Fig. 25-3

une *balle courbe*	curve ball
une *balle tombante*	sinker ball
une *balle jointure*	knuckle ball
une *balle mouillée*	spitball
un *mauvais lancer*	wild pitch
la *technique du frappeur*	**batter's tactics**
un *coup sûr*	hit
un *coup retenu*	bunt
un *but sur balles*	base on balls
un *but sur balles intentionnel*	intentional walk
un *coup en flèche*	liner
un *roulant*	grounder
une *chandelle*	pop fly
un *ballon sacrifice*	sacrifice fly
une *fausse balle*	foul ball
la *technique de défense*	**defense tactics**
un *retrait*	out
un *double jeu*	double play
une *erreur*	error

7. Complete.

1. Dans une équipe de base-ball, il y a neuf _____.
2. Il y a trois _____, le premier, le deuxième et le troisième.
3. Il y a deux champs, le champ _____ et le champ _____.
4. Le _____ lance la balle.
5. Le _____ frappe la balle.
6. L'arbitre crie « _____ » quand le joueur ne réussit pas à frapper la balle la troisième fois.
7. Les joueurs de base-ball jouent sur un _____ de base-ball.
8. Le joueur frappe la balle avec un _____.
9. L'endroit où les joueurs attendent leur tour est l'_____ _____ _____.
10. Le joueur entre le deuxième but et le troisième but s'appelle l'_____-_____.
11. Le _____ attrape la balle derrière le frappeur.
12. Il y a trois _____, droit, centre et gauche.
13. Si le joueur réussit à courir jusqu'au troisième but, c'est un _____ _____.
14. Si un joueur réussit à faire les quatre buts, c'est un _____.
15. Si le joueur réussit à frapper la balle dans la bonne direction, c'est un _____ _____.
16. Le joueur peut marcher au but s'il réussit à frapper quatre _____.
17. Une balle qui est lancée sur le terrain est un _____.
18. Une balle qui est frappée à une très courte distance est un _____ _____.

SKIING

Le *ski*	skiing
Je vais *passer* deux semaines au mois de février dans une *station de ski*.	spend, ski resort
J'ai besoin de *bâtons* et de *skis*.	poles, skis
J'ai besoin de *chaussures de ski* (Canada: *bottines de ski*) aussi.	ski boots
J'ai besoin de *lunettes* et de *gants* ou de *mitaines*.	goggles, gloves, mittens
J'ai des skis en *fibre de verre*.	fiberglass
J'aime le *ski alpin* et le *ski de fond* (le *ski de randonnée*).	downhill skiing, cross-country skiing
Il faut avoir de bonnes *fixations* pour les skis.	bindings
Il y a plusieurs *pistes de ski*.	ski runs
Voici la *piste pour débutants*.	beginners' run
La neige est *poudreuse*.	powder
Les *conditions* sont excellentes.	conditions
Je vais vite quand je *descends la piste*.	go down the run
Pour monter, il faut prendre un *remonte-pente*.	lift
Il y a plusieurs remonte-pentes, des *télésièges*, des *bennes* et des *tire-fesses*.	chair lifts, gondolas, T-bars

8. Complete.

Dans une _____ **de ski**
$\quad\quad\quad\quad\quad\quad$ 1

J'aime beaucoup faire du ski. J'aime faire du ski _____ et du ski _____
$\quad\quad\quad\quad\quad\quad\quad\quad\quad\quad\quad\quad\quad\quad\quad\quad\quad$ 2 $\quad\quad\quad\quad\quad\quad\quad$ 3

_____. Je dois avoir du bon équipement, des _____, des _____ et
$\quad\quad\quad\quad\quad\quad\quad\quad\quad\quad\quad\quad\quad\quad\quad\quad\quad\quad\quad\quad$ 4 $\quad\quad\quad\quad\quad\quad\quad$ 5

des _____ . Il faut ajuster les _____ sur les skis pour vos chaussures. S'il fait
            6   7

froid, il faut apporter des _____ ou des _____ . S'il y a du soleil, il faut porter
                              8   9

des _____ aussi. Vous pouvez descendre plusieurs _____ dans cette station de
        10   11

ski. La piste pour _____ est pour les skieurs qui n'ont jamais fait du ski. Pour monter la
                      12

montagne il faut prendre un _____-_____ .
                                    13

Chapter 26: The beach
Chapitre 26: La plage

THE OCEAN

Aujourd'hui la *mer* est *calme*.	sea (ocean), calm
Hier la mer était *mauvaise*.	rough
Les *vagues* sont très *fortes* et très grandes.	waves, strong
Les vagues *se brisent* contre les *rochers*.	break, rocks
Quand est la *marée haute?*	high tide
Quand est-ce que la marée *monte?*	comes in
Quand est la *marée basse?*	low tide
Quand est-ce que la marée *descend?*	goes out
Le *courant* est *violent* ici.	current, strong
C'est *profond*.	deep
Il y a un *courant sous-marin* fort (une *contre-marée* forte).	undertow

1. Complete.
1. Aujourd'hui il n'y a pas de vagues fortes. La mer est _____.
2. Hier il y avait des vagues fortes. La mer était _____.
3. Aujourd'hui, la marée monte le matin et la _____ _____ l'après-midi.
4. De temps en temps les vagues _____ _____ contre les rochers.
5. Il est dangereux de se baigner dans la mer quand il y a un _____ violent.
6. La marée monte; c'est la marée _____. La marée descend; c'est la marée _____.

ON THE BEACH (Fig. 26-1)

Je vais *passer l'été* sur la *plage*.	spend the summer, beach
C'est une *station balnéaire*.	seaside resort
On peut louer des *cabines*.	cabins
J'aime *nager (faire de la natation)*.	swim
jouer dans le *sable*.	sand
flotter.	float
faire de la plongée sous-marine.	scuba dive
me laisser bercer par les vagues.	ride the waves
faire de la voile.	go sailing
faire de la planche.	go surfboarding
faire de la planche à voile.	windsurf
faire du ski nautique.	water-ski
faire de la pêche sous-marine.	go deep-sea fishing
me promener le long de la plage.	walk along the beach
au bord de la plage.	on the shore
me baigner dans la mer.	bathe
me bronzer.	get a suntan
prendre des bains de soleil.	sunbathe
Vous *avez attrapé un coup de soleil*.	got sunburned
Vous *vous êtes brûlé(e)*.	got burned
Vous *êtes bien bronzé(e)*.	have a good tan

Fig. 26-1

Quelle *marque* de *lotion solaire* avez-vous?   brand, sun lotion
          de *crème solaire*   suncream
          de *lotion de bronzage*   tanning lotion
          d'*huile solaire*   suntan oil
J'aime votre *maillot de bain*. (Canada: *costume de bain*). bathing suit
      votre *bonnet de bain*.   bathing cap
      votre *peignoir (sortie) de bain*.   beach robe
      vos *sandales (espadrilles) de plage*.   beach sandals
      votre *chapeau de paille*.   sunhat (straw hat)
      vos *lunettes de soleil* (Canada: *lunettes solaires*). sunglasses
Est-ce qu'il y a une *piscine* ici?   swimming pool
Y a-t-il des *douches*?   showers
Est-ce que la piscine a de l'*eau douce* ou de l'*eau salée*? freshwater, saltwater
Je voudrais louer un *tuba* et des *palmes*.   snorkel, flippers

2. Complete.
   1. Il me semble que vous avez attrapé un coup de soleil. Il faut vous mettre sous le _____
      et mettre de la _____ _____.
   2. J'aime beaucoup _____ dans la mer et ensuite _____ _____
      _____ de soleil.
   3. Je n'aime pas m'asseoir dans une _____. Je préfère m'asseoir sur une
      _____-_____.

4. Pourquoi ne nous promenions-nous pas le _____ de la plage au _____ de la mer?

5. Je vais flotter sur ce _____ _____ .

6. Je vais louer un bateau pour faire de la _____ .

7. Je vais changer de vêtements et mettre mon _____ _____ _____ avant de nager.

8. Je préfère nager dans une _____ . Je n'aime pas l'eau _____ de la mer.

9. Le _____ montre le chemin aux bateaux.

10. Pour éviter de se noyer si on tombe d'un bateau dans l'eau, il faut avoir un _____ _____ _____ .

11. Le _____ regarde les gens qui nagent.

3. Say the following in a different way.

1. Je vais faire de la natation.
2. Je vais prendre un bain de soleil.
3. Je vais prendre un bain.
4. Je me suis brûlé(e).

4. Complete.

1. Je n'aime pas me mettre directement au soleil. Je vais louer un _____ .
2. Je veux faire du ski. Je vais louer des _____ _____ .
3. Je n'aime pas m'asseoir directement sur le sable. Je vais louer une _____-_____ .
4. Je veux flotter dans l'eau. Je vais louer un _____ _____ .
5. Je vais faire de la planche. Je vais louer un _____ .
6. Je vais pêcher. Je vais louer un _____ _____ _____ .
7. Je vais faire de la plongée sous-marine. Je vais louer un _____ et des _____ .

Chapter 27: Camping and fishing
Chapitre 27: Le camping et la pêche

CAMPING (Fig. 27-1)

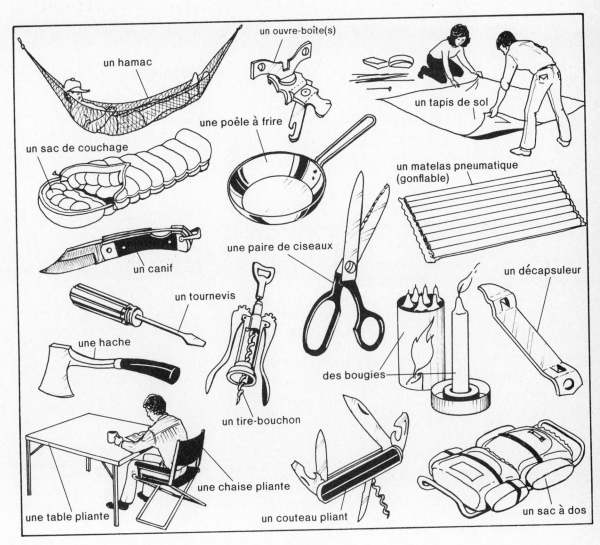

un ouvre-boîte(s)

un hamac

un tapis de sol

une poêle à frire

un sac de couchage

un matelas pneumatique (gonflable)

un canif

une paire de ciseaux

un décapsuleur

un tournevis

une hache

des bougies

un tire-bouchon

une table pliante

une chaise pliante

un couteau pliant

un sac à dos

Fig.27-1

Est-ce qu'on peut *faire du camping* ici?	camp
C'est *un terrain de camping* officiel?	campsite
Où peut-on *stationner* la *roulotte* (la *remorque*, la *caravane*)?	park, trailer
Quelles sont les *services* offerts?	facilities
Où sont les *salles de bains?*	baths
les *douches?*	showers
les *toilettes?*	toilets
Où peut-on trouver de l'*eau potable?*	drinking water
Je vais mettre de l'eau dans le *thermos.*	thermos
Où puis-je *vider les ordures?*	throw out the garbage

1. Complete.

C'est un _____ de camping officiel. Beaucoup de gens viennent ici en été pour

1

_____ _____. Il y a un parking où les gens peuvent stationner

2

leurs _____. Le terrain de camping offre beaucoup de _____. Ils ont des

3   4

_____ _____, des _____ et des _____.

5   6   7

Ils ont de l'eau _____ pour mettre dans les thermos.

8

Je vais *monter la tente.*	pitch the tent
Où est le *marteau?*	hammer
Je vais *enfoncer* ces *piquets.*	drive in, stakes
Je vais *attacher* les *cordes* aux piquets.	tie, cords (ropes)
Où sont les *mâts?*	poles

2. Answer.

1. Qu'est-ce que le jeune homme va monter?
2. Qu'est-ce qu'il faut enfoncer dans la terre?
3. Qu'est-ce qu'il faut utiliser pour enfoncer les piquets?

Pour faire du *feu,* j'ai besoin d'un *réchaud de camping à gaz.*	fire, butane gas burner
J'ai besoin d'*allumettes* pour faire un *feu de camp.*	matches, campfire
Pour trouver mon *chemin* sur le *sentier,* j'ai une *boussole.*	way, path (trail), compass
Je cherche le *produit contre les insectes* (Canada: le *chasse-insectes*) dans ma *trousse de soins médicaux (de premiers soins).*	insect repellent first-aid kit
Il faut mettre des *piles* dans la *lampe de poche.*	batteries, flashlight
Pour faire la vaisselle, j'ai besoin d'une *lavette,* d'un *torchon,* de *tampons à récurer* et de *poudre à récurer.*	dishcloth, dishtowel, scouring pads, scouring powder

3. Complete.

1. Je vais préparer le repas dans une _____.
2. J'ai besoin de _____ _____ _____

_____.
3. Si je n'ai pas de gaz, je vais faire un _____ _____ _____.
4. Si la table et les quatre chaises ne rentrent pas dans la roulotte, il faut acheter une table et des chaises _____.
5. Pour allumer le feu, il faut des _____.
6. Quand je fais du camping, je n'apporte pas de valise. Je mets mes vêtements dans un _____ _____.
7. Il n'y a pas de lumière électrique. Il faut mettre des _____ sur la table.
8. Avez-vous un _____ _____? Je voudrais couper quelque chose.
9. La lampe de poche ne marche pas. J'ai besoin de _____.
10. J'ai des aspirines et du produit contre les insectes dans ma _____ de _____ _____.
11. Quand nous faisons du camping, nous pouvons dormir sur un _____, dans un _____ ou dans un _____ _____ _____.
12. Il faut ouvrir cette boîte de thon avec un _____-_____.
13. Il faut ouvrir cette bouteille avec un _____.
14. Je coupe le bois avec une _____.
15. Pour m'aider à trouver mon chemin, j'ai une _____.

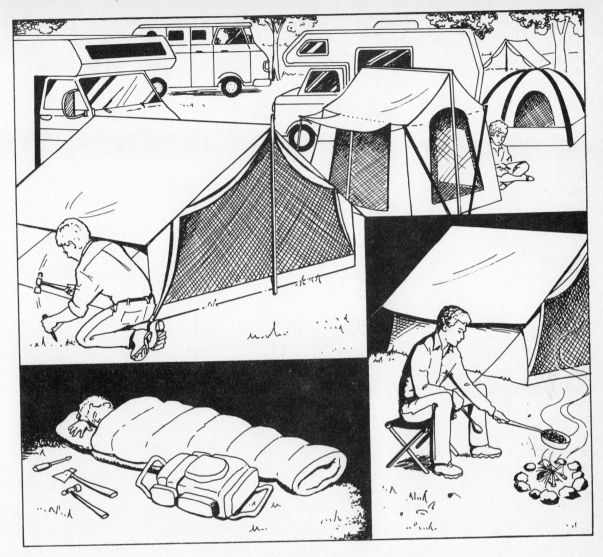

Fig. 27-2

4. Answer the following questions by referring to Fig. 27-2.
   1. Est-ce que c'est un terrain de camping officiel?
   2. Est-ce que les roulottes sont stationnées à côté des tentes?
   3. Qu'est-ce que le jeune homme monte?
   4. Qu'est-ce qu'il enfonce?
   5. Avec quoi enfonce-t-il les piquets?
   6. Qu'est-ce que le jeune homme prépare?
   7. Dans quoi fait-il la cuisine?
   8. Où dort le jeune homme?
   9. Qu'est-ce qu'il y a à côté de son sac de couchage?
   10. Quels outils y a-t-il sur le sol?

5. Complete.
   1. Comme il n'y a pas d'électricité, il faut utiliser une _____ _____ ou des _____ si nous voulons voir.

2. Nous pouvons préparer le repas dans une _____ après avoir allumé un _____ _____ _____.

3. Je vais mettre mes vêtements dans un _____ _____ _____ et je ne dois pas oublier de prendre un _____ d'eau potable.

4. Pour faire la vaisselle, nous avons besoin d'une _____, d'un _____ et de _____ _____ _____.

FISHING (Fig. 27-3)

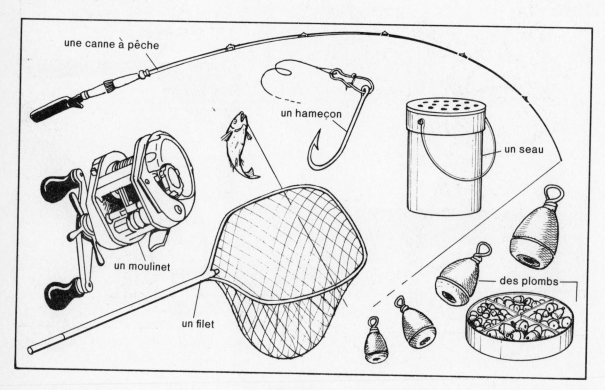

Fig. 27-3

Je vais *pêcher*.   fish
Je vais *aller à la pêche*.   go fishing
J'ai besoin de *vers*.   worms
Je vais mettre les vers dans ma *boîte d'appât*.   bait box
Je *lance* la *ligne* dans l'eau.   throw, line
J'espère *attraper* un *poisson*.   catch, fish
J'ai *pris le poisson à l'hameçon*.   hooked the fish
Le poisson *a mordu à l'hameçon*.   swallowed the bait

6. Complete.

Pour aller à la _____, il faut avoir une _____ à _____ et un
                      1   2   3
_____. Avant de _____ la _____ dans l'eau, il faut mettre de
         4   5   6
l'_____ sur l'_____. Je cherche des _____ dans ma
           7   8   9
_____ d'_____. Je lance la ligne dans l'eau et j'attends patiemment. Enfin, j'ai
        10   11
pris le poisson à l'_____. J'ai _____ un gros poisson.
                        12   13

7. Identify each item in Fig. 27-4.

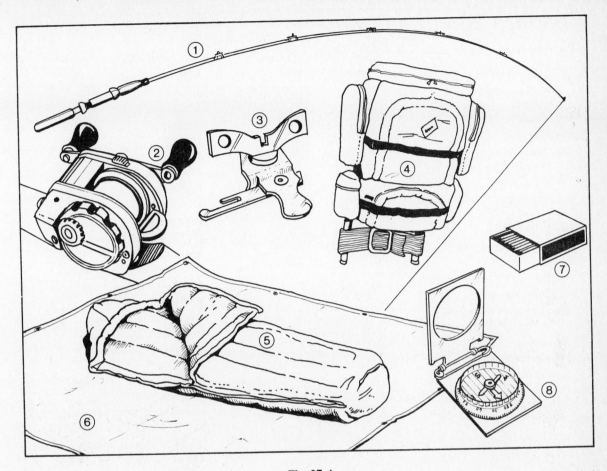

Fig. 27-4

Chapter 28:   The weather
Chapitre 28:   Le temps

Quel temps fait-il?	What's the weather like?
Il fait beau.	It's nice.
Il fait mauvais.	It's nasty (bad).
Il fait chaud.	It's hot.
Il fait froid.	It's cold.
Il fait frais.	It's cool.
Il fait du vent (Canada: il vente).	It's windy.
Il fait (du) soleil.	It's sunny.
Il y a des nuages (il fait nuageux; c'est nuageux).	It's cloudy.
Il pleut.	It's raining.
Il y a de la pluie.	rain
Il pleut à verse (à torrents).	It's raining hard.
Il tombe des cordes.	It's raining cats and dogs.
Il bruine (il y a de la bruine).	It's drizzling.
Il fait du brouillard.	It's foggy.
Il tonne (il y a du tonnerre).	It's thundering.
Il fait de l'orage.	thunderstorm
Il gèle.	It's freezing.
Il tombe de la grêle.	It's hailing.
Il y a des éclairs.	It's lightening.
Il y a de la gelée.	There is frost.
Il y a du verglas.	Roads are slippery (glazed frost).
Il dégèle.	It's thawing.
On dirait qu'il va pleuvoir/neiger.	It looks like rain/snow.
Le ciel se couvre.	The sky is becoming cloudy.
D'où vient le vent?	Which way is the wind blowing?
Le vent vient du sud.	The wind is from the south.
Le vent change.	The wind is changing.
Le ciel est variable.	The sky is partly cloudy (partly sunny).
éclaircies	clearing
Le temps est *agréable*.	nice
chaud.	warm
clair.	clear
humide.	humid
pluvieux.	rainy
nuageux.	cloudy
variable.	unsettled
orageux.	stormy
C'est une journée *ensoleillée*.	sunny
nuageuse.	cloudy
pluvieuse.	rainy
brumeuse.	foggy
Il y a une *chute de neige*.	snowfall
Il y a une *tempête de neige*.	snowstorm
une *rafale*.	storm
des *orages* (des *pluies d'orages*).	thunderstorms
des *tempêtes de vent*.	windstorms

Il y a des *tornades*.   tornadoes
    des *averses*.   showers
Voyons le *thermomètre*.   thermometer
Combien y a-t-il de degrés?   What's the temperature?
Il fait 5°C, 20°C (la température est de 5°C, 20°C).   It's 5 degrees Celsius, 20 degrees
    Celsius.

Il fait moins trois (trois degrés au-dessous de zéro).   It's 3 degrees below zero (below
    freezing).

saisons   seasons
l'été, en été   summer, in
l'automne, en automne   fall, in
l'hiver, en hiver   winter, in
le printemps, au printemps   spring, in

1.   Complete.
    1.   En été, il fait _____ et il y a beaucoup de _____ .
    2.   En hiver il fait _____ et il y a beaucoup de _____ .
    3.   Il fait du soleil. Le ciel est _____ .
    4.   Il y a des _____ . Il fait nuageux.
    5.   Il ne fait ni froid ni chaud. Il fait _____ .
    6.   Je ne peux rien voir. Il fait du _____ .
    7.   De temps en temps pendant des orages, il y a des _____ et du _____ .
    8.   Il ne _____ pas en été, mais il _____ en hiver. Quelquefois il
        _____ en hiver aussi.
    9.   Il ne pleut pas beaucoup. Il _____ seulement.

2.   Complete.
    1.   Pendant un _____ il pleut.
    2.   Pendant une _____ _____ _____ , il neige beaucoup.
    3.   Il y a du tonnerre pendant un _____ .
    4.   Il y a beaucoup de vent pendant une _____ .
    5.   La _____ est de 5°C.

3.   Tell more about the weather.
    1.   Le temps est variable.
    2.   Le temps est clair.
    3.   Le temps est orageux.
    4.   Le temps est agréable.

4.   Give a word related to each of the following.
    1.   neiger
    2.   pleuvoir
    3.   venter
    4.   humidité
    5.   chaleur
    6.   froidure
    7.   nuageux
    8.   pluvieux
    9.   ensoleillé

5. Complete.
   1. Il pleut à verse. Il y a un _____.
   2. Hier il faisait chaud. Nous avions une journée _____.
   3. Il fait tantôt beau tantôt mauvais. Le temps est _____.
   4. Hier il faisait du soleil. Nous avons profité d'un temps _____.
   5. Il ne gèle plus; il _____.

6. Write true or false.
   1. Quand le ciel est clair, il y a des nuages.
   2. Quand le ciel est clair, il n'y a pas de nuages, le soleil brille et il fait du beau temps.
   3. Quand il fait très froid et que le ciel est nuageux, il est possible qu'il neige ou pleuve.
   4. Pendant un orage, il pleut.
   5. Pendant un orage de pluie, il y a beaucoup de neige.

7. Read the following weather reports and answer the questions.
   La météo

   Neige. Vents modérés. Précipitations de près de 5 cm. Minimum près de moins 3. Maximum près de moins 1. Probabilité de chutes de neige 90%. Demain neige et froid.
   1. Est-ce qu'il fait beau?
   2. Comment sont les vents?
   3. Combien de neige va-t-il y avoir?
   4. Quelle est la probabilité de chutes de neige?
   5. Quelle sera la température maximum?
   6. Quelle sera la température minimum?
   7. Comment sera le temps demain?

   Une importante perturbation à la frontière du Québec et de l'Ontario se déplace lentement vers l'est. Elle sera près de Québec ce soir, puis sur le Bas-du-Fleuve demain. De la pluie et de la bruine précèdent ce système. A l'arrière de la perturbation, l'air se refroidira sensiblement et on prévoit quelques chutes de neige. Demain nuageux et froid.

   8. D'où vient la perturbation?
   9. Quand sera-t-elle près de Québec?
   10. Qu'est-ce qui précède ce système?
   11. Est-ce qu'il y aura beaucoup de neige?
   12. Est-ce que le ciel sera ensoleillé demain?
   13. Fera-t-il chaud demain?

   Région parisienne. Le temps sera très nuageux et brumeux le matin, puis de belles éclaircies se développeront dans l'après-midi. La température maximale prévue sera de 24°.

   14. Comment sera le temps le matin?
   15. Qu'est-ce qui se développera dans l'après-midi?
   16. Quelle est la température maximale prévue?

Unit 9: Education
Unité 9: L'enseignement

Chapter 29: Education
Chapitre 29: L'enseignement

PRIMARY (ELEMENTARY) EDUCATION

En France, les petits enfants vont à l'*école maternelle*.	nursery school
Ils ont de deux à six ans.	two to six years old
Les enfants de six à onze ans vont à l'*école primaire*.	primary (elementary) school
L'*institutrice* (l'*instituteur*, la *maîtresse*)[1] leur *fait un cours*.	teacher, teaches
Les *élèves*[1] *apprennent*.	pupils, learn
L'institutrice *donne un cours de géographie*.	gives a geography lesson
Elle leur *enseigne* la géographie.	teaches
Elle écrit quelque chose au *tableau*.	chalkboard
Les élèves ont des *livres* dans les *pupitres*.	books, desks
L'institutrice leur lit une *histoire* de son *livre de lecture*.	story, reader
Le *directeur* (la *directrice*) entre dans la salle de classe.	principal

1. Match.

1.	l'élève	(*a*)	une école pour les petits enfants de deux à six ans
2.	une école mater-nelle	(*b*)	donne une leçon
3.	une école primaire	(*c*)	ce que les élèves font à l'école
4.	l'institutrice	(*d*)	l'enfant qui va à l'école
5.	apprennent	(*e*)	ce que les élèves lisent
6.	un livre de lecture	(*f*)	une école pour les enfants de six à onze ans
7.	la salle de classe	(*g*)	l'endroit où les élèves apprennent
8.	le directeur	(*h*)	le chef de l'école

2. Complete.

Une école pour les petits enfants de deux à six ans est une _____ _____ .
                                                                         1

Une école pour les enfants de six à onze ans est une _____ _____ . Ces enfants
                                                                  2

sont des _____ . La personne qui leur fait un cours est _____ . Il/elle
              3   4

leur _____ beaucoup de leçons. Il/elle leur enseigne à lire dans leur livre de
            5

_____ . De temps en temps il/elle écrit quelque chose au _____ .
      6   7

SECONDARY EDUCATION

Après avoir terminé leurs *études* à l'école élémentaire, les élèves	studies
vont à l'*école secondaire* (dans les *collèges*).	students, secondary school
De onze à quinze ans, ils vont au collège.	

---

[1] The word *l'institutrice* or *la maîtresse* is used for a primary (elementary) school teacher. *Le professeur* is used for secondary school and university teachers. The word *un/une élève* is used for primary (elementary) and secondary school pupils, and the word *un étudiant/une étudiante* is used for university students.

A partir de quinze ans, ils vont au *lycée*.

Dans beaucoup de ces écoles, il y a des *pensionnaires* (des *internes*) et des *demi-pensionnaires*. (des *externes*).

lycée (secondary school)
boarders
day students

En France le premier cycle de l'enseignement secondaire est comparable au « junior high ».

Il y a la classe de sixième pour les enfants de onze à douze ans, la classe de cinquième pour les enfants de douze à treize ans, la classe de quatrième pour les enfants de treize à quatorze ans et la classe de troisième pour les enfants de quatorze à quinze ans.

A la fin du premier cycle, ils reçoivent un brevet d'études du premier cycle (B.E.P.C.) qui est facultatif.

Les élèves de quinze à dix-huit ans suivent le deuxième cycle.

Les élèves en seconde ont de quinze à seize ans.

Les élèves en première ont de seize à dix-sept ans.

Les élèves en terminale ont de dix-sept à dix-huit ans.

Dans beaucoup de collèges, les élèves *portent un uniforme*.	wear uniforms
Ils *portent leurs livres* dans un *cartable*.	carry their books, book bag
Ils mettent leurs livres dans un *casier*.	locker
Ils suivent un *programme d'études*.	course of study
Ils étudient beaucoup de *matières*.	subjects
Chaque jour ils doivent suivre *un emploi du temps*.	schedule
Pendant que le professeur parle, les élèves *prennent des notes*.	take notes
Ils prennent des notes dans leur *cahier*.	notebook
Ils écrivent avec un *crayon*.[2]	pencil
un *stylo*.	pen
un *stylo à bille*.	ball-point pen
Tout le monde veut *réussir aux examens*.	pass the exams
Ils ne veulent pas *échouer aux examens*.	fail
Ils veulent avoir de bonnes *notes*.	grades
A la fin de leurs études, ils ont leur *baccalauréat*.	diploma
Quelques qualifications sont *excellent*.	excellent
très bien.	very good
bien (bon).	good
passable.	passing
insuffisant.	failing

matières	subjects
l'*histoire*	history
la *géographie*	geography
les *sciences sociales*	social science (studies)
les *sciences naturelles*	science
la *chimie*	chemistry
la *physique*	physics
l'*anglais*	English
le *français*	French
l'*espagnol*	Spanish
l'*allemand*	German
les *mathématiques*	mathematics

3. Answer.
   1. Comment s'appellent les personnes qui vont à l'école secondaire?
   2. Qui leur fait les cours?

---

[2] For other items students may need, see Chapter 18, the stationery store.

3. Comment s'appellent les élèves qui habitent à l'école?
4. Comment s'appellent les élèves qui viennent à l'école chaque jour?
5. Dans quoi les élèves portent-ils leurs livres?
6. Où mettent-ils leurs livres quand ils n'en ont plus besoin?
7. Dans beaucoup de collèges, qu'est-ce que les élèves doivent porter?
8. Que comprend le programme d'études?
9. Que font les élèves pendant que le professeur parle?
10. Où écrivent-ils leurs notes?
11. Avec quoi écrivent-ils?
12. Est-ce que les élèves veulent réussir ou échouer aux examens?
13. Qu'est-ce qu'ils veulent avoir?

4. Select.
1. _____ vont à l'école secondaire. (*a*) Les élèves (*b*) Les étudiants
2. _____ enseignent à l'école secondaire. (*a*) Les professeurs (*b*) Les institutrices
3. _____ ne retournent pas chez eux tous les jours. (*a*) Les externes (*b*) Les pensionnaires
4. L'histoire et les mathématiques sont des _____. (*a*) matières (*b*) sujets
5. L'étudiant prend des notes dans son _____. (*a*) cahier (*b*) casier

5. Give words for the equivalent grades in the United States.
1. A+
2. B
3. C
4. F

6. Complete.
1. Un _____ est un autre nom pour une école secondaire.
2. La plupart des élèves portent leurs livres dans un _____.
3. Les élèves ne veulent pas être obligés à quitter l'école. Ils veulent avoir de bonnes _____.
4. Il ne veut pas échouer aux examens. Il veut _____.

UNIVERSITY[3]

Il/elle veut *s'immatricular* (*s'inscrire*) à l'université.	register
Le baccalauréat est *obligatoire* pour entrer à l'université.	required (mandatory)
Il espère avoir une *bourse*.	scholarship
Les *frais d'inscription*[4] sont élevés.	tuition fees
La *rentrée* est le 27 septembre.	beginning of the term
Il/elle veut *s'inscrire* pour cinq *cours*.	enroll, courses
Un autre veut être *auditeur libre*.	auditor

---

[3] Universities and university life are quite different in France than in the U.S. Generally the universities are located in the larger cities. The smaller type of U.S. college does not exist. In addition to the *université,* France has several elite *grandes écoles* where students specialize in certain areas. The most famous are *Ecole Normale Supérieure* and *Ecole Polytechnique.* Others are, for example, *H.E.C.* and *H.E.C.J.F.* (*Hautes Etudes Commerciales* and *Hautes Etudes Commerciales Jeunes Filles*) and *Ecole Supérieure de l'Electricité.*

[4] Tuition is generally free in France.

Le professeur *donne (fait) une conférence.*[5]	gives a lecture
Les *étudiants (étudiantes) suivent un cours.*	students take a course
Il/elle veut *se spécialiser en* littérature.	major in
Elle veut *avoir son diplôme.*	get a diploma
Il/elle veut *avoir une license.*	get a master's degree
Il/elle veut *avoir son doctorat.*	get a doctor's degree
L'université a plusieurs *facultés.*[6]	schools
Il y a la faculté de sciences et la faculté de *lettres,* par exemple.	liberal arts
Les étudiants (étudiantes) habitent dans un *dortoir.*	dormitory
Ils prennent leurs repas à la *cantine* (à la *cafétéria,* au *restaurant universitaire*).	cafeteria
facultés	departments
la *faculté de médecine*	medical school
la *faculté des lettres*	liberal arts
la *faculté de droit*	law
la *faculté des sciences*	sciences
la *faculté des sciences économiques*	economics
la *faculté des sciences politiques*	political science

7. Give the word being defined.
    1. ce qu'il faut payer pour étudier à l'université
    2. s'inscrire pour des cours à l'université
    3. le jour où les classes commencent
    4. où dorment les étudiants qui habitent à l'université
    5. ce qu'un étudiant peut recevoir pour l'aider à payer les frais
    6. avoir son Ph.D.
    7. ce que donnent les professeurs
    8. une personne qui assiste à un cours sans recevoir de note
    9. ce qu'on a à la fin des études
    10. les différentes écoles d'une université

8. Complete.
    1. Si quelqu'un veut aller à l'université, il lui faut _____.
    2. Elle veut être médecin. Elle va à la _____ de médecine.
    3. Elle étudie la littérature. Elle est à la faculté des _____.
    4. Pour s'immatriculer à l'université, il faut payer les _____ _____.
    5. Je veux _____ seulement cinq cours.
    6. En général, la _____ des classes aux Etats-Unis est au début du mois de septembre.
    7. Le professeur de littérature française donne une _____ sur Gide.
    8. Le cours du niveau 100 est _____ pour continuer dans le cours du niveau 200.

9. Answer.
    1. Est-ce qu'il faut s'immatriculer pour entrer dans les universités?
    2. Quelle est la condition préalable pour entrer à l'université?
    3. Aux Etats-Unis, est-ce que les frais d'inscription sont élevés?

---

[5] Note that *conférence* means "lecture" not "conference." *Lecture* means "reading." A conference, reunion, or convention is *un congrès.*

[6] Note that the word *faculté* does not mean "faculty" or "teaching staff" but rather "school" in the sense of "school of medicine," etc.

4.   Quand est la rentrée des classes aux Etats-Unis?
5.   Est-ce que les étudiants doivent se spécialiser dans une matière?
6.   Est-il possible d'être auditeur libre de certains cours?

10.   Tell in which school one would enroll if one wished to become the following.
1.   médecin
2.   professeur de littérature
3.   avocat
4.   biologiste
5.   ingénieur chimiste

EDUCATIONAL SYSTEM IN QUEBEC

Les petits enfants de cinq ans vont au *jardin d'enfants*.	kindergarten
De six ans à onze ans ils vont à l'*école élémentaire*.	elementary school
A l'âge de douze ou treize ans ils vont à l'*école secondaire*.	secondary school
Ils vont à l'*école polyvalente*.	comprehensive secondary school
Les *études* secondaires *durent* cinq ans.	studies, last
A la fin du secondaire V, les élèves ont leur diplôme d'études secondaires.	
Certains élèves entrent directement à l'université.	
D'autres vont au *c.e.g.e.p. (collège d'enseignement général et professionel)*	general and vocational college
Au c.e.g.e.p., quelques élèves suivent des cours qui durent trois ans.	
Les élèves qui vont aller à l'université après le c.e.g.e.p. suivent un programme de deux ans.	
A la fin des études au c.e.g.e.p., les étudiants ont un *diplôme d'études collégiales*.	Diploma of College Studies
Les cours à l'université durent au moins trois ans.	
Les étudiants à l'université se spécialisent immédiatement.	

11.   Complete.
1.   Au Québec les enfants de cinq ans vont au _____ _____.
2.   De six à onze ans ils vont à l'_____ _____.
3.   A l'âge de douze ans ils vont à l'_____ _____ ou à l'_____ _____.
4.   A la fin du secondaire V, les élèves reçoivent leur _____ _____ _____.
5.   A la fin des études au c.e.g.e.p., les étudiants ont un _____ _____ _____.

Appendix 1:   Numbers

Appendice 1:   *Les chiffres, les numéros, les nombres*[1]

CARDINAL NUMBERS

un	1
deux	2
trois	3
quatre	4
cinq	5
six	6
sept	7
huit	8
neuf	9
dix	10
onze	11
douze	12
treize	13
quatorze	14
quinze	15
seize	16
dix-sept	17
dix-huit	18
dix-neuf	19
vingt	20
vingt et un[2]	21
vingt-deux	22
vingt-trois	23
vingt-quatre	24
vingt-cinq	25
vingt-six	26
vingt-sept	27
vingt-huit	28
vingt-neuf	29
trente	30
trente et un	31
trente-deux	32
quarante	40
quarante et un	41
quarante-deux	42
cinquante	50
cinquante et un	51
cinquante-deux	52
soixante	60

---

[1] *Un chiffre* is the sign that is used to express a number (*un nombre*). 57 is *un chiffre*. *Cinquante-sept* is *un nombre*. The number (*le nombre*) 535 is written with *chiffres* 5, 3, and 5. *Le numéro* is used to refer to a specific number, such as a street number, a room number. *L'immeuble numéro (n⁰) 14. Il habite au numéro 45.*

[2] Note that in numbers 21, 31, 41, 51, 61, 71 the conjunction *et* is used; there is no hyphen: *vingt en un. Et* is not used in 81, 91, 101. A hyphen is used in 81 and 91. *quatre-vingt-un, quatre-vingt-onze, cent un.*

soixante et un	61
soixante-deux	62
soixante-dix	70
soixante et onze	71
soixante-douze	72
soixante-treize	73
soixante-quatorze	74
soixante-quinze	75
soixante-seize	76
soixante-dix-sept	77
soixante-dix-huit	78
soixante-dix-neuf	79
quatre-vingts[3]	80
quatre-vingt-un[4]	81
quatre-vingt-deux	82
quatre-vingt-dix	90
quatre-vingt-onze	91
quatre-vingt-douze	92
quatre-vingt-dix-neuf	99
cent	100
cent un	101
cent deux	102
cent vingt	120
cent quatre-vingt-dix-neuf	199
deux cents[3]	200
deux cent un[4]	201
deux cent deux	202
trois cents	300
quatre cents	400
cinq cents	500
six cents	600
sept cents	700
huit cents	800
neuf cents	900
mille	1000
mille un	1001
mille cent (onze cents)	1100
mille deux cents (douze cents)	1200
mille neuf cents (dix-neuf cents)	1900
mil (mille) neuf cent soixante-douze	
(dix-neuf cent soixante-douze)	1972
deux mille	2000
un million[5]	1 000 000

---

[3] When *vingt* and *cent* are multiplied, they become plural.

[4] When *vingt* and *cent* are followed by another number, they are singular.

[5] *Million* is preceded by the indefinite article: *un million de touristes*. Note that *un million* is like a noun of quantity and takes *de* before the following noun: *un million d'hommes*. In France a period is used in place of the comma or the space used with numbers in the United States and Canada, and a comma is used in place of the decimal point.

France	United States	Canada
1.121.000	1,121,000	1 121 000
3,50	3.50	3.50
1.350,50	1,350.50	1350.50

| un milliard | 1 000 000 000 |
| un billion | 1 000 000 000 000 |

ORDINAL NUMBERS

premier, première	first
deuxième, second, seconde	second
troisième	third
quatrième	fourth
cinquième	fifth
sixième	sixth
septième	seventh
huitième	eighth
neuvième	ninth
dixième	tenth

Appendix 2:   Days of the week

Appendice 2:   *Les jours de la semaine*

lundi[1]	Monday
mardi	Tuesday
mercredi	Wednesday
jeudi	Thursday
vendredi	Friday
samedi	Saturday
dimanche	Sunday
Lundi est le *premier* jour de la semaine.	first
Le *deuxième* est mardi.	second
Nous allons à l'école le *lundi*.[2]	on Mondays
Jules va revenir *lundi*.[2]	on Monday
la *fin de semaine* (le *week-end*)	weekend
un *jour de semaine*	weekday
un *jour férié* (un *jour de fête*)	holiday
un *jour de travail*	workday
une *fête*	saint's day
un *anniversaire* (Canada: une *fête*)	birthday

HOLIDAYS

le 1er janvier	le *jour de l'An*	New Year's Day
	le *Vendredi Saint*	Good Friday
	Pâques m.	Easter
	le *lundi de Pâques*	Easter Monday
	l'*Ascension*	sixth Thursday after Easter (Ascension Day)
	la *Pentecôte*	Pentecost (Whit Sunday)
	le *lundi de Pentecôte*	Whit Monday
le 1er mai	la *fête du Travail*	Labor Day (France)
le 24 juin	la *fête nationale*	Saint-Jean Baptiste Day (Québec)
le 14 juillet	la *fête Nationale*	Bastille Day (France)
le 15 août	l'*Assomption*	Assumption of the Virgin
le 1er novembre	la *Toussaint*	All Saints' Day
le 11 novembre	l'*Anniversaire de l' Armistice* (1918)	Armistice Day
le 24 décembre	la *veille de Noël* (le *réveillon*)	Christmas Eve
le 25 décembre	le *jour de Noël*	Christmas Day
le 26 décembre	le *lendemain de Noël*	Boxing Day (day after Christmas)
le 31 décembre	la *veille du jour de l'An* (Québec: la *nuit de la Saint-Sylvestre*)	New Year's Eve

---

[1] Note that the days of the week are not capitalized. In French the week starts on Monday.

[2] When something happens on a regular day on a regular basis, the definite article is used: We go to work every Monday. *Nous allons au bureau le lundi.* When something happens once, the article is not used: He will return on Monday. *Il reviendra lundi.*

182

Appendix 3: Months of the year and dates
Appendice 3: Les mois de l'année et les dates

Quelle est la date aujourd'hui?	What day is it today?
Quel jour est-ce aujourd'hui?	What's today's date?
Quel jour sommes-nous aujourd'hui?	
C'est aujourd'hui samedi le 25 mars.	Today is Saturday, March 25.
Nous sommes le samedi 25 mars.	
C'est aujourd'hui le premier[1] mai.	Today is the first of May.
Nous sommes le premier mai.	
au mois de juin	in the month of June
en juin	in June
le premier[1] juin	June 1
le deux juin	June 2
janvier	January
février	February
mars	March
avril	April
mai	May
juin	June
juillet	July
août	August
septembre	September
octobre	October
novembre	November
décembre	December

---

[1] Note that the ordinal numbers are used for expressing the date, with the exception of the first of the month, in which case the cardinal number *premier* is used.

Appendix 4: Time and expressions of time
Appendice 4: L'heure et les expressions de temps

TELLING TIME

Quelle heure est-il? ⎫	
Quelle heure est-ce? ⎭	What time is it?
Il est une heure.	It is one o'clock.
deux heures.	two o'clock
trois heures.	three o'clock
quatorze heures.[1]	two o'clock in the afternoon
une heure cinq.	1:05
deux heures dix.	2:10
trois heures et quart.[2]	3:15 (a quarter past three)
treize heures quinze.	1:15 p.m.
quatre heures et demie.[2,4]	four thirty
seize heures trente.	4:30 p.m.
une heure moins cinq.[3]	five to one
trois heures moins dix.	ten to three
quatorze heures cinquante.	2:50 p.m.
huit heures moins le quart (moins un quart).	a quarter to eight
Je vais partir à une heure.	at one o'clock
à cinq heures et demie.	at five thirty
Le train part à quatorze heures dix.	at 2:10 p.m.
Nous serons là à huit heures précises.	at exactly eight o'clock
à peu près à huit heures (à huit heures environ).	at about eight o'clock
un peu après huit heures.	a little after eight o'clock
Arrivez à l'heure, s'il vous plaît.	on time
N'arrivez pas en retard.	late
N'arrivez pas trop tôt.	early
Nous allons arriver le matin.[5]	in the morning
l'après-midi.	in the afternoon
la nuit.	at night
le soir.	in the late afternoon (evening)
Nous allons arriver à cinq heures du matin.[6]	in the morning
de l'après-midi.	in the afternoon
du soir.	in the evening

---

[1] Note that the 24-hour clock is used in France and in French-speaking Canada for theater, airline, and train schedules. In these schedules minutes are always added to the hour. *Le train part à 15 h 40 (quinze heures quarante).* The train leaves at 15:40 (3:40 in the afternoon).

[2] There are two ways of expressing (a) the half hour and (b) 15 minutes before or after the hour:
(a) *Il est trois heures et demie. Il est quinze heures trente.*
(b) *Il est une heure et quart. Il est treize heures quinze.*

[3] When it is more than 30 minutes past the hour, the number of minutes is subtracted from the next hour, except in the 24-hour time system, where minutes are added to the hour.

[4] The word *demi* is feminine when it follows the noun: *une heure et demie.* It is hyphenated and does not agree when it precedes the noun: *une demi-heure.*

[5] Note that the definite article *le* is used when the time expression has no definite hour stated.

[6] Note that the preposition *de* plus the definite article is used when the time expression is preceded by a definite hour.

DIVISIONS OF TIME

une *seconde*	second
une *minute*	minute
l'*heure*	hour
une *demi-heure*[4]	half hour
un *quart d'heure*	quarter hour
le *jour*	day
la *semaine*	week
deux semaines	two weeks
le *mois*	month
l'*année* (l'*an*)	year
le *siècle*	century

OTHER IMPORTANT TIME EXPRESSIONS

l'*aube* (l'*aurore*)	dawn
au point du jour	at dawn
le *crépuscule*	dusk (twilight)
le *lever du soleil*	sunrise
le *coucher du soleil*	sunset
le *matin*, la *matinée*	morning
dans la matinée	in the morning
le *soir*	evening
la *nuit*	night
de nuit	by (at) night
de jour	by day
midi	noon
à midi	at noon
minuit	midnight
aujourd'hui	today
demain	tomorrow
le lendemain	the next day
le surlendemain	the day after next
l'après-demain	the day after tomorrow
demain matin	tomorrow morning
demain soir	tomorrow evening
hier	yesterday
hier matin	yesterday morning
hier soir	last night
avant-hier	the day before yesterday
à lundi	until Monday
jusqu'à	until
l'*année dernière (passée)*	last year
l'*année prochaine* (l'*année qui vient*)	next year
il y a un an (une *année*)	a year ago
il y a huit jours	a week ago
dans huit jours	in a week
tous les quinze jours	every two weeks
tous les trois ans	every three years
le *mois dernier*	last month
le *mois prochain*	next month

le *deux du mois courant* (le *deux de ce mois*)   the second of this month
au début de ce siècle   at the beginning of this century
au milieu de l'année dernière   in the middle of last year
à la fin de cette année (*de l'année*)   at the end of this year
à la fin du mois   at the end of this month

Appendix 5:   Foods
Appendice 5:   Les aliments

ENGLISH–FRENCH

Vegetables   *Les légumes*
artichoke   *un artichaut*
asparagus   *des asperges*
beans   *des haricots secs, des fèves* (broad), *des*
    flageolets (green kidney)
   green beans   *des haricots verts*
beet   *une betterave*
broccoli   *le brocoli*
Brussel sprouts   *des choux de Bruxelles*
cabbage   *un chou*
   savoy cabbage   *un chou frisé*
capers   *des câpres*
carrot   *une carotte*
cauliflower   *un chou-fleur*
celery   *un céléri*
chestnut   *un marron*
chick peas   *des pois chiches*
chicory   *la chicorée, l'endive*
corn   *le maïs*
cucumber   *un concombre*
eggplant   *une aubergine*
endive   *la chicorée, l'endive*
   curly endive   *la chicorée frisée*
garlic   *l'ail* (m.)
leeks   *des poireaux*
lentils   *des lentilles*
lettuce   *la laitue*
   Boston lettuce   *la laitue; la laitue de mâche*
      (Canada)
lima beans   *des fèves de Lima*
mushroom   *un champignon*
onion   *un oignon*
palm hearts   *des cœurs de palmier*
parsnip   *le panais*
peas   *les pois, les petits pois* (green)
pepper   *un piment, un poivron*
potato   *une pomme de terre*
pumpkin   *une citrouille*
radish   *un radis*
rice   *le riz*
sauerkraut   *la choucroute*
shallot   *une échalote*
spinach   *des épinards*
squash   *une courge, une courgette*
sweet potato   *une patate douce*
tomato   *une tomate*
turnip   *un navet*
watercress   *le cresson*
zucchini   *des courgettes*

Fruit   *Les fruits*
almond   *une amande*
apple   *une pomme*
apricot   *un abricot*
avocado   *un avocat*
banana   *une banane*
blackberry   *une mûre*
cherry   *une cerise*
coconut   *une noix de coco*
currant   *une groseille*
date   *une datte*
fig   *une figue*
filbert   *une noisette*
gooseberry   *une groseille à maquereau*
grape   *un raisin*
grapefruit   *un pamplemousse*
guava   *une goyave*
hazelnut   *une noisette*
lemon   *un citron*
lime   *un limon, une lime, une limette*
melon   *un melon*
olive   *une olive*
orange   *une orange*
papaya   *une papaye*
peach   *une pêche*
pear   *une poire*
pineapple   *un ananas*
plum   *une prune*
pomegranate   *une grenade*
prune   *un pruneau*
raisin   *un raisin sec*
raspberry   *une framboise*
strawberry   *une fraise*
   wild strawberry   *une fraise des bois*
walnut   *une noix*
watermelon   *une pastèque*

Meats   *Les viandes*
bacon   *du lard, du bacon*
beef   *un boeuf, le bifteck*
blood pudding   *un boudin*
bologna sausage   *la mortadelle*
brains   *des cervelles*
coldcuts   *une assiette anglaise*
corned beef   *corned beef; du bœuf salé* (Canada)
filet mignon   *un filet mignon*
goat   *une chèvre*
ham   *le jambon*
heart   *le cœur*
kidneys   *des rognons*

lamb   *l'agneau*
  lamb chop   *une côtelette d'agneau*
  lamb shoulder   *l'épaule d'agneau*
  leg of lamb   *un gigot d'agneau*
  rack of lamb   *un carré d'agneau*
liver   *le foie*
meatballs   *des boulettes de viande*
mutton   *du mouton*
oxtail   *la queue de bœuf*
ox tongue   *la langue de bœuf*
pork   *le porc*
  pork chop   *une côtelette de porc*
rib steak   *une entrecôte*
sausage   *la saucisse*
spare ribs   *des basses-côtes*
suckling pig   *le cochon de lait*
sweetbreads   *les ris de veau*
T-bone steak   *une côte de bœuf*
tongue   *la langue*
tripe   *les tripes*
veal   *le veau*
  veal cutlet   *une côtelette de veau*
  veal scallopini   *une escalope de veau*

Fowl and game   *La volaille et le gibier*
boar, wild   *un sanglier*
capon   *un chapon*
chicken   *un poulet*
duck   *un canard*
hare   *un lièvre*
goose   *une oie*
partridge   *un perdreau, une perdrix*
pheasant   *un faisan*
pigeon   *un pigeon*
quail   *une caille*
rabbit   *un lapin*
squab   *un pigeonneau*
turkey   *une dinde*
venison   *un chevreuil*

Fish and shellfish
    Les poissons et les crustacés (fruits de mer)
anchovy   *un anchois*
angler-fish   *une lotte*
barnacle   *une bernacle*
bass   *une perche*
  sea bass   *un bar*
carp   *une carpe*
clam   *une palourde*
cod   *une morue*
codfish   *du cabillaud*
crab   *un crabe*
crayfish   *des écrevisses, des langoustes*
eel   *une anguille*
flounder   *un carrelet, une plie* (Canada)
frogs' legs   *des cuisses de grenouille*
grouper   *un mérou*
hake   *un colin, une merluche*
halibut   *un flétan*

herring   *le hareng*
lobster   *un homard, une langouste*
  rock lobster   *une langouste*
mackerel   *un maquereau*
monkfish   *une lotte*
mullet   *un mulet*
  red mullet   *un rouget*
mussel   *une moule*
octopus   *une pieuvre, un poulpe*
oyster   *une huître*
perch   *une perche*
pickerel   *un doré*
pike   *un brochet*
plaice   *un carrelet*
prawns   *des langoustines*
red snapper   *une perche rouge*
salmon   *un saumon*
sardine   *une sardine*
scallops   *coquilles Saint-Jacques*
sea bass   *un loup, un bar*
sea bream   *une dorade*
sea urchin   *un oursin*
shrimp   *une crevette*
skatefish   *une raie*
smelts   *des éperlans*
snail   *un escargot*
sole   *une sole*
squid   *un calmar*
swordfish   *un espadon*
trout   *une truite*
tuna   *un thon*
turbot   *un turbot, un turbotin*
whiting   *un merlan*

Eggs   *Les œufs*
fried eggs   *des œufs sur le plat, des œufs à la poêle* (Canada)
hard-boiled eggs   *des œufs durs*
poached eggs   *des œufs pochés*
scrambled eggs   *des œufs brouillés*
soft-boiled eggs   *des œufs à la coque*
omelette   *une omelette*
  plain omelette   *une omelette nature*
  with herbs   *une omelette aux fines herbes*
  with mushrooms   *une omlette aux champignons*

Sweets and desserts   *Les sucreries et les desserts*
apple turnover   *un chausson aux pommes*
cake   *un gâteau*
candy   *un bonbon*
caramel custard   *la crème caramel*
compote   *une compote*
cookie   *un biscuit, un petit gâteau*
cream puffs   *des choux à la crème*
custard   *le flan, la crème renversée*
custard tart   *la dariole*
doughnut   *un beignet*

honey   *le miel*
ice cream   *une glace, une crème glacée* (Canada)
  vanilla ice cream   *une glace à la vanille*
jam   *la confiture*
jello   *la gélatine*
jelly   *la gelée (de fruits)*
meringue   *une meringue*
pancakes   *des crèpes*
pie   *une tarte*
rice pudding   *du riz au lait*
sponge cake   *un biscuit de Savoie*
syrup   *le sirop*
  maple syrup   *le sirop d'érable*
tart   *une tarte*
turnover   *un chausson*
waffle   *une gaufre*

Beverages   *Les boissons*
after-dinner drink   *un digestif*
aperitif   *un apéritif*
beer   *la bière, un demi*
  dark beer   *une bière brune*
  light beer   *une bière blonde*
  tap beer   *une bière à la pression*
champagne   *le champagne*
chocolate   *du chocolat*
  hot chocolate   *du chocolat chaud*
cider   *le cidre, le cidre mousseux*
coffee   *le café*
  black coffee   *la café noir*
  coffee with milk   *le café au lait, le café-crème*
  expresso   *le café express*
coke   *un coca*
ice   *la glace*
  ice cubes   *les glaçons*
infusion (mint)   *une infusion de menthe*
juice   *un jus*
  apple juice   *un jus de pommes*
  fruit juice   *un jus de fruits*
lemonade   *le citron pressé, la limonade* (soft
  drink)
milk   *le lait*
milkshake   *le lait frappé*
mineral water   *l'eau minérale*
  carbonated   *gazeuse*
  noncarbonated   *non-gazeuse*
sherry   *le xérès*
soda   *le soda*
soft drink   *une boisson gazeuse*
tea   *le thé*
  with lemon   *le thé au citron*
  herb tea   *une infusion, une tisane*
  camomile   *la camomille*
  lime blossom   *le tilleul*
  iced tea   *le thé glacé*
water   *l'eau*
  ice water   *l'eau glacée*
  wine   *le vin*

red wine   *le vin rouge*
rosé wine   *le vin rosé*
white wine   *le vin blanc*

Condiments and spices
  Les condiments et les épices
anise   *l'anis* m.
basil   *le basilic*
bay leaf   *la feuille de laurier*
capers   *les câpres*
chervil   *le cerfeuil*
chives   *la ciboulette*
cinnamon   *la cannelle*
coriander   *la coriandre*
fennel   *le fenouil*
dill   *l'aneth* m.
garlic   *l'ail* m.
ginger   *le gingembre*
ketchup   *la sauce de tomate, le catsup*
marjoram   *la marjolaine*
mayonnaise   *la mayonnaise*
mint   *la menthe*
mustard   *la moutarde*
nutmeg   *la muscade, la noix de muscade*
oregano   *l'origan*
paprika   *le paprika*
parsley   *le persil*
pepper   *le piment, le poivre*
rosemary   *le romarin*
saffron   *le.safran*
sage   *la sauge*
salt   *le sel*
sesame   *le sésame*
sorrel   *l'oseille*
syrup   *le sirop*
  maple syrup   *le sirop d'érable*
tarragon   *l'estragon*
thyme   *le thym*
vanilla   *la vanille*

Miscellaneous food items
  Divers produits alimentaires
baking powder   *la levure artificielle*
baking soda   *le bicarbonate de sodium,*
  le bicarbonate de soude
bread   *le pain*
butter   *le beurre*
cereal   *des céréales*
cheese   *le fromage*
  melted cheese   *le fromage fondu*
cornstarch   *la farine de maïs*
cream   *la crème*
egg white   *le blanc d'œuf*
egg yolk   *le jaune d'œuf*
flour   *la farine*
gravy   *la sauce*
lard   *le lard*
noodles   *les nouilles, les pâtes*
nut   *la noix*

oil   *l'huile*
  olive oil   *l'huile d'olive*
peanut   *la cacahuète, l'arachide*
  peanut butter   *le beurre d'arachide*
pickles   *des cornichons, des conserves au vinaigre*
roll   *un petit pain*
sandwich   *un sandwich*
snack   *un casse-croûte*
spaghetti   *le spaghetti*
sugar   *le sucre*
toast   *du pain grillé, des biscottes, des rôties*
  (Canada)
vinegar   *le vinaigre*
yeast   *la levure*
yoghurt   *le yaourt*

Methods of cooking   *Les méthodes de préparation*

in aspic   *en gelée*
baked   *au four*
barbecued   *à la broche*
boiled   *bouilli*
braised   *braisé*
broiled   *grillé*
in butter   *au beurre*
in a casserole   *à la casserole, en cocotte*

in cheese   *au gratin*
chopped thinly   *émincé*
in beaten egg   *doré*
fried   *frit, frite*
garnished   *garni*
grated   *râpé*
grilled   *grillé*
house style   *maison*
in juices   *au jus*
marinated   *mariné*
mashed   *en purée*
in oil   *à l'huile*
with parsley   *persillé*
in a pastry   *en croûte*
poached   *poché*
puréed   *en purée*
raw   *cru*
roast   *rôti*
sautéed   *sauté*
on a skewer   *en brochette*
smoked   *fumé*
steamed   *à l'étuvée, à l'étouffée*
stewed   *mijoté, en ragoût*
  stewed in cream sauce   *une blanquette de*
in thin strips   *julienne*
stuffed   *farci*

FRENCH–ENGLISH

Les légumes　　Vegetables

ail m.　　garlic
artichaut m.　　artichoke
asperges f. pl.　　asparagus
aubergine f.　　eggplant
betterave f.　　beet
brocoli m.　　broccoli
câpres f. pl.　　capers
carotte f.　　carrot
céléri m.　　celeri
champignon m.　　mushroom
chicorée f.　　endive, chicory
　la chicorée frisée　　curly endive
chou m. (pl. *choux*)　　cabbage
　les choux de Bruxelles　　Brussel sprouts
　chou frisé　　Savoy cabbage
choucroute f.　　sauerkraut
chou-fleur m.　　cauliflower
citrouille f.　　pumpkin
cœur m.　　heart
　des cœurs de palmier　　hearts of palm
concombre m.　　cucumber
courge f.　　squash
courgette f.　　zucchini
cresson m.　　watercress
échalote f.　　shallot
endive f.　　endive, chicory
épinards m. pl.　　spinach
fève f.　　bean (broad)
flageolet m.　　green kidney bean, lima bean
haricot m.　　bean
　haricot sec　　bean
　des haricots verts　　green beans
laitue f.　　lettuce, Boston lettuce
　la laitue de mâche (Canada)　　Boston lettuce
lentille f.　　lentil
maïs m.　　corn
marron m.　　chestnut
navet m.　　turnip
oignon m.　　onion
panais m.　　parsnip
patate douce f.　　sweet potato
piment m.　　pepper (hot)
poireau m.　　leek
pois m. pl.　　peas, chick peas
　les petits pois　　green peas
poivron m.　　pepper (sweet)
pomme de terre f.　　potato
radis m.　　radish
riz m.　　rice
tomate f.　　tomato

Les fruits　　Fruit

abricot m.　　apricot
amande f.　　almond
ananas m.　　pineapple
avocat m.　　avocado
banane f.　　banana
cerise f.　　cherry
citron m.　　lemon
datte f.　　date
figue f.　　fig
fraise f.　　strawberry
　une fraise des bois　　wild strawberry
framboise f.　　raspberry
goyave f.　　guava
grenade f.　　pomegranate
groseille f.　　currant
　une groseille à maquereau　　gooseberry
lime f.　　lime
limette f.　　lime
limon m.　　lime
melon m.　　melon
mûre f.　　blackberry
noisette f.　　hazelnut, filbert
noix f.　　walnut
　une noix de coco　　coconut
olive f.　　olive
orange f.　　orange
pamplemousse m.　　grapefruit
papaye f.　　papaya
pastèque f.　　watermelon
pêche f.　　peach
poire f.　　pear
pomme f.　　apple
prune f.　　plum, Italian prune
pruneau m.　　prune
raisin m.　　grape
　un raisin sec　　raisin

Les viandes　　Meats

agneau m.　　lamb
　un carré d'agneau　　rack of lamb
　une côtelette d'agneau　　lamb chop
　l'épaule d'agneau　　lamb shoulder
　un gigot d'agneau　　leg of lamb
assiette anglaise f.　　coldcuts
bacon m.　　bacon
basses-côtes f. pl.　　spare ribs
bifteck m.　　beef, steak
bœuf m.　　beef
　une côte de bœuf　　T-bone steak
　la langue de bœuf　　ox tongue
　la queue de bœuf　　oxtail
　le bœuf salé (Canada)　　corned beef
boudin m.　　blood pudding
boulettes de viande f. pl.　　meatballs
carré d'agneau m.　　rack of lamb
cervelles f. pl.　　brains
chèvre f.　　goat
cochon de lait m.　　suckling pig
cœur m.　　heart
corned beef m.　　corned beef
côte de bœuf f.　　T-bone steak

côtelette f.   cutlet
   une côtelette d'agneau   lamb chop
   une côtelette de porc   pork chop
   une côtelette de veau   veal chop
entrecôte f.   ribsteak
épaule d'agneau f.   lamb shoulder
escalope de veau f.   veal scallopini
filet mignon m.   beef tenderloin, filet mignon
foie m.   liver
gigot d'agneau m.   leg of lamb
jambon m.   ham
langue f.   tongue
   la langue de bœuf   ox tongue
lard m.   bacon
mortadelle f.   bologna sausage
mouton m.   mutton
porc m.   pork
   une côtelette de porc   pork chop
queue de bœuf f.   oxtail
ris de veau m. pl.   sweetbreads
rognon m.   kidney
saucisse f.   sausage
tripes f. pl.   tripe
veau m.   veal
   une côtelette de veau   veal chop
   une escalope de veau   veal scallopini
   les ris de veau   sweetbreads

La volaille et le gibier   Fowl and game

caille f.   quail
canard m.   duck
chapon m.   capon
chevreuil m.   venison
dinde f.   turkey
faisan m.   pheasant
lapin m.   rabbit
lièvre m.   hare
oie f.   goose
perdreau m.   partridge
perdrix f.   partridge
pigeon m.   pigeon
pigeonneau m.   squab
poulet m.   chicken
sanglier m.   wild boar

Les poissons et les crustacés (fruits de mer)   Fish and shellfish

anchois m.   anchovy
anguille f.   eel
bar m.   sea bass
bernacle f.   barnacle
brochet m.   pike
cabillaud m.   codfish
calmar m.   squid
carpe f.   carp
carrelet m.   flounder, plaice
colin m.   hake
coquilles St.-Jacques f.pl.   scallops

crabe m.   crab
crevette f.   shrimp
cuisses de grenouille f. pl.   frogs' legs
dorade f.   sea bream
doré m.   pickerel
écrevisse f.   crayfish
éperlan m.   smelt
escargot m.   snail
espadon m.   swordfish
flétan m.   halibut
hareng m.   herring
homard m.   lobster
huître f.   oyster
langouste f.   lobster, rock lobster
langoustine f.   prawn
lotte f.   monkfish, angler-fish
loup m.   sea bass
maquereau m.   mackerel
merlan m.   whiting
merluche f.   hake
mérou m.   grouper
morue f.   cod
moule f.   mussel
mulet m.   mullet
oursin m.   sea urchin
palourde f.   clam
perche f.   bass, perch
   une perche rouge   red snapper
pieuvre f.   octopus
plie f. (Canada)   flounder
poulpe m.   octopus
raie f.   skatefish
rouget m.   red mullet
sardine f.   sardine
saumon m.   salmon
sole f.   sole
thon m.   tuna
truite f.   trout
turbot m.   turbot
turbotin m.   turbot

Les œufs   Eggs

œuf m.   *egg*
   des œufs brouillés   scrambled eggs
   des œufs à la coque   soft-boiled eggs
   des œufs durs   hard-boiled eggs
   des œufs pochés   poached eggs
   des œufs sur le plat   fried eggs
   des œufs à la poêle (Canada)   fried eggs
omelette f.   omelette
   une omelette aux champignons   an omelette with mushrooms
   une omelette aux fines herbes   an omelette with herbs
   une omelette nature   a plain omelette

Les sucreries et les desserts   Sweets and desserts

beignet m.   doughnut

biscuit m.   cookie
   biscuit de Savoie m.   sponge cake
bonbon m.   candy
chausson m.   turnover
   un chausson aux pommes   apple turnover
chou à la crème m.   cream puff
compote f.   compote, jelly
confiture f.   jam
crème caramel f.   caramel custard
crème glacée f. (Canada)   ice cream
crème renversée f.   custard
crêpe f.   pancake
dariole f.   custard tart
flan m.   custard
gâteau m.   cake
   petit gâteau   cookie
gaufre f.   waffle
gélatine f.   jello
glace f.   ice cream
   une glace à la vanille   vanilla ice cream
meringue f.   meringue
miel m.   honey
riz au lait m.   rice pudding
sirop m.   syrup
   le sirop d'érable   maple syrup
tarte f.   tart, pie

Les boissons   Beverages

apéritif m.   aperitif
bière f.   beer
   une bière blonde   light beer
   une bière brune   dark beer
   une bière à la pression   tap beer
boisson f.   drink
   une boisson gazeuse   soft drink
café m.   coffee
   un café-crème   coffee with milk
   un café express   expresso
   un café au lait   coffee with milk
   un café noir   black coffee
camomille f.   camomile tea
champagne m.   champagne
chocolat m.   chocolate
   du chocolat chaud   hot chocolate
cidre m.   cider
   cidre mousseux   cider
citron pressé m.   lemonade
coca m.   coca-cola
cola f.   soda
demi m.   beer
digestif m.   after-dinner drink
eau f.   water
   de l'eau glacée   ice water
   de l'eau gazeuse   carbonated water
   de l'eau minérale   mineral water
   de l'eau non-gazeuse   noncarbonated water
glace f.   ice
   glaçons m. pl.   ice cubes

infusion f.   herb tea, infusion
   une infusion de menthe   mint tea
jus m.   juice
   un jus de pommes   apple juice
   un jus de fruits   fruit juice
lait m.   milk
   du lait frappé   milkshake
limonade f.   lemonade (usually carbonated)
soda m.   soda
thé m.   tea
   un thé au citron   tea with lemon
   un thé glacé   iced tea
tilleul m.   lime-blossom tea
vin m.   wine
   le vin blanc   white wine
   le vin rosé   rosé wine
   le vin rouge   red wine
xérès m.   sherry

Les condiments et les épices   Condiments and spices

ail m.   garlic
aneth m.   dill
anis m.   anise
basilic m.   basil
cannelle f.   cinnamon
câpre f.   caper
catsup m.   ketchup
cerfeuil m.   chervil
ciboulette f.   chives
coriandre f.   coriander
estragon m.   tarragon
fenouil m.   fennel
feuille de laurier f.   bay leaf
gingembre m.   ginger
marjolaine f.   marjoram
mayonnaise f.   mayonnaise
menthe f.   mint
moutarde f.   mustard
muscade f.   nutmeg
noix de muscade f.   nutmeg
origan m.   oregano
oseille f.   sorrel
paprika m.   paprika
persil m.   parsley
piment m.   pepper
poivre m.   pepper
romarin m.   rosemary
safran m.   saffron
sauge f.   sage
sel m.   salt
sésame m.   sesame
sirop m.   syrup
   le sirop d'érable   maple syrup
thym m.   thyme
tomate f.   tomato
   la sauce tomate   ketchup
vanille f.   vanilla

Divers produits alimentaires
Miscellaneous food items

arachide f.   peanut
   le beurre d'arachide   peanut butter
beurre m.   butter
   le beurre d'arachide   peanut butter
bicarbonate de sodium m.   baking soda
bicarbonate de soude m.   baking soda
biscotte f.   toast
cacahuète f.   peanut
casse-croûte m.   snack
céréales f. pl.   cereal
conserve au vinaigre f.   pickle
cornichon m.   pickle
crème f.   cream
farine f.   flour
   la farine de maïs   cornstarch
fromage m.   cheese
huile f.   oil
   l'huile d'olive   olive oil
lard m.   lard
levure f.   yeast
   levure artificielle f.   _baking powder_
maïs m.   corn
   la farine de maïs   cornstarch
noix f.   nut
nouille f.   noodle
œuf m.   egg
   le blanc d'œuf   egg white
   le jaune d'œuf   egg yolk
pain m.   bread
   le pain grillé   toast
   un petit pain   roll
pâtes f. pl.   pasta, noodles
poudre f.   powder
rôties m. pl. (Canada)   toast
sandwich m. (pl. _sandwiches_ or _sandwichs_)   sandwich
sauce f.   gravy

spaghetti m.   spaghetti
sucre m.   sugar
vinaigre m.   vinegar
yaourt m.   yoghurt

Les méthodes de préparation   **Methods of cooking**
au beurre   in butter
une blanquette de   stewed in a cream sauce
bouilli (-e)   boiled
braisé (-e)   braised
en brochette   on a skewer
en croûte   in a pastry
cru (-e)   raw
doré (-e)   in beaten egg
émincé (-e)   chopped thinly
à l'étouffée   steamed
à l'étuvée   steamed
farci (-e)   stuffed
au four   baked
frit (-e)   fried
fumé (-e)   smoked
garni (-e)   garnished
en gelée   in aspic
au gratin   in cheese
grillé (-e)   grilled
julienne   in thin strips
au jus   in juices
à l'huile   in oil
maison   house style
mariné (-e)   marinated
mijoté (-e)   stewed
pané (-e)   dipped in bread crumbs and fried
persillé (-e)   with parsley
poché (-e)   poached
en purée   mashed, puréed
en ragoût   stewed
râpé (-e)   grated
rôti (-e)   roast
sauté (-e)   sautéed

Appendix 6:   Clothing and shoe sizes
Appendice 6:   Tailles et pointures

CLOTHING

Men's suits

American	36	38	40	42	44	46
French	46	48	50	52	54	56

Men's shirts

American	14	14½	15	15½	16	16½	17
French	36	37	38	39	41	42	43

Women's clothing

American	6	8	10	12	14	16	18	20	22
French	34	36	38	40	42	44	46	48	50

SHOES

American		French
Men	Women	
	5	36
	6	37
6½	7	38
7	8	39
7½	9	40
8		41
8½		42
9		43
10		44
11		45
12		46

Answers to exercises
Les réponses aux exercices

Chapter 1: At the airport

1.
1. autobus
2. service
3. autobus (autocars)
4. partent

2.
1. aérogare
2. vols
3. aérogare
4. intérieurs
5. aérogare

3.
1. comptoir
2. queue
3. billet
4. agent
5. vol
6. passeport
7. visa

4.
1. international
2. comptoir
3. passeport, visa
4. siège, non-fumeurs
5. rangée, non-fumeurs
6. bagages à main, mallette
7. étiquette
8. carte d'embarquement (carte d'accès à bord)
9. vol, destination, siège, rangée, cabine, non-fumeurs
10. talon (bulletin, ticket), réclamer

5.
1. Elle est au comptoir de la compagnie d'aviation (de la ligne aérienne).
2. Elle parle avec l'agent.
3. Elle donne son billet et son passeport à l'agent.
4. Elle veut un siège côté couloir dans la section non-fumeurs.
5. Elle a deux valises.
6. Oui, elle a des bagages à main.
7. Elle porte une mallette.
8. Oui, elle peut mettre sa mallette sous le siège.
9. L'agent lui donne sa carte d'embarquement (carte d'accès à bord).
10. Son numéro de vol est 576.
11. Elle va aller à Paris.
12. Elle a le siège 4C.
13. Le siège donne sur l'allée (est côté couloir).
14. Elle a deux valises à faire enregistrer.
15. Elle peut réclamer ses bagages à Paris.

6.
1. *b*
2. *b*
3. *a*
4. *c*
5. *c*

7.
1. La compagnie d'aviation (la ligne aérienne)
2. départ
3. vol
4. à destination de
5. contrôle de sécurité
6. contrôle de sécurité
7. départ
8. porte

8.
1. départ
2. destination
3. contrôle de sécurité
4. porte, huit

9.
1. arrivée
2. vol
3. en provenance de

10.
1. le départ
2. en provenance de
3. le débarquement

11.
1. manqué (raté)
2. vol
3. complet
4. libres
5. tarif
6. supplément
7. endosser
8. arrêt (escale)
9. annuler

12.
1. terminaux (aérogares), vols, intérieurs
2. agent, comptoir, d'aviation
3. billet, passeport
4. bagages
5. bagages (valises), talon (bulletin, ticket)
6. mallette, main, sous
7. couloir, section
8. complet, libres
9. carte d'embarquement, siège, rangée
10. escale, changer
11. départ, destination de
12. porte

13.
1. Elle arrive à l'aéroport.
2. Il y a deux terminaux à l'aéroport.
3. Il y a un terminal pour les vols internationaux et un terminal pour les vols intérieurs.
4. Elle va au comptoir de la compagnie d'aviation.

5. L'agent veut regarder son billet et son passeport.
6. Elle a deux valises à enregistrer.
7. L'agent met les valises sur la balance.
8. Elle peut réclamer ses bagages à Paris.
9. Elle porte une mallette à bord.
10. Elle doit mettre ses bagages à main sous le siège devant elle.
11. Oui, elle a une place réservée.
12. Il n'y a pas de problème parce que l'avion n'est pas complet et qu'il y a beaucoup de places libres.
13. Elle a le siège C dans la rangée 25.
14. L'avion va partir par la porte numéro six.
15. Non, il y a une escale à Lyon.

14.
1. vol
2. destination de
3. escale
4. changer
5. siège
6. rangée
7. couloir
8. fumeurs

Chapter 2: On the airplane

1.
1. équipage
2. agents de bord
3. arrière, avant
4. arrière
5. cabine de pilotage
6. sécurité
7. décolle
8. atterrit

2.
1. équipage
2. bienvenue
3. décoller
4. durée de vol
5. approximativement
6. altitude
7. vitesse

3.
1. Les gilets de sauvetage sont sous les sièges.
2. S'il y a un changement de pression de l'air dans l'avion, un masque à oxygène tombera.
3. Il y a deux sorties de secours dans le compartiment avant, deux dans le compartiment arrière et quatre sur les ailes.
4. Le coussin du siège peut servir de bouée de sauvetage.

4.
1. décollage
2. atterrissage
3. assis
4. ceintures de sécurité
5. attachées
6. durée

7. turbulences
8. se produire

5.
1. section non-fumeurs, couloirs (allées), toilettes
2. Défense de fumer
3. consigne lumineuse, atterrissage

6.
1. couloirs (allées)
2. sous
3. siège
4. compartiments à bagages
5. décollage
6. atterrissage
7. dossier (dos)
8. position
9. tablette

7.
1. repas
2. petit déjeuner
3. canaux
4. film
5. écouteurs
6. loués
7. couverture
8. oreiller

8.
1. couverture
2. oreiller
3. mal
4. sac
5. boissons
6. gratuites

9.
1. compartiments (cabines), avant, classe, compartiment, économique
2. cartes d'embarquement
3. masque à oxygène
4. bagages à main, compartiments à bagages
5. décollage, atterrissage
6. consigne lumineuse
7. dossier (dos), position, décollage, atterrissage
8. ceintures de sécurité
9. boissons, repas
10. écouteurs, louer, prix

10.
1. e
2. i
3. f
4. b
5. a
6. j
7. c
8. l
9. d,h
10. k

11.
1. Les agents de bord souhaitent la bienvenue aux passagers et ils ramassent les cartes d'embarquement.
2. Il y a deux compartiments.
3. Les passagers doivent apprendre à utiliser les masques à oxygène et les gilets de sauvetage.
4. On doit mettre les bagages à main sous le siège devant le passager ou dans les compartiments à bagages.

5. Il est défendu de fumer dans la section
   non-fumeurs, dans les toilettes et dans les
   couloirs (allées).
6. Ils doivent cesser de fumer; ils doivent
   mettre le dossier (dos) du siège dans la
   position verticale; ils doivent attacher leurs
   ceintures de sécurité et redresser les
   tablettes.
7. C'est une bonne idée de garder les ceintures
   de sécurité attachées pendant toute la durée
   du vol parce qu'on ne sait jamais quand des
   turbulences pourraient se produire.
8. Les agents de bord offrent des boissons et
   un repas aux passagers.
9. Ils offrent aussi des écouteurs, des
   couvertures et des oreillers.
10. Le pilote annonce la durée approximative
    du vol, l'itinéraire du vol, l'altitude et la
    vitesse de l'avion.

Chapter 3: Passport control and customs

1. 1. contrôle
       2. passeport (visa, carte de touriste)
       3. voici
       4. comptez
       5. une semaine (un mois, etc.)
       6. séjour
       7. affaires
       8. touristique
       9. affaires

2. 1. déclarer, flèche, flèche rouge
       2. déclarer, droits (frais)
       3. douanier, déclaration
       4. effets

Chapter 4: At the train station

1. 1. billet
       2. billet aller-retour
       3. billet aller (billet simple, aller-simple)

2. 1. billet
       2. billet aller (billet simple, aller-simple)
       3. billet aller-retour

3. 1. guichet
       2. omnibus
       3. prix (tarif)
       4. fériés
       5. en semaine
       6. dimanches
       7. jours
       8. rapide (express)

9. aller-retour
10. seconde
11. seconde

4. 1. Le train pour Lyon devait partir à 15 h 30.
       2. Non, il ne part pas à l'heure.
       3. Le train va partir à 16 h.
       4. Oui, il y a un retard de trente minutes.
       5. Le train a trente minutes de retard.
       6. Les passagers attendent le train dans la salle
          d'attente.

5. 1. heure   4. de retard
       2. retard   5. salle d'attente
       3. trente

6. 1. bagages
       2. porteur
       3. déposer (mettre), consigne
       4. bulletin de consigne
       5. remettre, retirer

7. 1. bagages (valises)
       2. porteur
       3. porteur
       4. déposer (mettre)
       5. consigne
       6. bulletin de consigne
       7. remettre
       8. retirer

8. 1. quai
       2. place
       3. wagon, compartiment
       4. fumeurs

9. 1. quai
       2. compartiments, sièges
       3. voiture (wagon)

10. 1. contrôleur
        2. wagon-lit, couchettes
        3. wagon-restaurant

11. 1. F   5. F
        2. F   6. T
        3. F   7. F
        4. F

12. 1. Mme Moulin va à la gare en taxi.
        2. Elle a quatre valises.
        3. Elle appelle un porteur.
        4. Non, le train ne va pas partir à l'heure. Il a
           une heure et demie de retard.
        5. Elle met ses valises à la consigne.
        6. Elle achète son billet au guichet.

7. Elle achète un billet aller-retour en première classe.
8. Elle va voyager dans un train express.
9. Elle donne son bulletin de consigne à l'employé pour retirer ses bagages.
10. Le porteur apporte les valises sur le quai.
11. Elle cherche la voiture numéro 10.
12. Elle a le siège numéro six.
13. Elle n'a pas réservé de wagon-lit parce que le voyage n'est pas long.
14. Elle va manger dans le wagon-restaurant.

13.
1. *e*	7. *k*
2. *f*	8. *a*
3. *l*	9. *i*
4. *h*	10. *g*
5. *b*	11. *c*
6. *j*	12. *d*

Chapter 5: The automobile

1.
1. louer
2. jour (semaine), par semaine (jour)
3. par, par
4. kilométrage, compris
5. l'essence
6. permis de conduire
7. assurance tous risques

2.
1. louer
2. grande (petite)
3. prix
4. location
5. semaine
6. kilométrage
7. comprise
8. assurance tous risques
9. permis de conduire
10. dépôt
11. crédit
12. carte de crédit

3.
1. *b*	7. *b*
2. *a*	8. *b*
3. *b*	9. *b*
4. *b*	10. *b*
5. *b*	11. *b*
6. *a*	

4.
1. changer les vitesses
2. clignotants
3. boîte à gants
4. coffre

5. 2, 7, 6, 5, 4

6.
1. réservoir, station-service
2. plein, litres
3. radiateur, batterie
4. pression, gonfler
5. pare-brise
6. huile, freins
7. vidange, graissage
8. essence, plomb, plein
9. antigel

7.
1. panne	4. dépannage
2. calé	5. essence
3. démarrer	6. mécanicien

8.
1. cogne (tourne mal, a des ratés)
2. perd, chauffe
3. dépannage
4. rechange
5. réparer
6. démarrer
7. crevé
8. fuite
9. déchargée
10. mécanicien
11. usés

9.
1. défense de doubler
2. stop (arrêt)
3. sens interdit
4. sens unique
5. défense de stationner
6. défense de tourner à gauche
7. serrez à droite

Chapter 6: Asking for directions

1.
1. égaré(e)
2. rue
3. loin
4. près
5. à pied
6. demi-tour
7. droit
8. rues
9. tournez
10. carrefour
11. feux (de circulation)

2.
1. loin
2. autobus
3. métro
4. à pied
5. arrêt
6. coin de rue
7. arrêt
8. ligne

9. Descendez
10. place des Invalides
11. métro
12. correspondance

3. 1. les feux de circulation
    2. la route à quatres voies
    3. la voie
    4. le péage (la barrière à péage)
    5. l'autoroute à péage
    6. la sortie

4. 1. *f*   6. *a*
    2. *g*   7. *d*
    3. *i*   8. *b*
    4. *c*   9. *e*
    5. *h*

Chapter 7: At the hotel

1. 1. lit
    2. double (à deux lits, avec un grand lit)
    3. lit, lits
    4. donne, rue
    5. mer
    6. jardin
    7. pension complète
    8. service, taxes
    9. demi-pension
    10. chauffage, climatisée
    11. salle de bains, douche
    12. réservation, confirmation
    13. réceptionniste
    14. ascenseur
    15. complet, libres
    16. fiche, inscription, passeport
    17. chasseur (groom)
    18. carte de crédit, comptant

2. 1. chambre
    2. réservation
    3. complet
    4. chambres
    5. grand
    6. lits
    7. jumeaux
    8. donne
    9. sur
    10. rue (or other choice)
    11. service
    12. taxes
    13. petit déjeuner
    14. climatisée
    15. salle de bains
    16. remplissez
    17. passeport

18. chasseur (groom)
19. ascenseur

3. 1. femme de chambre
    2. nettoyage (blanchisserie)
    3. faire
    4. nettoyer (laver)
    5. prise
    6. couverture
    7. un gant de toilette (une débarbouillette), serviette de bain (de douche)
    8. savon
    9. cintres
    10. papier hygiénique
    11. oreiller, couverture, draps

4. 1. un lit
    2. un oreiller
    3. une couverture
    4. un dessus de lit (un couvre-lit)
    5. un cintre
    6. le lavabo
    7. les toilettes
    8. une douche
    9. une serviette (de bain, de douche)
    10. un gant de toilette
    11. la prise
    12. le papier hygiénique

5. 1. ampoule, grillée, interrupteur (le commutateur)
    2. robinet
    3. bouché
    4. chaude
    5. bouchon
    6. chauffer
    7. baisser

6. 1. le lavabo
    2. le robinet
    3. le bouchon
    4. les toilettes
    5. la chasse d'eau
    6. l'interrupteur (le commutateur)
    7. une ampoule

7. 1. note
    2. chambres
    3. appels
    4. note
    5. service dans les chambres
    6. cartes de crédit
    7. carte

8. 1. réception, réceptionniste
    2. remplir, inscription passeport

3. un lit, grand lit, lits jumeaux
4. service, taxes, petit déjeuner
5. donne sur
6. réservation, confirmation
7. libres, complet
8. chasseur (groom)
9. ascenseur
10. femme de chambre
11. des serviettes, des gants de toilette (des débarbouillettes), du papier hygiénique, des serviettes de toilette, du savon, etc.
12. chauffées, climatisées
13. couverture, lit
14. cintres
15. nettoyage (blanchisserie)
16. service dans les chambres
17. quitter (libérer)
18. caisse
19. carte, crédit

9. 1. Non, la chambre donne sur la mer.
2. Oui, elle a un balcon.
3. La chambre a un grand lit (un lit double).
4. C'est une chambre pour deux personnes (une chambre double).
5. Oui, elle a une salle de bains privée.
6. Il y a une douche, un lavabo, une serviette, etc. dans la salle de bains.
7. La chambre contient un climatiseur.
8. Elle a du chauffage.

10. 1. F Les gens sont à la réception.
2. F Ils entrent dans (à) l'hôtel.
3. F Ils parlent au réceptionniste.
4. F L'homme remplit une fiche d'inscription.
5. T
6. T

11. 1. C'est une chambre simple (à un lit).
2. Il y a un oreiller et une couverture sur le lit.
3. La femme de chambre travaille dans la chambre.
4. Elle fait la chambre.
5. Il y a des cintres dans l'armoire.
6. Oui, le lavabo est dans la même pièce que la douche.
7. Oui, il y a une douche dans la salle de bains.
8. Il y a deux serviettes.
9. Il y a un rouleau de papier hygiénique.

Chapter 8: At the bank

1. 1. argent
2. en
3. frais
4. banque
5. taux de change

2. 1. changer
2. chèques de voyage
3. liquide
4. le
5. caisse

3. 1. liquide
2. toucher (encaisser) un chèque

4. 1. monnaie
2. billets

5. 1. dollars
2. taux de change
3. le
4. caisse
5. billets
6. monnaie
7. billets
8. monnaie
9. monnaie
10. pièces

6. 1. compte d'épargne
2. déposer
3. dépôt
4. toucher
5. intérêts
6. caisse
7. livret
8. caissier
9. économiser
10. retirer

7. 1. solde
2. carnet de chèques
3. toucher (encaisser), compte chèques
4. endosser

8. 1. versements échelonnés
2. comptant
3. versement initial
4. faire un emprunt
5. taux d'intérêt
6. mensuels
7. échéance

9. 1. *b*
2. *m*
3. *u*
4. *l*
5. *a*
6. *d*
7. *g*
8. *j*
9. *r*
10. *c*
11. *q*
12. *f*
13. *s*
14. *p*
15. *h*

10. 1. changer
2. déposer
3. toucher (encaisser)
4. endosser
5. changer
6. faire
7. paie
8. faire
9. faire
10. touche

11. 1. à, le
2. le
3. à (de), pour
4. en
5. à

3. indicatif régional, zone, territoire
4. PCV, à frais virés, virer
5. préavis, personne, personne
6. communication
7. indicatif, quittez (coupez, raccrochez)

Chapter 9: At the post office

1. 1. boîte aux lettres
2. poste
3. affranchissement
4. timbres
5. timbres
6. poste

2. 1. bureau
2. affranchir
3. affranchissement
4. avion
   5. Par avion
6. affranchissement
7. timbre
8. recommandé

3. 1. L'affranchissement est de 65 centimes.
2. On va envoyer la lettre par avion.
3. L'adresse du destinataire est: 22 West 94 Street, New York, New York 10025.
4. Le code postal est 10025.
5. L'adresse de l'expéditeur est: 15, rue de Prony, 75017 Paris, France.
6. Il y a quatre timbres sur l'enveloppe.

4. 1. colis (paquet), pèse, balance
2. assurer (envoyer en valeur déclarée)
3. remplir une déclaration
4. avion, bateau, prendre, affranchissement

5. 1. poste
2. facteur
3. délivre
   4. courrier
5. mandat
6. télégramme

Chapter 10: A telephone call

1. 1. coup
2. numéro
3. annuaire des téléphones (du téléphone)
4. communication locale
5. composer (faire)
6. décroche
7. tonalité
8. numéro
9. cadran
10. sonne
11. raccroche
12. ligne
13. occupée

2. 1. communication interurbaine
2. l'opératrice

3. 1. cabine
2. coup
3. téléphonique
4. monnaie
5. pièces
6. fente
7. décrocher
8. récepteur (combiné)
9. pièces
10. fente
11. tonalité
12. forme (compose)
13. appuie
14. bouton

4. 1. (name)
2. de la part de qui
3. De la part de (name)
4. moment (instant)
5. n'est pas ici pour le moment
6. lui laisser un message

5. 1. tonalité
2. fonctionne
3. défectueuse
4. occupée
5. trompé
6. poste
7. rappeler
8. nous a coupé la ligne
9. standardiste (téléphoniste)

6. 1. La ligne était occupée.
2. Personne n'a répondu.
3. L'opératrice (la téléphoniste) s'est trompée de numéro.
4. On leur a coupé la ligne.

7. 4, 1, 5, 3, 6, 7, 2

8. 1. fonctionne
2. occupée
3. opératrice, téléphone
   4. message
5. trompé(e)

9. 1. La dame va faire une communication interurbaine.
2. Il n'est pas nécessaire de consulter l'annuaire des téléphones parce que la dame sait déjà le numéro.

3. Elle sait aussi l'indicatif régional (du département).

4. Elle ne peut pas téléphoner directement parce qu'elle ne va pas faire une communication locale (parce qu'elle va faire une communication interurbaine).

5. Elle décroche le récepteur.

6. Elle attend la tonalité.

7. Elle compose le numéro 0.

8. L'opératrice (la téléphoniste) répond.

9. Elle veut obtenir le numéro 613-879-3354.

10. L'indicatif régional est le 613.

11. Elle ne peut pas parler avec son amie parce que la ligne est occupée.

12. Elle ne peut pas parler avec son amie la deuxième fois qu'elle appelle parce que personne ne répond.

13. Oui, quelqu'un répond la troisième fois.

14. Non, ce n'est pas son amie.

15. L'opératrice (la téléphoniste) s'est trompée de numéro.

16. Oui, son amie répond la quatrième fois.

17. Oui, les deux amies parlent au téléphone.

18. Elles ne peuvent pas terminer la conversation parce qu'on leur a coupé la ligne.

Chapter 11: At the hairdresser's

1.
1. coupe, faire couper
2. rafraîchir
3. shampooing
4. barbe, moustache
5. tailler
6. coupez
7. ciseaux, rasoir, tondeuse
8. côtés
9. raie
10. secs

2.
1. sur les côtés
2. la moustache
3. gras
4. la raie à gauche

3.
1. *c*	4. *b*
2. *e*	5. *d*
3. *a*	6. *f*

4.
1. shampooing	4. couleur
2. mise en plis	5. vernis à ongles
3. coupe	

5.
| 1. frisés | 3. claire |
| 2. gras | |

Chapter 12: At the dry cleaner's or laundry

1.
1. rétrécir, nettoyer à sec, teinturerie
2. sale, repasser
3. amidon
4. doublure déchirée, recoudre (réparer)
5. raccommoder
6. manque, remplacer
7. disparaître, tache
8. repriser
9. prêt

2.
1. laver	5. rétrécir
2. repasser	6. nettoyer à sec
3. amidonnée	7. prêt
4. tache	

Chapter 13: At the restaurant

1.
1. réservé, table
2. élégant
3. élégants (chers), ordinaires
4. terrasse

2.
1. réservation	6. coin
2. réservé	7. dehors
3. table	8. terrasse
4. nom	9. apéritif
5. (any name)	

3.
| 1. garçon | 3. carte |
| 2. apéritif | 4. menu |

4.
1. C'est un restaurant élégant.
2. Il y a quatre personnes à table.
3. La table se trouve dans le coin.
4. Un (le) garçon les sert.
5. Le garçon a la carte (le menu) à la main.

5.
1. menu du jour	5. plat principal
2. mets (plats)	6. carte des vins
3. plats	7. suggérer
4. entrée	

6.
1. grillé au charbon de bois
2. au jus
3. au four
4. en ragoût
5. rôti
6. haché
7. sauté

7.
1. un bifteck (un steak, une entrecôte)
2. une côtelette d'agneau
3. une côte de bœuf

4. un ragoût (de bœuf)
5. une côtelette de veau (une escalope de veau)

8.
1. saignante
2. bien cuite
3. bifteck
4. agneau
5. veau (porc)
6. ragoût
7. poulet
8. poulet
9. poitrines (ailes)

9.
1. bouilli
2. à l'étuvée (à l'étouffée)
3. sauté
4. frit
5. pané
6. grillé
7. poché

10.
1. salière, poivrière, sucre
2. fourchette, couteau, cuiller, cuiller à soupe
3. salée
4. dure

11.
1. une assiette
2. un couteau
3. une fourchette
4. une cuiller (cuillère) à café
5. une cuiller (cuillère) à soupe
6. une tasse
7. une soucoupe
8. un verre
9. un sucrier
10. une salière
11. une poivrière
12. un cendrier

12.
1. addition
2. compris
3. pourboire
4. cartes de crédit

13.
1. restaurant
2. coin
3. réservation
4. terrasse
5. apéritif
6. garçon
7. à prix fixe
8. plats

14.
1. Il manquait une cuiller à soupe, une petite cuiller, une fourchette, un couteau et une serviette.
2. Ils ont commandé une bouteille de vin blanc.
3. Le repas était délicieux.
4. On prépare bien et les poissons et les crustacés, et les viandes et la volaille.
5. Tout le monde a commandé un café express après le repas.
6. Oui, le service était compris.
7. Les amis ont laissé un pourboire sur la table parce que le service avait été bon.

Chapter 14: Shopping for food

1.
1. pâtisserie
2. boucherie
3. fruitier
4. crémerie
5. poissonnerie
6. boulangerie
7. charcuterie
8. épicerie
9. confiserie

2.
1. à la boucherie
2. à la pâtisserie
3. chez le fruitier
4. à la poissonnerie
5. à la crémerie
6. à la boulangerie
7. chez le fruitier (chez le marchand de légumes)
8. à la charcuterie
9. à la boucherie
10. à la crémerie
11. à la boucherie
12. à la crémerie
13. à la crémerie
14. chez le marchand de vin

3.
1. épicerie
2. supermarché
3. hypermarché

4.
1. combien
2. pied
3. fraîches (mûres, bonnes)
4. fraîches (bonnes)
5. kilo
6. demi
7. sac

5.
1. *a*
2. *b*
3. *c*
4. *c*
5. *a*
6. *b*
7. *c*
8. *a*
9. *b*

6.
1. surgelé (congelé)
2. sacs
3. rendre
4. envelopper

7.
1. kilo
2. grappe
3. pied
4. boîte (un paquet)
5. bouteille
6. paquet
7. tranches
8. botte
9. douzaine
10. morceaux
11. bouteille
12. paquet
13. paquet
14. pot

Chapter 15: At the shoe store

1.
1. Ce sont des chaussures.
2. Les chaussures ont des semelles de caoutchouc.

3. Les talons sont bas.
4. Non, les souliers n'ont pas de lacets.

2.
1. chaussures (souliers)
2. pointure
3. fais
4. talons
5. talons
6. talons hauts
7. ronds
8. cuir
9. vont
10. mal
11. pieds (orteils)
12. étroite
13. ressemeler
14. lacets

Chapter 16: At the clothing store

1. Answers will vary.

2.
1. aider
2. synthétique
3. flanelle (laine)
4. laine (flanelle)
5. infroissable
6. taille
7. taille
8. manches
9. manches
10. rayures
11. rayures
12. carreaux
13. complet (costume)
14. cravate

3.
| 1. *c* | 3. *b* |
| 2. *c* | 4. *d* |

4.
1. carreaux
2. fermeture éclair
3. chapeau
4. imperméable
5. caleçons (slips, culottes), maillots de corps
6. chaussettes
7. mesures
8. synthétique
9. va
10. serré

5. Answers will vary.

6.
1. *b*	5. *a*
2. *a*	6. *a*
3. *a*	7. *a*
4. *b*	8. *b*

7.
1. slips (culottes, bas, jarretelles), jupon (demi-jupon, collant, soutien-gorge), combinaison (gaine), collants (bas, bas-culottes)
2. mélange
3. carreaux
4. mesures
5. bord
6. lavables

8.
1. à rayures
2. à carreaux
3. en soie

Chapter 17: At the jeweler's

1.
1. cassé
2. le verre (le bracelet, le ressort)
3. monture
4. branche
5. pierre

2.
1. avance
2. retarde
3. arrêtée
4. bague
5. collier (pendentif)
6. épingle de cravate
7. bracelet
8. or, argent

Chapter 18: Other stores

1.
1. radio-réveil
2. tourne-disque
3. haut-parleurs
4. casque d'écoute
5. poste de radio, téléviseur
6. enregistreur de (magnétophone à)

2.
1. crayon
2. stylo à bille
3. gomme
4. règle
5. punaises
6. trombones
7. ruban adhésif
8. ruban pour machine à écrire
9. papier à lettres
10. cahier (carnet)
11. agrafeuse
12. pot de colle
13. mines
14. taille-crayon

3. 1. journaux, cartes postales
   2. guide des spectacles
   3. cartes postales
   4. dictionnaire, grammaire
   5. romans, poésie, pièces
   6. œuvres
   7. d'occasion

4. 1. scie   4. tourne-vis
   2. perceuse   5. clef, pinces
   3. marteau

5. 1. appareil photographique
   2. couleur, blanc
   3. ampoules de flash, cubes-flash
   4. développement, compris
   5. millimètres, poses
   6. agrandir
   7. tirages
   8. capuchon
   9. cellule
   10. enrouleur

6. 1. rouge à lèvres, mascara, vernis à ongles,
      crayon à sourcils, coupe-ongles, lime, ongles,
      ciseaux à ongles
   2. teinture d'iode, pansements
   3. lotion solaire (crème solaire), huile solaire
   4. lames de rasoir, crème (mousse),
      après-rasage, blaireau
   5. anti-moustiques
   6. brosse, pâte dentifrice, rince-bouche (de
      l'eau dentrifice)
   7. sirop, pastilles

7. Answers will vary.

Chapter 19: At the doctor's office

1. 1. malade   6. toux
   2. gorge   7. congestionné
   3. fièvre   8. rhume
   4. frissons   9. grippe
   5. enflées

2. 1. bureau (cabinet)
   2. rhume
   3. grippe
   4. gorge
   5. respirer
   6. oreilles
   7. bouche
   8. gorge
   9. enflées
   10. Respirez (Inspirez)
   11. soufflez (expirez)

   12. Toussez
   13. température
   14. fièvre
   15. allergique
   16. manche
   17. piqûre
   18. ordonnance
   19. pilules
   20. grave

3. 1. rhume, fièvre, grippe
   2. frissons
   3. bouche, examine
   4. manche
   5. enrhumé(e)
   6. nausées

4. 1. tension artérielle
   2. allergie, allergique
   3. rougeole, oreillons, varicelle, maladies
   4. asthme
   5. organes vitaux
   6. groupe sanguin
   7. maladies mentales
   8. foie, cœur, poumons, reins, intestins,
      estomac
   9. souffert
   10. poumons
   11. analyses de sang
   12. électrocardiogramme
   13. estomac
   14. radiographie

5. 2, 4, 5, 6, 8, 10, 11, 12

6. 1. jambe   5. chirurgien
   2. radiographier   6. réduire
   3. fracture   7. plâtre
   4. fracture   8. béquilles
      compliquée

7. 1. la tête
   2. la joue
   3. la bouche
   4. l'œil
   5. le sourcil
   6. l'oreille
   7. le nez
   8. le cou
   9. la poitrine
   10. l'estomac (le ventre)
   11. le bras
   12. la main
   13. le doigt
   14. la jambe
   15. le pied
   16. l'orteil

17. la cheville
18. le talon
19. l'épaule
20. la hanche

8. 1. plâtre, pansement
2. points de suture
3. tordu
4. bleu
5. perdez
6. intoxication alimentaire
7. démangeaisons
8. indigestion

Chapter 20: At the hospital

1. 1. Le malade arrive à l'hôpital en ambulance.
2. Non, il ne peut pas marcher.
3. Il entre à l'hôpital sur un brancard (une civière).
4. Un infirmier lui tâte le pouls.
5. L'interne l'examine.
6. Il l'examine dans la salle des urgences.
7. Il a des douleurs abdominales.
8. Le médecin veut faire une radiographie de l'estomac.
9. On emmène le malade au service de radiologie.

2. 1. formulaire 4. police
2. formulaire 5. assuré
3. assurances

3. 1. ambulance
2. brancard (une civière), fauteuil roulant
3. salle des urgences
4. pouls, tension artérielle
5. radiographie

4. 1. opération
2. opérer
3. salle d'opération
4. tranquillisant (calmant)
5. brancard
6. table d'opération
7. anesthésiste
8. anesthésique
9. chirurgien
10. d'une
11. enlève

5. 1. salle de récupération
2. oxygène
3. intraveineuses
4. pronostic

6. 1. enceinte
2. accoucher
3. travail
4. obstétricien(ne)
5. salle de délivrance (salle d'accouchement)

7. 1. douleurs
2. ambulance
3. brancard
4. salle des urgences
5. pouls, tension artérielle
6. symptômes
7. radiologie, radiographies
8. opérer
9. piqûre, tranquillisant
10. table d'opération
11. anesthésiste
12. chirurgien, appendicite
13. points de suture
14. salle de récupération
15. tuyaux d'oxygène
16. intraveineuses
17. pronostic

Chapter 21: At the dentist's office

1. 1. dent 7. radiographie
2. rendez-vous 8. carie
3. dentiste 9. dent
4. plombage 10. insensibiliser
5. plomber 11. gencives
6. roulette 12. arracher

Chapter 22: At home

1. 1. bouchon 7. lavette
2. évier 8. égouttoir
3. robinet 9. sécher
4. remplis 10. torchon
5. évier 11. lave-vaisselle
6. poudre à laver

2. 1. bouilloire électrique
2. four à micro-ondes
3. congélateur
4. mixer
5. cafetière électrique
6. grille-pain
7. réfrigérateur
8. cuisinière électrique

3. 1. un plat allant au four
2. une poêle
3. un moule à tarte
4. une marmite

4.
1. un couteau à découper
2. un épluche-légumes
3. un épluche-légumes (un couteau)
4. un fouet (un batteur)
5. une passoire
6. un tire-bouchon
7. un ouvre-boîte(s)
8. un ouvre-bouteille(s)
9. une râpe à fromage
10. un aiguise-couteaux

5.
1. couper, frire (sauter)
2. bouillir
3. frire
4. cuire, mener
5. peler

6.
1. faire cuire au four
2. faire frire
3. faire sauter
4. faire bouillir
5. faire rôtir le porc
6. faire fondre le beurre
7. éplucher les pommes de terre
8. peler (éplucher) les pommes

7.
1. Oui, il y a un lave-vaisselle dans la cuisine.
2. L'évier a un robinet.
3. Oui, il y a des assiettes sur l'égouttoir.
4. Oui, il y a un office à côté de la cuisine.
5. Oui, il y a des aliments dans les placards.
6. Il y a une cuisinière électrique.
7. Il y a deux fours.
8. Oui, il y a des glaçons dans le réfrigérateur.
9. Il y a des glaçons dans le congélateur du réfrigérateur.

8.
1. lavabo, savon
2. porte-savon
3. baignoire, douche
4. serviette
5. porte-serviettes
6. miroir
7. dentifrice, brosse à dents, porte-brosses à dents
8. bonnet de douche (de bain)
9. toilettes
10. sortie de bain (robe de chambre)

9.
1. un blaireau
2. un rasoir électrique
3. une serviette de bain
4. une brosse à dents
5. du dentifrice
6. un rideau de douche
7. une armoire (un placard) à pharmacie
8. du papier hygiénique

9. un tapis anti-dérapant
10. les carreaux (le carrelage)

10.
1. sucrier
2. beurrier
3. salière
4. poivrière
5. saucière

11.
1. saladier
2. assiette à soupe, bol à consommé
3. plateau
4. chauffe-assiettes
5. louche

12.
1. une nappe
2. une assiette
3. un couteau
4. une cuiller (à café)
5. une cuiller à soupe
6. une fourchette
7. une serviette
8. un verre
9. une tasse
10. une soucoupe
11. un buffet
12. une assiette à soupe
13. un bol (une coupe)
14. des chandelles (des bougies)
15. un chandelier

You could use the definite articles *le, la, l',* or *les* instead of the indefinite articles *un, une,* or *des.*

13.
1. rideaux, stores vénitiens (jalousies), voilages
2. étagères, bibliothèque
3. cheminée, fauteuil
4. canapé (sofa)
5. cadre
6. télévision, écoutons
7. tapis
8. fauteuil, canapé (sofa)
9. journal, revue, disques
10. reçois, invités

14.
1. table de chevet (table de nuit), réveille-matin
2. grand
3. oreillers, taies d'oreiller
4. draps, couvertures, couvre-lit
5. tiroirs
6. cintres

15. un oreiller, une taie d'oreiller, des draps, une couverture, un couvre-lit

16. Answers will vary.

1. Je m'endors à . . . heures.
2. Oui, je mets (Non, je ne mets pas) le réveille-matin avant de m'endormir.

3. Je dors . . . heures chaque nuit.
4. Oui, je m'endors (non, je ne m'endors pas) tout de suite.
5. Je me lève à . . . heures.
6. Oui, je fais (non, je fais pas) mon lit tout de suite.

17.
1. lavage
2. machine à laver
3. séchoir
4. repasser
5. fer
6. planche à repasser
7. épousseter
8. chiffon à épousseter
9. balayer
10. balai
11. aspirateur
12. cirer
13. ordures
14. poubelle (boîte à ordures)

18.
1. *d*
2. *c*
3. *g*
4. *e*
5. *h*
6. *b*
7. *a*
8. *f*

19.
1. ordures
2. ordures
3. poubelle
4. vide

20.
1. ampoule
2. grillée
3. grillée
4. prise

21.
1. éteint
2. sauté
3. boîte à fusibles
4. électricien(ne)

22.
1. vider
2. bouchon
3. plombier
4. tuyaux (conduits)

Chapter 23: At the theater and the movies

1.
1. théâtre
2. comédie
3. acteur, actrice
4. vedette
5. actes, scènes
6. entracte
7. rideau
8. entre en scène
9. spectacle
10. rappels

2.
1. une tragédie
2. une actrice
3. au lever du rideau

3.
1. guichet
2. retenir (prendre)
3. places
4. places
5. spectacle
6. complet
7. places
8. orchestre
9. balcon
10. deuxième
11. balcon
12. entrée
13. billets
14. rangée
15. commence
16. lever

4.
1. Aujourd'hui, Martine est allée au guichet de réservations du théâtre.
2. Non, Marie-Claire et Martine (elles) ne vont pas aller au théâtre ce soir.
3. Elles ne vont pas aller au théâtre ce soir parce qu'il n'y avait plus de places (tout était complet).
4. Non, tout n'était pas complet pour le lendemain.
5. Martine a pris deux billets pour le lendemain.
6. Non, les places ne sont pas à l'orchestre. Elles ne sont pas à l'orchestre parce qu'il n'y avait plus de places à l'orchestre.
7. Les places sont à la première rangée du premier balcon.
8. Marie-Claire (elle) n'aime pas être au deuxième balcon parce que les places au deuxième balcon ne sont pas bonnes (parce que l'acoustique est mauvaise).
9. Elle préfère être à l'orchestre ou au premier balcon.

5.
1. On peut prendre des billets pour le théâtre au guichet.
2. L'ouvreuse montre les places aux spectateurs.
3. A l'entrée du théâtre, on peut laisser son manteau au vestiaire.
4. Le rideau se lève quand le spectacle commence.
5. Au théâtre, on entend mieux de l'orchestre.

6.
1. joue, film
2. tourné
3. doublé
4. places
5. écran
6. réalisateur
7. scénariste (dialoguiste)

7. Answers will vary.

Chapter 24: At a concert

1.
1. violon, violoncelle, harpe, alto
2. timbales, tambour, xylophone

3. trompette, flûte, hautbois
4. vent
5. cordes
6. batterie
7. chef d'orchestre
8. symphonies

Chapter 25: Sports

1.   1. Il y a onze joueurs dans une équipe de football.
2. Deux équipes jouent dans un match de football.
3. Les joueurs jouent sur le terrain (au stade).
4. Le gardien de but garde la porte.
5. Les joueurs lancent le ballon avec les pieds.
6. Le gardien de but veut arrêter le ballon.
7. Oui, si un joueur marque un but, il gagne un point pour son équipe.
8. L'arbitre déclare un penalty (une faute, un coup de déloyal).
9. L'arbitre donne un coup de sifflet.
10. Oui, le score à la fin de la première période (mi-temps) est à égalité.
11. L'équipe B gagne le match.

2.   1. équipes
2. terrain
3. joueurs
4. envoi
5. lance
6. gardien de but
7. arrête
8. période (mi temps)
9. marqué (compté)
10. gagné

3.   1. la porte
2. le gardien de but
3. le ballon
4. l'arbitre
5. le sifflet
6. le tableau

4.   1. joueurs, double
2. raquette, balles
3. court
4. balle, filet
5. hors des limites (du terrain)
6. sert, renvoie
7. zéro

5.   1. Le match de basket-ball se passe au gymnase.
2. Les Rouges et les Blancs jouent.
3. Pierre lance le ballon.

4. Il met le ballon dans le panier.
5. Non, il n'a pas manqué.
6. Oui, il marque un point.

6.   1. l'entraîneur
2. casques
3. but, score
4. punition, pénalité
5. ailier
6. passe
7. gardien de but, disque (palet, la rondelle)
8. disque (palet, une rondelle), bâton (une crosse), patins, casques
9. arbitre
10. patinoire

7.   1. joueurs
2. buts
3. intérieur, extérieur
4. lanceur
5. frappeur
6. Mort!
7. terrain
8. bâton
9. abri des joueurs
10. arrêt-court
11. receveur
12. voltigeurs
13. triple but
14. circuit
15. coup sûr
16. balles
17. roulant
18. coup retenu

8.   1. station
2. alpin
3. de fond (de randonnée)
4. skis
5. bâtons
6. chaussures (bottines)
7. fixations
8. gants
9. mitaines
10. lunettes
11. pistes
12. débutants
13. remonte-pente

Answers for 4, 5, and 6, and 8 and 9 can be in any order.

Chapter 26: The beach

1.   1. calme
2. mauvaise
3. marée descend
4. se brisent

5. courant
6. haute, basse

2.   1. parasol, lotion (crème) solaire
2. nager, prendre un bain
3. chaise, chaise-longue
4. long, bord
5. matelas gonflable (pneumatique)
6. pêche
7. maillot de bain (costume de bain)
8. piscine, salée
9. phare
10. gilet de sauvetage
11. sauveteur (garde-plage)

3.   1. Je vais nager.
2. Je vais me bronzer.
3. Je vais me baigner.
4. J'ai attrapé un coup de soleil.

4.   1. parasol
2. skis nautiques
3. chaise-longue
4. matelas gonflable (pneumatique)
5. aquaplane
6. bateau à moteur
7. tuba, palmes

Chapter 27: Camping and Fishing

1.   1. terrain
2. faire du camping
3. roulottes (remorques, caravanes)
4. services
5. salles de bains
6. douches
7. toilettes
8. potable
Answers for 6 and 7 can be in either order.

2.   1. Le jeune homme va monter la tente.
2. Il faut enfoncer les piquets dans la terre.
3. Il faut utiliser un marteau pour enfoncer les piquets.

3.   1. poêle
2. réchaud de camping à gaz
3. feu de camp
4. pliantes
5. allumettes
6. sac à dos
7. bougies
8. couteau pliant
9. piles
10. trousse, soins médicaux (premiers soins)
11. matelas, hamac, sac de couchage

12. ouvre-boîte(s)
13. décapsuleur
14. hache
15. boussole

4.   1. Oui, c'est un terrain de camping officiel.
2. Oui, les roulottes sónt stationnées à côté des tentes.
3. Le jeune homme monte une tente.
4. Il enfonce les piquets.
5. Il enfonce les piquets avec un marteau.
6. Le jeune homme prépare le dîner (le repas).
7. Il fait la cuisine dans une poêle.
8. Le jeune homme dort dans un sac de couchage.
9. Il y a un sac à dos à côté de son sac de couchage.
10. Il y a une hache, un marteau et un tournevis sur le sol.

5.   1. lampe de poche, bougies
2. poêle, feu de camp
3. sac à dos, thermos
4. lavette, torchon, tampons (poudre) à récurer

6.   1. pêche
2. canne
3. pêche
4. moulinet
5. lancer
6. ligne
7. appât
8. hameçon
9. vers (appâts)
10. boîte
11. appât
12. hameçon
13. attrapé

7.   1. une canne à pêche
2. un moulinet
3. un ouvre-boîte(s)
4. un sac à dos
5. un sac de couchage
6. un tapis de sol
7. des allumettes
8. une boussole

Chapter 28: The weather

1.   1. chaud, soleil
2. froid, neige
3. ensoleillé
4. nuages
5. frais
6. brouillard
7. éclairs, tonnerre
8. neige, neige, pleut
9. bruine

2. 1. orage
2. tempête de neige
3. orage
4. tempête
5. température

3. Answers will vary. Examples:

1. Il y a du soleil et des nuages.
2. Il fait beau. Il y a du soleil. Il fait chaud.
3. Il fait du vent. Il pleut. Il y a du tonnerre et des éclairs.
4. Il fait beau et il fait chaud.

4. 1. la neige   6. le froid
2. la pluie   7. les nuages
3. le vent   8. la pluie
4. humide   9. le soleil
5. chaud

5. 1. orage   4. agréable
2. ensoleillée   5. dégèle
3. variable

6. 1. F   4. T
2. T   5. F
3. T

7. 1. Non, il ne fait pas beau.
2. Les vents sont modérés.
3. Il va y avoir près de 5 cm de neige.
4. La probabilité de chutes de neige est de 90%.
5. La température maximum sera près de moins 1.
6. La température minmum sera près de moins 3.
7. Demain il va neiger et il va faire froid.
8. La perturbation vient de la frontière du Québec et de l'Ontario.
9. Elle sera près de Québec ce soir.
10. De la pluie et de la bruine précèdent ce système.
11. Non, il n'y aura pas beaucoup de neige.
12. Non, le ciel ne sera pas ensoleillé demain. Il sera nuageux.
13. Non, il ne fera pas chaud demain. Il fera froid.
14. Le temps sera très nuageux et brumeux le matin.
15. De belles éclaircies se développeront dans l'après-midi.
16. La température maximale prévue sera de 24°.

Chapter 29: Education

1. 1. *d*   5. *c*
2. *a*   6. *e*
3. *f*   7. *g*
4. *b*   8. *h*

2. 1. école maternelle
2. école primaire
3. élèves
4. l'institutrice (l'instituteur, la maîtresse)
5. donne
6. lecture
7. tableau

3. 1. Les personnes qui vont à une école secondaire s'appellent les élèves.
2. Le professeur leur fait les cours.
3. Les élèves qui habitent à l'école sont des pensionnaires (internes).
4. Les élèves qui viennent à l'école chaque jour s'appellent des demi-pensionnaires (externes).
5. Les élèves portent leurs livres dans un cartable.
6. Ils mettent leurs livres dans leur casier quand ils n'en ont plus besoin.
7. Dans beaucoup de collèges, les élèves doivent porter un uniforme.
8. Le programme d'études comprend beaucoup de matières.
9. Les élèves prennent des notes pendant que le professeur parle.
10. Ils écrivent leurs notes dans un cahier.
11. Ils écrivent avec un crayon (un stylo, un stylo à bille).
12. Les élèves veulent réussir aux examens.
13. Ils veulent avoir de bonnes notes.

4. 1. *a*   4. *a*
2. *a*   5. *a*
3. *b*

5. 1. Excellent   3. Bien
2. Très bien   4. Insuffisant

6. 1. collège (lycée)   3. notes
2. cartable   4. réussir

7. 1. les frais d'inscription
2. s'immatriculer
3. la rentrée
4. un dortoir
5. une bourse
6. avoir son doctorat
7. des conférences

8. un auditeur libre
9. un diplôme
10. les facultés

8.
1. s'immatriculer
2. faculté
3. lettres
4. frais d'inscription
5. suivre
6. rentrée
7. conférence
8. obligatoire

9.
1. Oui, il faut s'immatriculer pour entrer dans les universités.
2. Le baccalauréat est la condition préalable pour entrer à l'université.
3. Oui, les frais d'inscription sont élevés aux Etats-Unis.

4. Aux Etats-Unis, la rentrée des classes est début septembre.
5. Oui, les étudiants doivent se spécialiser dans une matière.
6. Oui, il est possible d'être auditeur libre de certains cours.

10.
1. la faculté de médecine
2. la faculté des lettres
3. la faculté de droit
4. la faculté des sciences
5. la faculté des sciences

11.
1. jardin d'enfants
2. école élémentaire
3. école secondaire, école polyvalente
4. diplôme d'études secondaires
5. diplôme d'études collégiales

Glossary: French–English
Glossaire: Français–anglais

à   to, in, at
abat-jour m.   lamp shade
abcès m.   abscess
abdominal, -e   abdominal
abonné m., *-e* f.   telephone listing
abri m.   shelter
accélérateur m.   accelerator
accélérer   to accelerate
accepter   to accept
accessoire m.   accessory
accord m.   agreement
  d'accord   O.K., all right
accouchement m.   delivery (baby)
  salle d'accouchement f.   delivery room
accoucher   to give birth
acheter   to buy
acrylique m.   acrylic
acte m.   act
acteur m.   actor
actrice f.   actress
actualités f. pl.   news
addition f.   check, bill
adresse f.   address
  adresse du destinataire   address of addressee
  adresse de l'expéditeur   sender's address
s'adresser à   to talk to, to go to (information)
adverse   opposing
aérien, -ne   aerial
aérogare f. (Canada)   airline terminal
aéroport m.   airport
affaires f. pl.   business
affiche f.   sign
affranchir   to put stamps on (mail)
  A combien faut-il affranchir cette lettre?   How much postage does this letter require?
affranchissement m.   postage
agent de bord m.   flight attendant
agneau m.   lamb
  carré d'agneau m.   rack of lamb
  côtelette d'agneau f.   lamb chop
agrafe f.   staple
agrafeuse f.   stapler
agrandir   to enlarge
agréable   nice, pleasant
aide f.   aid, help
  à l'aide de   with the help of
aider   to help
  Est-ce que je pourrais vous aider?   May I help you?
aiguise-couteaux m.   knife sharpener
aile f.   wing; fender (car)

ailier m.   wing (hockey), end (football), winger (soccer)
aimer   to like, to love
  aimeriez-vous   would you like
air m.   air
  mal de l'air m.   air sickness
  pression de l'air f.   air pressure
  avoir l'air   to seem, to appear, to look
ajouter   to add
alcool m.   alcohol
alcoolisé, -e   alcoholic
alimentaire   pertaining to food
alimentation f.   food
alimenter   to feed
  alimenter par intraveineuses   to give intravenous feeding
allée f.   aisle
  qui donne sur l'allée   on the aisle (seat)
allemand m.   German (language)
aller   to go
  aller bien   to fit; to go with; to feel well
allergie f.   allergy
allergique   allergic
s'allonger   to lie down
allumé, -e   illuminated, lit up
allumer   to light
allumette f.   match
alternateur m.   alternator
altitude f.   altitude
alto m.   viola
ambulance f.   ambulance
améthyste f.   amethyst
amidon m.   starch
amidonné, -e   starched
amortissement m.   amortization, extinction (debt)
  la période d'amortissement   duration (mortgage)
amortisseur m.   shock absorber
amour m. *amours* f. pl.   love
ample   big, loose (clothes)
ampli-tuner m.   tuner, amplifier
ampoule f.   light bulb; blister
  ampoule de flash   flash bulb
  L'ampoule est grillée.   The light bulb is burned out.
amygdalectomie f.   tonsilectomy
amygdales f. pl.   tonsils
an m.   year
  avoir . . . ans   to be . . . years old
analyse f.   analysis

anesthésique m.   anesthetic

anesthésiste m./f.   anesthesiologist

angine f.   throat infection

anglais, -e   English

anglais m.   English (language)

annoncer   to announce

annuaire m.   directory

   annuaire des téléphones, du téléphone, téléphonique   telephone directory, phone book

   assistance-annuaire f. (Canada)   directory assistance

annuler   to cancel

antibiotique m.   antibiotic

antigel m.   antifreeze

anti-moustiques m.   mosquito repellent

anti-perspirant m.   deodorant

antisudorifique m. (Canada)   deodorant

apéritif m.   aperitif, before-dinner drink

apparaître   to appear

appareil m.   telephone receiver; camera

   appareil photographique   camera

   appareil sonore   audio equipment

   Qui est à l'appareil?   Who's calling? (phone)

appât m.   bait

   boîte d'appât f.   bait box, tackle box

appel m.   call, phone call

   appel à frais virés (Canada)   collect call

   appel interurbain   long-distance call

   appel local   local call

   appel de numéro à numéro (Canada)   station-to-station call

   appel en PCV (payable à l'arrivée)   collect call

   appel de personne à personne (Canada)   person-to-person call

   appel avec préavis (PAV)   person-to-person call

   appel téléphonique   telephone call

appeler   to call

appendice m.   appendix

appendicectomie f.   appendectomy

appendicite f.   appendicitis

appétit m.   appetite

   Bon appétit!   Enjoy your meal!

applaudir   to applaud

apporter   to bring

apprendre   to learn

approprié, -e   appropriate

approximativement   approximately

appuyer (sur)   to push

après   after

aquaplane m.   surfboard

arbitre m.   referee

arête f.   fish bone

argent m.   money; silver

   argent liquide   money, cash

armoire f.   closet, wardrobe

   armoire à pharmacie   medicine cabinet

arracher   to extract, to pull out

arrêt m.   stop

   au prochain arrêt   at the next stop

   faire un arrêt   to make a stop

arrêt-court m.   shortstop (baseball)

arrêter   to stop, to block (ball)

s'arrêter   to stop

arrière m.   back (hockey)

arrière   rear, back

   en arrière   in the back

   en marche arrière   in reverse

   faire (engager la) marche arrière   to put the car in reverse

arrivée f.   arrival

arriver   to arrive, to come

artériel, -le   arterial

arthrite f.   arthritis

articulation f.   joint

ascenseur m.   elevator

aspirateur m.   vacuum cleaner

   passer l'aspirateur   to vacuum

s'asseoir   to sit down

assiette f.   plate

   assiette creuse   soup plate

   chauffe-assiettes m.   plate warmer

assis, -e   seated

   rester assis   to remain seated

assistance f.   assistance

assumer   to pay (charges)

assurance f.   insurance

   compagnie d'assurances f.   insurance company

   assurance tous risques   full-coverage insurance

assuré, -e   insured (person)

   le nom de l'assuré   the name of the insured

assurer   to insure

asthme m.   asthma

attache f.   paper fastener

attacher   to attach, to fasten

attendre   to wait, to wait for

attention f.   attention

atterrir   to land (plane)

atterrissage m.   landing (plane)

attraper   to catch

auditeur libre m.   auditor (of a course)

aujourd'hui   today

ausculter   to listen to (heart)

aussi   also

auto f.   automobile, car

autobus m.   bus

   arrêt d'autobus m.   bus stop

   service d'autobus m.   bus service

   prendre l'autobus   to take the bus

   Quelle est la fréquence des autobus?   How often do the buses run?

autocar m.   bus (usually to and from airports), motor coach

   service d'autocars m.   bus service

automatique   automatic
automatiquement   automatically
automne m.   fall, autumn
  en automne   in the fall
automobile f.   automobile
autoroute f.   expressway
  autoroute à péage   turnpike
  prendre l'autoroute   to take the expressway
autre m./f.   other
avaler   to swallow
avance f.   advance
  à l'avance   in advance
avancer   to go forward; to be fast (watch)
avant m.   forward (hockey)
avant   before
  avant de plus infinitive   before
  en avant   in the front
avec   with
avenue f.   avenue
averse f.   shower (rain)
aviation f.   aviation
  compagnie d'aviation f.   airline
avion m.   airplane
  par avion   air mail
avoir   to have

baccalauréat m.   baccalaureat diploma
bacon m.   bacon
bagages m. pl.   luggage, baggage
  bagages à main   hand luggage, carry-on luggage
  compartiment à bagages m.   baggage compartment
  porte-bagages m.   luggage rack
  descendre les bagages   to bring down the bags
  enregistrer les bagages   to check baggage
bague f.   ring
se baigner   to take a bath, to bathe
baignoire f.   bathtub
bain m.   bath
  costume de bain m. (Canada)   bathing suit
  maillot de bain m.   bathing suit
  salle de bains f.   bathroom
  sortie de bain f.   beach robe, bathrobe
  prendre un bain   to take a bath
  prendre des bains de soleil   to sunbathe
baisser   to lower; to turn down (heat)
  le baisser du rideau   lowering of the curtain
  au baisser du rideau   when the curtain goes down
balai m.   broom
  balai électrique   electric broom
  balai à laver le sol   mop
balance f.   scale (weight)
balayer   to sweep
balayette f.   small broom, brush

balcon m.   balcony
  deuxième balcon   second balcony
  premier balcon   mezzanine
balle f.   ball (tennis, baseball)
  balle courbe   curve ball (baseball)
  balle de filet   net ball (tennis)
  balle jointure   knuckle ball (baseball)
  balle mouillée   spit ball (baseball)
  balle rapide   fast ball (baseball)
  balle tombante   sinker ball (baseball)
  fausse balle   foul ball (baseball)
ballon m.   ball (football, soccer, basketball)
  ballon sacrifice   a sacrifice fly (baseball)
ballon-panier m. (Canada)   basketball
banane f.   banana
banc m.   bench
bander   to bandage
banlieue f.   suburbs
banque f.   bank
barbe f.   beard
  Veuillez me rafraîchir la barbe.   Please trim my beard.
bas, -se   low
bas m.   stocking; sock (Canada); bottom
  bas de nylon   stocking
  au bas de   at the bottom of (inning—baseball)
bas-culotte m. (Canada)   panty hose
base-ball m.   baseball
basket-ball m.   basketball
basse f.   bass (instrument)
bateau m.   boat
  bateau à moteur   motor boat
  bateau à voile   sailboat
  bateau à rames   rowboat
  en bateau   by boat
bâton m.   stick; bat (baseball); hockey stick; ski pole
batte f.   bat (baseball)
batterie f.   battery (car); drums
batteur m.   electric mixer
bavarder   to chatter, to chat, to talk
beau, belle, beaux, belles   nice, pretty, beautiful, handsome
  faire beau   to be nice (weather)
beaucoup de   a lot of
benne f.   gondola
béquille f.   crutch
bercer   to cradle
  me laisser bercer par les vagues   to ride the waves
besoin m.   need
  avoir besoin de   to need
  J'en ai besoin pour . . .   I need it for . . .
beurre m.   butter
beurrier m.   butter dish
bibliothèque f.   library; bookcase
bien   well

bienvenue f.　welcome
　souhaiter la bienvenue à　to welcome
bière f.　beer
bijou m.　jewel, jewelry
bijoutier m.　jeweler, jewelry store
billet m.　ticket; bill (money)
　billet aller　one-way ticket
　billet aller-retour, (d') aller et retour　round-
　　trip ticket
　billet excursion　excursion-fare ticket
　billet simple　one-way ticket
　billet à tarif réduit　reduced-fare ticket
　muni de billets　with tickets
　prendre un billet　to buy a ticket
　vérifier le billet　to check the ticket
biographie f.　biography
biographique　biographical
blaireau m.　shaving brush
blanc, blanche　white
blanchisserie f.　laundry
　service de blanchisserie m.　laundry service
se blesser　to hurt
blessure f.　wound, injury
bleu m.　bruise
bloqué, -e　blocked, jammed
　Mon appareil est bloqué.　My camera doesn't
　　work.
blouse f.　blouse, smock
blue-jean m.　blue jeans
boeuf m.　beef
　côte de boeuf f.　prime rib
bois m.　wood
boisson f.　drink, beverage
　boisson alcoolique　alcoholic beverage
　boisson gazeuse　soft drink
　service des boissons m.　beverage service
boîte f.　box; can
　boîte aux lettres f.　mailbox
　boîte postale f.　post office box
　ouvre-boîte(s) m.　can opener
bol m.　bowl
　bol à consommé　soup bowl
bon, -ne　good
bonnet m.　cap
　bonnet de bain　bathing cap
　bonnet de douche　shower cap
bord m.　border, edge
　à bord de　on board
　au bord de la plage　on the shore
　à large bord　with a wide brim
botte f.　boot; bunch (carrots)
bottine f.　low boot
　bottine de ski (Canada)　ski boot
bouche f.　mouth
　rince-bouche m.　mouthwash
bouché, -e　clogged up
boucher　to plug (a drain)

boucherie f.　butcher shop
bouchon m.　stopper, plug (sink); cork (bottle)
　tire-bouchon m.　corkscrew
boucle f.　buckle
boucler　to fasten (seatbelt, Canada)
bouée de sauvetage f.　life preserver
bougie f.　candle; spark plug (car)
bouilli, -e　boiled
bouillir　to boil
bouilloire f.　kettle
　bouilloire électrique　electric tea kettle
boulangerie f.　bakery
boulevard m.　boulevard
bouquet m.　bouquet, bunch (parsley, flowers)
bourse f.　scholarship
boussole f.　compass
bout m.　end
　à bouts ouverts　open-toed
　à bouts pointus　with pointed toes
　à bouts ronds　with round toes
bouteille f.　bottle
　une bouteille de　a bottle of
　une demi-bouteille de　a half-bottle of
　ouvre-bouteille(s) m.　bottle opener
bouton m.　button
bracelet m.　bracelet
braguette f.　fly (pants)
brancard m.　stretcher
branche f.　arm; branch (business)
brancher　to plug in (electric cord)
bras m.　arm
breloque f.　charm
bretelle f.　suspender
brevet d'études m.　diploma
bricolage m.　handywork
　faire du bricolage　to do handywork
bricoler　to do handywork
briller　to shine
　faire briller　to polish
se briser　to break
broche f.　brooch
bronzé, -e　tanned
se bronzer　to get a suntan
brosse f.　brush; hairbrush
　brosse à cheveux　hairbrush
　brosse à dents　toothbrush
　porte-brosse à dents m.　toothbrush holder
se brosser　to brush (one's hair, teeth)
brouillard m.　fog
　faire du brouillard　to be foggy (weather)
bruine f.　drizzle
bruiner　to drizzle, to be drizzling
bruit m.　noise
se brûler　to burn oneself, to get a sunburn
brumeux, -euse　foggy
brushing m.　blow dry
buffet m.　snack bar, buffet

bulletin m.   stub, claim check
bureau m.   office
  bureau de change   foreign exchange counter
  bureau de poste   post office
  bureau de renseignements   information booth
bus m.   bus
but m.   goal
  but sur balles   base on balls; bunt (baseball)
  but sur balles intentionnel   intentional walk
    (baseball)
  deuxième but   second base; second baseman
    (baseball)
  double but   double play (baseball)
  premier but   first base; first baseman (base-
    ball)
  simple but   single play (baseball)
  triple but   triple play (baseball)
  troisième but   third base; third baseman (base-
    ball)
  compter, marquer un but   to score a goal

cabine f.   cabin; booth
  cabine de pilotage   cockpit
  cabine téléphonique   telephone booth
  personnel de cabine m.   flight attendants
cabinet m.   office; bookcase
  cabinet du médecin   doctor's office
caddie m.   cart
cadeau m.   gift
cadran m.   dial (phone)
cadre m.   picture frame
café m.   coffee
  café moulu   ground coffee
  une tasse de café   a cup of coffee
cafétéria f.   cafeteria
cafetière f.   coffee pot
  cafetière électrique   percolator, electric coffee
    pot
cahier m.   notebook
caisse f.   cashier's, teller's window; cash register
  caisse d'épargne   savings bank
caissier m.   cashier; teller
calé, -e   stalled
caleçon m.   trunks, drawers, briefs
caler   to stall
calmant m.   tranquilizer
calme   calm
camping m.   camping
  terrain de camping m.   campsite
  faire du camping   to go camping
canal m. (*canaux* pl.)   channel (television)
canapé m.   sofa
  canapé-lit m.   sofabed
cancer m.   cancer
canif m.   penknife
canine f.   eye tooth
canne f.   cane, pole, rod
  canne à pêche   fishing pole, rod

cantine f.   cafeteria
caoutchouc m.   rubber
capot m.   hood (car)
capuchon m.   cap
  capuchon d'objectif   lens cap
car m.   motor coach
carafe f.   carafe
carburateur m.   carburetor
cardigan m.   cardigan sweater
carie f.   cavity (tooth)
carnet m.   notebook
carotte f.   carrot
  botte de carottes f.   bunch of carrots
carreau m.   check (on clothes); tile (bathroom)
  à carreaux   checked
carrefour m.   intersection
carrelage m.   tiling, tiles (bathroom)
carrosserie f.   body (car)
cartable m.   book bag
carte f.   card, greeting card; list; map; menu
  carte d'accès à bord   boarding pass
  carte de crédit   credit card
  carte d'embarquement   boarding pass
  carte interurbaine (Canada)   telephone credit
    card
  carte postale   postcard
  carte routière   road map
  carte de touriste   tourist card
  carte des vins   wine list
  porte-cartes m.   cardholder
cartouche f.   carton; cartridge
cas m.   case
  en cas de   in case of
cascadeur m.   stunt artist
case postale f. (Canada)   post office box
casier m.   locker
casque m.   helmet
  casque d'écoute   stereo headset
  casque protecteur   helmet
casquette f.   cap
cassé, -e   broken
casser   to break
se casser   to break
  Je me suis cassé le, la, les . . .   I broke my . . .
casserole f.   saucepan
cassette f.   cassette
  enregistreur de cassettes m.   cassette recorder
  magnétophone à cassettes m. (Canada)   cas-
    sette recorder
  platine à cassettes f. (Canada)   tape deck
  passe-cassettes m.   tape deck
caution f.   deposit; guarantee
  montant de la caution m.   deposit
cave f.   basement, cellar
ce, cet, cette, ces   this, that, these, those
ceci   this
ceinture f.   belt
  ceinture de sécurité f.   seatbelt

cela   that
céleri m.   celery
cellule f.   light meter
celui, celle   the one
cendrier m.   ashtray
centime m.   centime, cent
centre m.   center
centre -ville m.   downtown
certificat m.   certificate
cerveau m.   brain
chacun, -e   each one
chaise f.   chair
   chaise pliante   folding chair
chaise-longue f.   lounge chair, reclining chair
chambre f.   room
   chambre à coucher   bedroom
   chambre double   double room
   chambre à deux lits   double room, room with two beds
   chambre avec des lits jumeaux   room with twin beds
   chambre à un lit   single room, room with one bed
   chambre pour deux personnes   double room
   chambre réservée   reserved room
   chambre simple   single room
   service dans les chambres m.   room service
   faire la chambre   to make up the room
champ m.   field (baseball)
   champ droit   right field (baseball)
   champ extérieur   outfield (baseball)
   champ gauche   left field (baseball)
   champ intérieur   infield (baseball)
   grand champ   outfield (baseball)
   joueur de champ droit m.   right fielder
chandail m.   pullover sweater, hockey sweater
chandelier m.   candlestick
chandelle f.   tallow candle; pop fly (baseball)
change m.   change; exchange
changer   to change (trains, traveler's checks)
chanter   to sing
chanteur m.   singer
chanteuse f.   female singer
chapeau m.   hat
   chapeau de feutre   felt hat
   chapeau de paille   straw hat
   chapeau de toile   cloth hat
chaque   each
charcuterie f.   pork butcher shop; pork products
chariot m.   cart
charrette f.   cart
chasse d'eau f.   toilet flush
   La chasse d'eau ne fonctionne pas.   The toilet won't flush.
   tirer la chasse d'eau   to flush the toilet
chasseur m.   bellhop
châssis m.   chassis

chaud, -e   hot, warm
   avoir chaud   to be warm (people)
   faire chaud   to be hot, warm (weather)
chauffage m.   heat, heating; heater (car)
   baisser le chauffage   to turn down the heat
chauffé, -e   heated
chauffer   to heat; to overheat (car)
   chauffer davantage   to turn up the heat
   faire chauffer jusqu'à ébullition   to heat to boiling
chausse-pied m.   shoehorn
chausser   to wear (shoe size); to put on shoes
   Je chausse du 39.   I wear size 39.
   Du combien chaussez-vous?   What shoe size do you wear?
chaussette f.   sock
chaussure f.   shoe
   chaussures de (pour la) marche   walking shoes
   chaussures de ski   ski boots
   chaussures de sport   jogging, running shoes
   chaussures de tennis   tennis shoes
chelem m.   slam (baseball)
   grand chelem   grand slam (baseball)
chemin m.   path, way
   Est-ce bien le chemin pour . . . ?   Is this the way to . . . ?
cheminée f.   fireplace
chemise f.   shirt
   chemise de nuit   nightshirt
   chemise sport   sport shirt
chemisier m.   shirt blouse
chèque m.   check
   carnet de chèques m.   checkbook
   chèque de voyage   traveler's check
   compte (de) chèques m.   checking account
   changer un chèque de voyage   to cash a traveler's check
   encaisser, toucher un chèque   to cash a check
chéquier m.   checkbook
cher, chère   expensive
chevet m.   headboard
   table de chevet f.   nightstand
cheveux m. pl.   hair
   épingle à cheveux f.   hairpin
   pince à cheveux f.   hairclip
   sèche-cheveux m.   hair dryer
   se faire couper les cheveux   to have one's hair cut
   se laver les cheveux   to wash one's hair
cheville f.   ankle
   Je me suis tordu la cheville.   I sprained my ankle.
chevreau m.   doeskin
chez   at (someone's place)
chiffon m.   dustcloth, dustrag
   chiffon à épousseter   dustcloth
   donner un coup de chiffon à   to dust
   chiffre m.   number (as in 1, 2)

chimie f.   chemistry
chinois, -e   Chinese
chip f.   potato chip
chirurgien m., *chirurgienne* f.   surgeon
  chirurgien orthopédiste   orthopedic surgeon
chose f.   thing
  quelque chose   something
chute f.   fall
  faire une chute   to have a fall
cicatrice f.   scar
ciel m.   sky
cigarette f.   cigarette
cinéma m.   movie theater
cintre m.   hanger (clothes)
circuit m.   home run
  faire un circuit   to make a home run
circulation f.   traffic
cire f.   polish
cirer   to polish, to wax
ciseaux m. pl.   scissors
civière f.   stretcher
claire, -e   light (color); clear
classe f.   class
  classe économique   economy class
  deuxième classe   second class
  première classe   first class
classique   classical
clavicule f.   collarbone
clé f., *clef* f.   key; wrench
  clé de contact   ignition key
  clé en croix   lug wrench
  porte-clés m.   keycase
client m., *cliente* f.   client, guest (hotel)
clignotants m.   directional signals, blinkers
  Comment fonctionnent les clignotants?   How
    do the directional signals (blinkers) work?
climatisation f.   air-conditioning
climatisé, -e   air-conditioned
climatiseur m.   air conditioner
clip m.   clip
cliqueter   to vibrate, to ping
clou m.   nail
code m.   code
  code postal   postal code
coeur m.   heart
  ausculter, écouter le coeur   to listen to the
    heart
coffre m.   trunk (car)
coffre-fort m.   safe
cogner   to knock
se coiffer   to comb one's hair
coiffeur m.   barber, hairdresser
  chez le coiffeur   at the hairdresser's
coin m.   corner
  coin de rue   street corner
  jusqu'au coin   to the corner
col m.   collar

colis m.   parcel, package
collant m.   tights, panty hose
collation f.   snack
colle f.   glue
  pot de colle m.   pot of glue
collège m.   secondary school
collier m.   necklace
  collier de perles   pearl necklace
colonne f.   column
  colonne de direction   steering column
combien   how much
  Combien vaut . . . ?   How much is . . . worth?
combinaison f.   full slip
combiné m.   receiver (phone)
comédie f.   comedy
comestibles m. pl.   food
commander   to order
commandes f. pl.   controls (car)
commencer   to begin
commission f.   commission charge
commode f.   chest of drawers, dresser
communication f.   call (phone)
  La communication va être coupée.   You are go-
    ing to be cut off.
  Je désire obtenir une communication avec . . .
    Please connect me with . . . , put me through
    to . . .
  faire une communication locale   to make a lo-
    cal call
  faire une communication interurbaine   to make
    a long-distance call
  *faire une communication en PCV (payable à l'ar-
    rivée)*   to make a collect call, to reverse the
    charges
  Pourriez-vous me redonner la communication?
    Could you please reconnect me?
communiquer   to communicate
commutateur m.   light switch
compagnie f.   company
comparable   comparable
compartiment m.   compartment, cabin (airline);
  compartment, car (train)
  compartiment arrière   rear cabin
  compartiment avant   forward cabin
complet, complète   full
  être complet   to be sold out (performance,
    train, plane)
complet m.   man's suit
  complet pantalon m. (Canada)   pantsuit
composer   to dial
compris, -e   included
compte m.   account
  compte (de) chèques   checking account
  compte d'épargne   savings account
  ouvrir un compte   to open an account
  payer le compte   to pay the account
  régler le compte   to pay the account

compter   to count
  compter un but   to make, to score a goal
  Combien de temps comptez-vous rester?   How long do you plan to stay here?
compte-tours m.   tacheometer
compteur m.   odometer
  compteur de vitesse m.   speedometer
comptoir m.   counter, ticket counter
concert m.   concert
  concert symphonique   symphony concert
concierge m./f.   concierge
condition f.   condition
conducteur m.   driver
conduire   to drive
  permis de conduire m.   driver's license
conduit m.   pipe
conférence f.   lecture
  faire, donner une conférence   to give a lecture
confirmation f.   confirmation
confiserie f.   candy store, confectioner's
confiture f.   jam
congélateur m.   freezer
congelé, -e   frozen
congestionné, -e   congested
conseiller   to advise
consentir (à)   to consent
consigne f.   baggage checkroom; sign
  bulletin de consigne m.   baggage check
  consigne lumineuse   sign (in airplane)
consommation f.   drink
consulter   to consult
continuer   to continue
contrat m.   contract
contre   against
contrebasse f.   double-bass, contrabass
contre-filet m.   loin steak
contre-marée f.   undertow
contrôle m.   control
contrôleur m.   conductor (train)
contusion f.   bruise
conversation f.   conversation
convive m./f.   diner, guest
corde, f.   rope
  instrument à corde m.   stringed instrument
corps m.   body
correspondance f.   correspondence; transfer, connection (plane, train)
  prendre une correspondance à   to change at (plane, train)
correspondant m., *-e* f.   correspondent, person you are talking to in a phone call
costume m.   man's or woman's suit; costume
  costume de bain (Canada)   bathing suit
côte f.   rib
côté m.   side
  sur les côtés   on the sides

côtelette f.   chop, cutlet
coton m.   cotton
cou m.   neck
  sur le cou   on the neck
se coucher   to go to bed
couchette f.   couchette (train)
coudre   to sew
coude m.   elbow
couleur f.   color; hair dye
couloir m.   corridor, aisle
  siège côté couloir m.   aisle seat (plane)
coup m.   call; strike, kick
  coup de déloyal (Canada)   foul
  coup en flèche   liner (baseball)
  coup sûr   hit (baseball)
  coup retenu   bunt (baseball)
  coup de téléphone   phone call
  donner le coup d'envoi   to kick off (soccer, football)
  donner le coup de pied à   to kick to
coupe f.   haircut; bowl
  coupe aux ciseaux   scissor cut
  coupe au rasoir   razor cut
  coupe à la tondeuse   cut with clippers
  coupe glacée   ice cream sundae
couper   to cut, to cut off
  La communication va être coupée.   You are going to be cut off (phone).
  Ne coupez pas.   Don't hang up.
  J'ai été coupé.   I was cut off.
  On nous a coupé la ligne.   We were cut off.
se couper   to cut (oneself, one's hair)
  se faire couper les cheveux   to have one's hair cut
  Ne me les coupez pas trop court.   Don't cut it (hair) too short.
coupure f.   bill (money)
  grosse coupure   large bill
  petite coupure   small bill
cour f.   courtyard, backyard
courant m.   current
  courant sous-marin   undertow
  faire, donner un cours   to give a lesson, a course
  suivre un cours   to take a course
courrier m.   mail
  courrier recommandé   registered mail
courroie du ventilateur f.   fanbelt
cours m.   course
course f.   race
  faire les courses   to go shopping
court, -e   short
court m.   court
  court en simple   singles court (tennis)
  court en double   doubles court (tennis)
coussin m.   cushion
  coussin du siège   seat cushion

couteau m.   knife
  aiguise-couteaux m.   knife sharpener
  couteau à découper   carving knife
  couteau pliant   penknife
coûter   to cost
couvert m.   place setting, cutlery, cover (restaurant)
  mettre le couvert   to set the table
couverture f.   blanket
couvre-lit m.   bedspread
<u>**se couvrir**</u>   to become covered up
  Le ciel se couvre.   The sky is becoming cloudy.
cravate f.   tie
  épingle de cravate f.   tie clip
crayon m.   pencil
  taille-crayon m.   pencil sharpener
crédit m.   credit
  carte de crédit f.   credit card
  acheter, payer à crédit   to buy on credit, pay in installments
crème f.   cream
  crème pour le visage   beauty cream
crémerie f.   dairy
crêpe de Chine m.   crêpe de Chine
crevaison f.   flat tire, blowout
crevé, -e   flat (tire)
crise f.   attack (medical)
crochet m.   hook
croire   to believe, to think
croisement m.   intersection
crosse f.   hockey stick
croustille f. (Canada)   potato chip
crustacé m.   shellfish
cube-flash m.   flashcube
cuiller, cuillère f.   spoon
  cuiller à soupe   soup spoon
  cuiller à café   teaspoon
cuir m.   leather
  en cuir   made of leather
cuire   to cook
cuisine f.   kitchen
  batterie de cuisine f.   pots and pans
  faire la cuisine   to cook
cuisinière f.   stove
  cuisinière électrique   electric stove
cuisse f.   thigh
cuit, -e   done (cooking)
  trop cuit, -e   too well done
cul-de-sac   dead end
culotte f. (Canada)   pantie, bikini pants, underpants
  bas-culotte m. (Canada)   panty hose
cure-dent m.   toothpick
cycle m.   cycle

daim m.   suede
dame f.   lady

danger m.   danger
dangereux, -euse   dangerous
dans   in
date f.   date
  date d'échéance   due date
davantage   more
débarbouillette f. (Canada)   washcloth, facecloth
débarquement m.   disembarkment
débarquer   to deplane
débarrasser   to clear, to remove
  débarrasser la table   to clear the table
debout   standing
débrayer   to declutch
débutant m., **-e** f.   beginner
décapsuleur m.   bottle opener
déchargé, -e   discharged, dead (battery)
déchiré, -e   torn
déclaration f.   declaration
déclarer   to declare, to announce
  Avez-vous quelque chose à déclarer?   Do you have anything to declare?
  J'ai quelque chose à déclarer.   I have something to declare.
  Je n'ai rien à déclarer.   I have nothing to declare.
décollage m.   takeoff (plane)
décoller   to take off (plane)
décor m.   scenery, set
découper   to cut, to carve
décrocher   to pick up, to lift (phone)
  décrocher le combiné, le récepteur   to pick up the receiver
défaire   to undo
  défaire les valises   to unpack the suitcases
défectueux, -euse   defective
défendu, -e   forbidden
  il est défendu de . . .   it is forbidden to . . .
défense f.   defense
  défense de . . .   no . . .
dégeler   to thaw
dégivreur m.   defroster (car)
degré m.   degree (temperature)
  Il fait huit degrés Celsius.   It is eight degrees Celsius.
dehors   outside
déjeuner m.   lunch; breakfast (Canada)
  petit déjeuner   breakfast
délivrance f.   delivery
  salle de délivrance f.   delivery room
délivrer   to deliver
déloyal m.   foul (football, soccer)
demain   tomorrow
demander   to ask, to ask for
démangeaison f.   itch
  J'ai des démangeaisons.   I itch. It itches.
démarrer   to start (car)
démarreur m.   ignition switch, starter

demi, -e   half
  demi-heure f.   half hour
  demi-pension f.   breakfast and either lunch or dinner (hotel)
  demi-tour m.   half-turn
  faire demi-tour   to turn around
denim m. (Canada)   denim
dent f.   tooth
  dent de sagesse   wisdom tooth
  avoir mal à une dent   to have a toothache
  J'ai mal aux dents.   My teeth hurt.
  se brosser les dents   to clean, to brush one's teeth
dentelle f.   lace
dentrifice m.   toothpaste
  eau dentifrice f.   mouthwash
  pâte dentifrice f.   toothpaste
dentiste m./f.   dentist
déodorant m.   deodorant
dépannage m.   emergency repair
  service de dépannage m.   road service
dépanneuse f.   tow truck
départ m.   departure
  heure de départ f.   departure time
département m.   department, region, state
dépasser   to pass (car)
  dépasser cette voiture   to overtake, to pass this car
déposer   to put; to check (luggage); to deposit (money)
dépôt m.   deposit
  certificat de dépôt à taux d'intéret variable m.   variable-interest certificate of deposit
  faire un dépôt de   to make a deposit of, to deposit
  laisser un dépôt   to leave a deposit
derrière   in the back, behind
dés m.   dice
  coupé en dés   diced
descendre   to go down; to bring down
  descendre de   to get off (bus)
descente f.   descent
  descente dangereuse/rapide   steep hill
se déshabiller   to get undressed
désirer   to want to
  Que désirez-vous comme . . . ?   What do you want for . . . ?
dessert m.   dessert
dessin m.   drawing
  dessin animé   cartoon
dessous   under
  au-dessous de   below
dessus   above
  au-dessus de   above, over
dessus-de-lit m.   bedspread
destinataire m.   addressee

destination f.   destination
  à destination de   for (plane, train travel)
détergent m.   detergent
  détergent liquide   liquid detergent
  détergent en poudre   soap powder
devant   in front of
développement m.   development; developing (film)
développer   to develop
déviation f.   detour
devoir   to have to
diabète m.   diabetes
dialoguiste m.   scriptwriter
diamant m.   diamond
dictionnaire m.   dictionary
différentiel m.   differential gear
dimanche m.   Sunday
dîner m.   dinner; lunch (Canada)
diplôme m.   diploma
dire   to say, to speak
  on dirait que   it looks like
direct, -e   direct
directement   directly
directeur m., *directrice* f.   principal (school)
diriger   to conduct (orchestra)
disparaître   to disappear
  faire disparaître   to remove
disque m.   record; hockey puck
  platine tourne-disques f.   turntable
  tourne-disques m.   record player
distributeur m.   distributor
divan-lit m.   sofa bed
doctorat m.   doctor's degree
documentaire m.   documentary
doigt m.   finger
dollar m.   dollar
donner   to give
  donner sur   to overlook, to face
dormir   to sleep
dortoir m.   dormitory
dos m.   back
  dos du siège   seat back
dossier m.   back (seat)
  dossier du siège   seat back
douane f.   customs
  déclaration de douane f.   customs declaration form
  droits, frais de douane m. pl.   customs duty
douanier m.   customs officer
double   double
doublé en   dubbed in
doubler   to pass
  défense de doubler   no passing
  Doublez à gauche.   Pass on the left.
doublure f.   lining (clothes)
douche f.   shower
  prendre une douche   to take a shower

douleur f.   ache, pain
 douleurs de travail   labor pains
douloureux, -euse   painful
doux, douce   sweet; fresh (water)
douzaine f.   dozen
 une douzaine de   a dozen
drame m.   drama
drap m.   sheet
droit, -e   right
 Allez tout droit.   Go straight ahead.
 Regardez tout droit.   Look straight ahead.
 Défense de tourner à droite.   No right turn.
 Priorité à droite.   Give right of way.
 Restez à droite. Tenez (votre) droite.   Keep to the right.
 Serrez à droite.   Squeeze to the right.
droit m.   duty; law
 droits de douane   customs duty
 faculté de droit f.   law school
dur, -e   hard; tough
durer   to last

eau f.   water
 chasse d'eau f.   toilet flush
 eau de cologne   cologne
 eau douce   freshwater
 eau minérale   mineral water
 eau potable   drinking water
 eau salée   saltwater
ébullition f.   boiling
 faire chauffer jusqu'à ébullition   to heat to boiling
 mener, porter à ébullition   to bring to boil
échantillon m.   sample
échappement m.   exhaust (car)
 tuyau d'échappement m.   exhaust pipe
écharpe f.   scarf
échouer   to fail
 échouer à l'examen   to fail the exam
éclair m.   flash of lightening
éclairage m.   lighting, lights
éclaircie f.   clearing (sky)
école f.   school
 école élémentaire (primaire)   elementary school
 école maternelle   nursery school
 école polyvalente   comprehensive secondary school (Quebec)
 école secondaire   secondary school
économie f.   economy
 en économie   economy class
écouter   to listen, to listen to
écouteurs m. pl.   headsets
écran m.   screen
écrire   to write
 machine à écrire f.   typewriter
écrou m.   nut

effet m.   effect
 effets personnels   personal belongings
égalité f.   equality
 à égalité   tied (sports score)
égarer   to wander, to misplace
 Je me suis égaré.   I'm lost.
égoutter   to strain
égouttoir m.   drainboard, dish drainer
électricien m., *électricienne* f.   electrician
électrique   electric
électrocardiogramme m.   electrocardiogram
élégant, -e   luxurious
élève m./f.   pupil, student (elementary and secondary school)
embarquement m.   departure
embauchoir m.   shoe tree
embouteillage m.   traffic jam
embrayage m.   clutch (car)
embrayer   to engage the clutch (car)
émeraude f.   emerald
émincé, -e   cut in thin slices
emmener   to take, to lead away (person)
empesé, -e   starched
emploi m.   use
 emploi du temps   schedule
employé m., *employée* f.   employee
emprunt m.   loan
 faire un emprunt   to take out a loan
 faire un emprunt hypothécaire   to take out a mortgage
emprunter   to borrow
en   of it, it
encaisser   to cash (check)
enceinte   pregnant
enclos m.   enclosure
 enclos de pratique   bullpen (baseball)
encolure f.   collar size
encre f.   ink
s'endormir   to go to sleep, to fall asleep
endosser   to endorse
enfant m./f.   child
enflé, -e   swollen
enfoncer   to hammer, to drive in
 enfoncer le clou dans le mur   to hammer the nail into the wall
enjoliveur m.   hubcap
enlever   to take off, to take out, to remove
enregistrer   to check (luggage); to record (music)
enregistreur m.   recorder
s'enrhumer   to catch a cold
 être enrhumé, -e   to have a cold
enroué, -e   hoarse
enrouleur m.   film winder
enseignement m.   teaching
enseigner   to teach
ensoleillé, -e   sunny
ensuite   next

entendre   to hear
　Je vous entends mal.   I can't hear you very
　　well.
entracte m.   intermission
entraîneur m.   coach, trainer
entre   between
entrecôte f.   ribsteak
entrée f.   first course, hors d'oeuvre; admission
　(theater)
　prix d'entrée m.   admission price
entrer   to enter, to go in
enveloppe f.   envelope
envelopper   to wrap
environs m. pl.   outskirts
　les environs de la ville   the outskirts of the city
envoi m.   sending; mail
　envoi recommandé   registered mail
envoyer   to send
épaule f.   shoulder
épicerie f.   small grocery store
épicier m.   grocer
épilepsie f.   epilepsy
épinards m. pl.   spinach
épingle f.   pin
　épingle de sûreté   safety pin
éplucher   to peel (potatoes and fruit)
éponge f.   sponge
épousseter   to dust
équipage m.   crew
équipe f.   team
　équipe adverse   opposing team
équipement m.   equipment
　équipement hi-fi   audio equipment
erreur f.   error
escale f.   stop (plane)
escalope f.   scallopini
escargot m.   snail
espadrille f.   sandal
　espadrille de plage   beach sandal
espagnol, -e   Spanish
espagnol m.   Spanish (language)
espérer   to hope
essence f.   gasoline
　bidon d'essence de réserve m.   reserve gas can
　fuite d'essence f.   gas leak
　essence ordinaire   regular gas
　essence avec plomb   leaded gasoline
　essence sans plomb   unleaded gasoline
　essence régulière   regular gasoline
　essence super   super gasoline
　jauge d'essence f.   fuel gauge
　litre d'essence m.   liter of gas
　pompe à essence f.   fuel pump
　réservoir à essence m.   gas tank
　station d'essence f.   gas station
essieu m.   axle
essuie-glace m.   windshield wiper

essuie-mains m.   hand towel
estomac m.   stomach
étage m.   floor
　deuxième étage   third floor
étagère   shelf
　étagère à livres   bookshelf
été m.   summer
　en été   in the summer
éteindre   to turn off, to put out, to extinguish
　(light)
éternuer   to sneeze
étiquette f.   label
étoffe f.   material, cloth
étouffée, à l'étouffée   steamed
être   to be
　vous serez   you will be
étroit, -e   narrow
études f. pl.   studies
　programme d'études m.   course of study
étudiant m., *-e* f.   student (university)
étuvée, à l'étuvée   steamed
évier m.   kitchen sink
　boucher, fermer l'évier   to plug the drain
　vider l'évier   to empty the sink
examen m.   examination, exam
examiner   to examine
expéditeur m.   sender
expirer   to exhale, to breathe out
expliquer   to explain
express   express
extérieur m.   the outside
　à l'extérieur de   outside of
externe m./f.   day student
extinction f.   extinction
eye-liner m.   eyeliner

facile   easy
facteur m., *factrice* f.   letter carrier
facture f.   bill; receipt
facturer   to charge
faculté f.   school (of law, medicine, etc.)
　faculté des lettres   school of liberal arts
　faculté de médecine   medical school
faim f.   hunger
　avoir faim   to be hungry
faire   to do, to make; to dial (phone)
　faire plus infinitive   to have something done
　Je fais du 40.   I take size 40.
　Que fait-on pour aller à . . . ?   How does one
　　get to . . . ?
　Qu'est-ce que je fais pour aller à . . . ?   What
　　do I do to get to . . . ?
falloir   to have to
　il me faut   I need
famille f.   family
farine f.   flour
faubourg m.   quarter, borough

faute f.   error; foul (sports)

fauteuil m.   armchair, seat (theater)

   fauteuil d'orchestre   orchestra seat

   fauteuil roulant   wheelchair

favoris m. pl.   sideburns

   Veuillez me tailler les favoris.   Please trim my
     sideburns.

fécal, -e   fecal

   matières fécales   feces

   analyse de matières fécales   feces analysis

femme de chambre f.   chambermaid

fenêtre f.   window

fente f.   slot

fer m.   iron

   fer à friser   curling iron

   fer à repasser   iron

   donner un coup de fer à   to iron, to press

fermeture éclair f.   zipper

fermoir m.   fastener

feu m.   light, fire

   feu de camp   campfire

   feux de circulation   traffic lights

   feux de croisement   low beams (headlights)

   feux de position   parking lights

   feux de route   high beams (headlights)

   faire du feu   to make a fire

feuille f.   leaf

   portefeuille m.   wallet

feutre m.   felt

fibre de verre f.   fiberglass

ficelle f.   cord, string

fiche f.   card, index card

   fiche d'inscription   registration card

fièvre f.   fever

   avoir de la fièvre   to have a fever

figure f.   face

fil m.   cord, wire

   fil électrique   electrical cord

file f.   line

filet m.   net; filet (beef)

   filet d'arrêt   catcher's backstop (baseball)

   filet à cheveux   hairnet

film m.   film

   film d'amour   love story

   film d'aventures   adventure film

   film d'espionnage   spy story

   film policier   police story

   montrer, passer un film   to show a film

filtre m.   filter

   filtre à huile   oil filter

   filtre U.V.   ultraviolet filter

fin f.   end

fixation f.   binding (ski)

flacon m.   bottle

flanelle f.   flannel

flèche f.   arrow

fleur f.   flower

flotter   to float

flûte f.   flute

foie m.   liver

foin m.   hay

folklorique   folk

foncé, -e   dark

fonctionner   to work (thing)

   ne pas fonctionner   to not work, to be out of
     order

fondre   to melt

fonds m. pl.   funds

football m.   soccer, football (Canada)

former   to form; to dial

formulaire m.   form

formule f.   request, formula

fort, -e   strong

fouet m.   wire whisk, egg beater

foulard m.   scarf

se fouler   to sprain (wrist)

foulure f.   sprain

four m.   oven

   au four   baked

   four/grille-pain   toaster oven

   four à micro-ondes   microwave oven

fourchette f.   fork

fourré, -e   fur-lined

fourrure f.   fur

   manteau de fourrure m.   fur coat

fracture f.   fracture

   fracture compliquée   compound fracture

   réduire la fracture   to set the bone

fragile   fragile

frais, fraîche   fresh; cool

   faire frais   to be cool (weather)

frais m.   charge, expense, fee, commission charge

   à frais virés (Canada)   collect (call)

   frais d'inscription   tuition fee

   faire virer les frais (Canada)   to reverse the
     charges

   sans frais   without charge

   *Les frais sont portés automatiquement sur votre
     compte.*   The expenses are charged directly
     to your account.

franc m.   franc (French money)

   C'est à 7 francs le dollar.   It's 7 francs to the
     dollar.

français, -e   French

français m.   French (language)

frapper   to hit; to bat (baseball)

frappeur m.   batter (baseball)

   rectangle du frappeur   batter's position

frein m.   brake

   garnitures des freins f. pl.   brake linings

   frein à main (de stationnement)   hand brake

   frein à pied   footbrake

   liquide de freins m.   brake fluid

   pédale de frein f.   brake pedal

   resserrer les freins   to tighten the brakes

freiner   to break (car)

fréquence f.　　frequency
frire　　to fry
frisé, -e　　curly
friser　　to curl
frissons m.pl.　　chills
　J'ai des frissons.　　I have chills.
frit, -e　　fried
　frit à grande huile　　deep fried
froid, -e　　cold
　avoir froid　　to be cold (people)
　faire froid　　to be cold (weather)
fromage m.　　cheese
　râpe (à) fromage f.　　cheese grater
front m.　　forehead
frotter　　to scrub
　frotter à la brosse　　to scrub
fruit m.　　fruit
fruitier m.　　fruit and vegetable store
fuire　　to leak
fuite f.　　leak
fumé, -e　　smoked
fumer　　to smoke
　défense de fumer　　no smoking
fumeur m.　　smoker
　compartiment fumeurs m.　　smoking car (train)
　compartiment non-fumeurs m.　　no-smoking car (train)
　section, zone fumeurs f.　　smoking section (plane)
　section, zone non-fumeurs f.　　no-smoking section (plane)
fusible m.　　fuse
　boîte à fusibles　　fusebox
　Un fusible a sauté.　　A fuse blew.

gabardine f.　　gabardine
gagner　　to win
gaine f.　　girdle
gant m.　　glove
　boîte à gants f.　　glove compartment
　gant de receveur　　catcher's mitt (baseball)
　gant de toilette　　washcloth, facecloth
　gant de voltigeur　　outfield glove (baseball)
garçon m.　　waiter
garde m.　　guard
　garde plage　　lifeguard
garder　　to keep, to hold, to guard
gardien de but m.　　goal tender, goalie
gâteau m.　　cake
　mélange à gâteau m.　　cake mix
gauche　　left
　défense de tourner à gauche　　no left turn
gelée f.　　frost
geler　　to freeze
gencive f.　　gum
genou m.　　knee
genre m.　　type
géographie f.　　geography

gérant m.　　manager
gibier m.　　game (fowl)
gilet m.　　sweater, vest
　gilet de sauvetage　　life jacket
glace f.　　glass (car), mirror, ice
　lave-glace m.　　windshield washer
glaçon m.　　ice cube
glande f.　　gland
　glandes enflées　　swollen glands
gomme f.　　eraser
gonfler　　to fill with air
gorge f.　　throat
graissage m.　　grease job
　faire un graissage　　to do a grease job
graisse f.　　grease
grammaire f.　　grammar book
gramme m.　　gram
grand, -e　　big
grappe f.　　bunch (grapes)
gras, -se　　oily
grattoir m.　　scraper
gratuit, -e　　free of charge
grave　　serious
grêle f.　　hail
　Il tombe de la grêle.　　It's hailing.
griffe f.　　clip (for stone in ring)
grillé, -e　　broiled, grilled
　grillé au charbon de bois　　charcoal-broiled
grille-pain m.　　toaster
griller　　to burn out, to go out (light bulb)
grincement m.　　rattling noise
grincer　　to rattle
grippe f.　　flu
groom m.　　bellhop
gros, -se　　big, large, fat
groupe m.　　group
　groupe sanguin　　blood type
guérir　　to get well, to be cured
guichet m.　　ticket window; window (post office); box office
guide m.　　guide
　guide des spectacles　　entertainment guide
guitare f.　　guitar
gymnase m.　　gymnasium

habit m.　　dress coat, tails
habiter　　to live in
hache f.　　axe
haché -e　　minced
hamac m.　　hammock
hameçon m.　　fish hook
　prendre le poisson à l'hameçon　　to hook the fish
hanche f.　　hip
haut, -e　　high
haut m.　　top
　en haut de　　at the top of
　sur le haut　　on top

hautbois m.   oboe
haut-parleur m.   loudspeaker
harpe f.   harp
heure f.   hour
  à l'heure   on time
  heures de pointe, heures d'affluence   rush hours
  toute les demi-heures   every half hour
hier   yesterday
histoire f.   history; story
hiver m.   winter
  en hiver   in the winter
hockey m.   hockey
homme m.   man
hôpital m.   hospital
horaire m.   schedule, timetable
hors   out, outside
  hors des limites (du terrain)   out of bounds (tennis)
hors-d'oeuvre m.   hors d'oeuvre, first course
hôtel m.   hotel
hôtesse de l'air f.   stewardess
hublot m.   window (airplane)
  un siège côté hublot   a window seat
huile f.   oil; vegetable oil
  fuite d'huile f.   oil leak
  jauge (à) d'huile f.   dipstick
  Pourriez-vous faire une vidange d'huile?   Could you change the oil?
humide   humid
hypermarché m.   large supermarket
hypothécaire   pertaining to a mortgage
  faire un emprunt hypothécaire   to take out a mortgage
hypothèque m.   mortgage

ici   here
  d'ici   from here
il y a   there is, there are
s'immatriculer   to register (university)
immédiat, -e   immediate
imperméable m.   raincoat
imprévu, -e   unexpected
imprimé, -e   print
indéfrisable m.   permanent wave
indicateur de vitesse m.   speedometer
indicatif m.   code
  indicatif de département   area code (France)
  indicatif régional   area code (Canada)
  indicatif de zone   zone code
indigestion f.   indigestion
indiquer   to indicate
infirmier m., *infirmière* f.   nurse
informations f. pl.   news
infroissable   wrinkle-resistant
injection f.   injection
inscription f.   registration
s'inscrire   to check in (hotel); to enroll, to register (course)

insecte m.   insect
  chasse-insectes m. (Canada)   insect repellent
  piqûre d'insecte f.   insect bite
  produit contre les insectes   insect repellent
insensibiliser   to give an anesthetic
  Insensibilisez-moi la dent.   Give me an anesthetic (for dental work).
insolation f.   sunstroke
inspirer   to breathe, to breathe in, to inhale
instant m.   instant
instituteur m., *institutrice* f.   teacher (elementary school)
instrument m.   instrument
  instrument à cordes   stringed instrument
  instrument de musique   musical instrument
  instrument à percussion   percussion instrument
  instrument à vent   wind instrument
insuffisant, -e   failing (grade)
intense   intense
interdit, -e   forbidden
  sens interdit   no entry
intérêt m.   interest
  taux d'intérêt m.   interest rate
  toucher des intérêts   to get interest
intérieur m.   interior
  à l'intérieur de   within
interne m.   intern
intermédiaire m.   intermediary
  passer par l'intermédiaire de   to go through (person)
interrupteur m.   light switch
interurbain, -e   long-distance, between cities
  carte interurbaine f. (Canada)   telephone credit card
intestin m.   bowel
intoxication f.   poisoning
  intoxication alimentaire   food poisoning
intraveineux, -euse   intravenous
introduire   to introduce, to put in
invité m., *-e* f.   guest
italien, -ne   Italian
italien m.   Italian (language)

jalousie f.   jealousy; Venetian blind
jambe f.   leg
jambon m.   ham
jardin m.   garden
  jardin d'enfants (Canada)   kindergarten
jarretelle f.   garter
  porte-jarretelles m.   garter belt (women)
jauge f.   gauge
  jauge (à) d'huile   dipstick
jazz m.   jazz
jean m.   jeans
jersey m.   jersey
jeter   to throw, to throw out
jeton m.   token

jeu m.   game
  double jeu   double play (baseball)
  jeu blanc   no-score game
  ligne des jeux f.   boundaries
joint m.   gasket (car); joint
jointure f.   joint
joue f.   cheek
jouer   to play; to be showing (film)
  jouer à + sport   to play (a sport)
  jouer de + musical instrument   to play (instrument)
joueur m.   player
  abri m., *ligne* f. *des joueurs*   dugout (baseball)
  joueur de défense droit   right back (defense, hockey)
  joueur de défense gauche   left back (defense, hockey)
jour m.   day
  par jour   by the day
  jour férié   holiday
  tous les jours   every day
journal m. (*journaux* pl.)   newspaper
journée f.   day
jupe f.   skirt
  jupe de la ligne A   A-line skirt
jupon m.   slip (clothes)
  demi-jupon   half-slip
jus m.   juice
  au jus   in its juices
  jus d'orange   orange juice
  jus d'orange surgélé concentré   frozen concentrated orange juice
jusqu'à   until

kilo m.   kilogram
  demi-kilo   half a kilogram
kilométrage m.   measure of kilometers traveled (akin in meaning to "mileage")
kilomètre m.   kilometer
  kilomètres à l'heure   kilometers an hour
  C'est combien par kilomètre?   How much is it per kilometer?
kiosque m.   stand
  kiosque à journaux   newsstand
klaxon m.   horn
klaxonner   to blow the horn

lacet m.   shoelace, shoestring
laine f.   wool
  laine peignée   worsted wool
laisser   to leave (a thing)
  laisser tomber   to drop
laitue f.   lettuce, head of lettuce
lame f.   blade
lampadaire m.   floor lamp
lampe f.   lamp
  lampe de poche   flashlight
lancer m.   pitch (baseball)
  mauvais lancer   wild pitch

lancer   to toss, to throw; to pitch (baseball); to shoot (basketball)
lanceur m.   pitcher (baseball)
langue f.   tongue
lanterne f.   headlight
  allumez vos lanternes   headlights on
laque f.   hair spray
large   wide
launderette f.   self-service laundry
lavable   washable
lavabo m.   washbasin, sink (bathroom)
lavage m.   washing
  faire le lavage   to do the laundry
lave-glace m.   windshield washer
laver   to wash
  machine à laver f.   washing machine
  se laver   to wash oneself
laverie f.   laundry
lavette f.   dishcloth, dishrag
lave-vaisselle m.   dishwasher
lecture f.   reading
  livre de lecture m.   reader
léger, légère   light
légume m.   vegetable
  épluche-légumes m.   vegetable peeler
lentement   slowly
lessive f.   detergent, soap powder
  faire la lessive   to do the laundry
lettre f.   letter
  papier à lettres m.   writing paper
lever   to rise
  au lever du rideau   when the curtain goes up
  se lever   to get up; to go up; to rise (curtain)
  se lever de table   to get up from the table
levier m.   shift
  levier de changement de vitesse   gear-shift lever
lèvre f.   lip
  rouge à lèvres m.   lipstick
libérer   to vacate (room)
librairie f.   bookstore
libre   free, vacant, available
license f.   master's degree
ligne f.   line (air, train, bus, telephone, fishing)
  grandes lignes   long-distance lines (trains)
  ligne aérienne   airline
  lignes de banlieue   commuter lines (trains)
  ligne des joueurs   dugout (baseball)
  La ligne est défectueuse.   There is trouble on the line.
  La ligne est occupée.   The line (phone) is busy.
  On nous a coupé la ligne.   We were cut off.
lime f.   file
limitation f.   limitation
  limitation de vitesse   speed limit
linge m.   laundry
liquide m.   fluid, liquid
lire   to read

lit m.   bed
  bois de lit m.   bedframe
  colonne de lit f.   bedpost
  couvre-lit m.   bedspread
  dessus-de-lit m.   bedspread
  grand lit   double bed
  lit double   double bed
  lit simple   single bed
  lits jumeaux   twin beds
  tête de lit f.   headboard
  faire son lit   to make one's bed
litre m.   liter
littérature f.   literature
livre m.   book
  livre d'occasion   second-hand book
livret m.   booklet
  livret d'épargne   passbook, bankbook
local, -e   local
location f.   rental
loge f.   box (theater)
loin   far
  plus loin   farther on
long, longue   long
  le long de   throughout
lotion f.   lotion
  lotion après rasage   after-shave lotion
  lotion de bronzage progressif   tanning lotion
  lotion solaire   suntan lotion
louche f.   ladle
louer   to rent
lumière f.   light
  allumer la lumière   to turn on the light
  éteindre la lumière   to turn off the light
lumineux, -euse   illuminated
lunettes f. pl.   eyeglasses, goggles
  lunettes de soleil   sunglasses
  lunettes solaires (Canada)   sunglasses
lustre m.   chandelier
lycée m.   lycée (French secondary school)

machine f.   machine
mâchoire f.   jaw
magasin m.   store
  grand magasin   department store
  magasin de chaussures   shoe store
magazine m.   magazine
magnétophone m.   tape recorder
maillot m.   jersey; hockey sweater
  maillot de bain   bathing suit
  maillot de corps   undershirt
main f.   hand
  essuie-mains m.   hand towel
mais   but
maison f.   house
maîtresse f.   elementary school teacher
mal   bad, badly
  avoir mal à   to hurt
  avoir du mal à   to have difficulty

  faire mal à   to hurt
  Cela me fait mal ici.   It hurts me here.
  Est-ce que cela vous fait mal?   Does that hurt?
malade   sick
malade m./f.   sick person
maladie f.   illness
malle f.   trunk
mallette f.   briefcase, attaché case
manche f.   sleeve; inning (baseball)
  à manches longues   with long sleeves
manchette f.   cuff
  bouton de manchette m.   cuff link
mandat m.   money order
  formule de mandat f.   money order request
manger   to eat
manivelle f.   crank
manquer   to miss, to be lacking, missing; to miss
  (a plane)
  il manque . . .   . . . is missing
manteau m.   coat
manucure f.   manicure
maquillage m.   makeup
se maquiller   to put on makeup
marchand m.   merchant
  marchand de légumes   green grocer
  marchand de vin   liquor store
marche f.   walking
  faire (engager la) marche arrière   to put the
  car in reverse
marcher   to work (machine)
marée f.   tide
  marée basse   low tide
  marée haute   high tide
  La marée descend.   The tide is going out.
  La marée monte.   The tide is coming in.
marmite f.   pot
marque f.   brand; score
  La marque est à égalité.   The score is tied.
marquer   to score
  marquer un but   to make, to score a goal
  marquer un point   to score
marteau m.   hammer
mascara m.   mascara
masque m.   mask
mât m.   pole (tent)
match m.   game (baseball, hockey, football, soccer); set (tennis)
matelas m.   mattress
  matelas gonflable, pneumatique   air mattress
mathématiques f. pl.   mathematics
matière f.   subject (school)
matin m.   morning (time of day)
  le matin   in the morning
matinée f.   morning (time span)
mauvais, -e   bad, rough (sea)
  faire mauvais   to be bad (weather)
mécanicien m. *mécanicienne* f.   mechanic
méconduite f.   misconduct

médecin m.   doctor
médicament m.   medicine
mélange m.   mixture, mix, combination
membre m.   member
même   same
 vous-même   yourself
ménage m.   housework
 faire le ménage   to do housework
mener   to take, to bring
mensuel, -le   monthly
menton m.   chin
menu m.   menu
 *menu du jour, menu à prix fixe, menu promotion-
 nel, menu table d'hôte, menu touristique*
 fixed-price menu
mer f.   sea, ocean
merci   thank you
message m.   message
mesure f.   measurement
 Faites-vous . . . sur mesure?   Do you make . . .
 to measure?
 Veuillez prendre mes mesures.   Please take my
 measurements.
mètre m.   meter
métro m.   subway
 prendre le métro   to take the subway
 station de métro f.   subway station
mets m.   dish (type of cuisine)
mettre   to put, to place
meuble m.   piece of furniture
mezzanine f.   mezzanine
mien, -ne   mine
mijoter   to cook slowly, to cook on a low flame
milieu m.   middle
 au milieu   in the middle
millimètre m.   millimeter
mine f.   refill (pen)
 porte-mine m.   pencil case
minute f.   minute
miroir m.   mirror
mise en plis f.   set (hair)
mitaine f.   mitten; catcher's mitt
mixer m.   blender
modique   modest
moins   less
 au moins   at least
mois m.   month
molaire f.   molar
moment m.   moment
 pour le moment   at this moment
monde m.   world
 tout le monde   everyone
monnaie f.   change
 pièce de monnaie f.   coin
 porte-monnaie m.   change purse
 donner, faire la monnaie de   to change, to
 make change

montagne f.   mountain
monter   to go up; to come in (tide)
 monter les bagages   to take up luggage (to a
 room)
montre f.   watch
 Ma montre s'est arrêtée.   My watch has
 stopped.
 Ma montre avance.   My watch is fast.
 Ma montre retarde.   My watch is slow.
montrer   to show
monture f.   frame (eyeglasses)
morceau m.   piece
mordre   to bite
 mordre à l'hameçon   to swallow the bait
mort f.   death
 au point mort   in neutral (car)
 Mort!   Out! (baseball)
mot m.   word
moteur m.   motor
 Le moteur chauffe.   The motor is overheating
 Le moteur cliquette.   The motor knocks.
 Le moteur a des ratés.   The motor misfires.
 Le moteur tourne mal.   The motor is firing.
mou, molle   soft
mouchoir m.   handkerchief
 mouchoir de papier   tissue
moule m.   mold
 moule à gâteau   cake pan
 moule à tarte   pie pan
moulin m.   mill
 moulin à poivre   pepper mill
moulinet m.   fishing reel
mousse f.   foam
mousseline f.   muslin
moustache f.   moustache
 Veuillez me tailler la moustache.   Please trim
 my moustache.
moustique m.   mosquito
 anti-moustiques m., *chasse-moustiques* m. (Canada)   mosquito repellent
muni, -e   with, furnished with
mur m.   wall
mûr, -e   ripe
muscle m.   muscle
musée m.   museum
musique f.   music
 musique classique   classical music
 musique de jazz   jazz music
 musique d'opéra   opera music
 musique rock   rock music
 musique folklorique   folk music

nager   to swim
nappe f.   tablecloth
natation f.   swimming
 faire de la natation   to go swimming
nausée f.   nausea
 avoir des nausées   to be nauseous

navigateur m.   navigator
   poste du, siège du navigateur   navigator's seat
ne   no
   ne . . . ni . . . ni   neither . . . nor
   ne . . . plus   no more, no longer
   ne . . . rien   nothing
nécessaire   necessary
négatif m.   negative (film)
neige f.   snow
   chute de neige f.   snowfall
   tempête de neige f.   snowstorm
neiger   to snow
nerf m.   nerve
nettoyage m.   cleaning, dry cleaning
   service de nettoyage m.   dry-cleaning service
   faire un nettoyage à la brosse   to scrub
nettoyer   to clean, to dry-clean, to scrub
   nettoyer à sec   to dry-clean
neutre m.   neutral
   Que fait-on pour mettre la voiture au neutre?
    How does one put the car in neutral?
nez m.   nose
noir, -e   black
nom m.   name
   au nom de   in the name of
note f.   bill; note; grade (school)
   prendre des notes   to take notes
nourrir   to feed
   nourrir par intraveineuse   to feed intravenously
nouveau, nouvelle   new
nuage m.   cloud
   Il y a des nuages.   It's cloudy.
nuageux, -euse   cloudy
   être nuageux   to be cloudy
nuit f.   night
   table de nuit f.   nightstand
numéro m.   number
   appel de numéro à numéro (Canada)   station-to-station call
   composer le numéro, faire le numéro, former le numéro   to dial the number
   Vous vous êtes trompé de numéro.   You have the wrong number.
nylon m.   nylon

objectif m.   lens (camera)
obligatoire   required
obstétricien m., *-ne* f.   obstetrician
obtenir   to obtain, to get
obturateur m.   shutter (camera)
occupé, -e   busy
s'occuper de   to look after
odeur f.   odor
œil m. (*yeux* pl.)   eye
   jeter un coup d'œil sur   to look at, to glance at
œuf m.   egg
œuvre f.   work (book, art)
office m./f.   galley; pantry
officiel, -le   official

offrir   to offer
oignon m.   onion
ongle m.   nail (finger, toe)
   ciseaux à ongles m. pl.   nail scissors
   coupe-ongles m.   nail clippers
   lime à ongles f.   nail file
   vernis à ongles m.   nail polish
opéra m.   opera
   opéra comique   comic opera
opérateur m., *opératrice* f.   telephone operator
opération f.   operation
   salle d'opération f.   operating room
   table d'opération f.   operating table
   faire une opération   to do an operation, to operate
   subir une opération   to have an operation
opérer   to operate
   opérer quelqu'un de   to operate on someone for
opérette f.   light opera, musical comedy
or m.   gold
orage m.   storm
   Il fait de l'orage.   There's a thunderstorm.
   orage de vent   windstorm
orageux, -euse   stormy
orange f.   orange
orchestre m.   orchestra
   chef d'orchestre m.   conductor
ordinaire   ordinary; inexpensive (restaurant)
ordonnance f.   prescription
   faire remplir une ordonnance   to fill a prescription
ordre m.   order
   Tout est en ordre.   Everything is in order.
ordures f. pl.   garbage
   boîte à ordures f.   garbage can
   pelle à ordures f.   dustpan
   sac à ordures m.   garbage bag
   jeter les ordures   to throw out the garbage
   vider les ordures   to empty the garbage
oreille f.   ear
   boucles d'oreilles pour oreilles percées f.   pierced earrings
   avoir mal à l'oreille   to have an earache
oreiller m.   pillow
   taie d'oreiller f.   pillowcase
oreillons m. pl.   mumps
orteil m.   toe
orthopédiste   orthopedic doctor
os m.   bone
   réparer l'os   to set the bone
oublier   to forget
ouvert, -e   open
ouverture f.   opening
ouvrage m.   work (book, art)
ouvreuse f.   usher
ouvrir   to open
oxygène m.   oxygen
   masque à oxygène m.   oxygen mask
   tente à oxygène f.   oxygen tent

paiement m.   payment
paille f.   straw
paire f.   pair
palet m.   hockey puck
palme f.   flipper
pané, -e   breaded and deep fried
panier m.   basket
panne f.   breakdown
  en panne   broken down
  tomber en panne   to break down
pansement m.   bandage
  mettre un pansement   to put on a bandage
pantalon m.   pants
  complet pantalon m. (Canada)   pantsuit
  ensemble pantalon m.   pantsuit
pantoufle f.   slipper
papetier m.   stationer
papier m.   paper
  papier brouillon   scratch paper
  papier buvard   blotting paper
  papier à dessin   drawing paper
  papier hygiénique   toilet paper
  papier à lettres   writing paper
paquet m.   package
par   by, through
parapluie m.   umbrella
parasol m.   beach umbrella
parce que   because
pardessus m.   overcoat
pardon   excuse me
pare-brise m.   windshield
pare-chocs m.   bumper
parfum m.   perfume
parler   to speak
part f.   part
  C'est de la part de qui?   Who's calling?
parterre m.   parterre (back of orchestra); flower
    bed
partie f.   game (baseball, hockey); match (tennis)
  partie en double   doubles match (tennis)
  partie en revanche   return match (tennis)
  partie en simple   singles match (tennis)
partir   to leave, to go away
passable   passing (grade)
passager m., *passagère* f.   passenger
passe f.   pass (sports)
passeport m.   passport
passer   to pass; to go to; to show (film); to come
    (bus); to strain (rice); to spend (time)
  Les autobus passent toutes les dix minutes.
    The buses come every ten minutes.
passoire f.   strainer
pastille f.   throat lozenge
patin m.   skate
patinoire f.   skating rink
pâtisserie f.   pastry, pastry shop
paupière f.   eyelid
  ombrè à paupières   eye shadow

payable   payable
payé, -e   paid
payer   to pay
  payer comptant   to pay cash
pays m.   country
péage m.   toll, tollbooth
  autoroute à péage f.   turnpike
  barrière à péage m.   tollbooth
  droit de péage m.   toll
peau f.   skin
pêche f.   fishing
  aller à la pêche   to go fishing
  faire de la pêche sous-marine   to go deep-sea
    fishing
pêcher   to fish
pedale f.   pedal
pédicure f.   pedicure
peigne m.   comb
  coup de peigne m.   comb out
peigné, -e   combed
  polyester peigné   combed polyester
  laine peignée   worsted wool
se peigner   to comb one's hair
peignoir m.   negligé
  peignoir de bain   bathrobe, beach robe
peler   to peel (fruit)
pelle f.   shovel, pan
  pelle à ordures   dustpan
pellicule f.   film (camera)
pénalité f.   penalty
  pénalité majeure   major penalty
  pénalité de méconduite   misconduct penalty
  pénalité mineure   minor penalty
penalty m.   penalty, foul
pendant   during
pendentif m.   pendant
penderie f.   clothes closet
pénicilline f.   penicillin
pension f.   pension
  demi-pension   breakfast and either lunch or
    dinner, modified American plan (hotel)
  pension complète   all meals, American plan
    (hotel)
pensionnaire m./f.   boarder
  demi-pensionnaire   day student
penthotal m.   sodium pentothal
percé, -e   pierced
perceuse f.   drill
percussion f.   percussion
perdre   to lose; to leak; to miss (basket in basket-
    ball)
  Je suis perdu(e).   I'm lost.
  La valve/le radiateur perd, fuit.   The valve/the
    radiator is leaking.
période f.   period (time)
perle f.   pearl
permanente f.   permanent wave
persiennes f. pl.   shutters

personne f.   person
peser   to weigh
petit, -e   small
   quand vous étiez petit   when you were small
peu   little
   un peu de   a little of
phare m.   lighthouse
phares m. pl.   headlights
pharmacie f.   pharmacy
photographique   photographic
physique f.   physics
piano m.   piano
pièce f.   piece (money), coin; play (theater); room
   (in house); part
   pièce d'identité   identification
   pièces de rechange   spare parts
   pièce de théâtre   play
pied m.   foot; head (celery)
   chausse-pied m.   shoehorn
   aller à pied   to walk, to go on foot
pierre f.   stone
piéton m.   pedestrian
   interdit aux piétons   no pedestrians
pile f.   battery (flashlight)
pilote m.   pilot
   poste, siège du pilote m.   pilot's seat
pilule f.   pill
pince f.   nippers
   pince à épiler   tweezers
pinces m. pl.   pliers
piquet m.   stake (tent)
   enfoncer les piquets   to drive in stakes
piqûre f.   injection; bite (insect)
   faire une piqûre   to give an injection
piscine f.   swimming pool
piste f.   ski run
   piste pour débutants   beginners' run
   piste de ski   ski run
   descendre la piste   to go down the run
piston m.   piston
placard m.   cupboard, closet (clothes)
   placard à pharmacie   medicine cabinet
place f.   place; seat; square (in a town)
   places debout seulement   standing room only
   place réservée   reserved seat
placer   to place
plafond m.   ceiling
plage f.   beach
plaire   to be pleasing
   s'il vous plaît   please
plan m.   plan; guide; map
planche f.   board
   faire de la planche   to go surfing, surfboarding
   faire de la planche à voile   to go windsurfing
plancher m.   floor
plaque f.   license plate
plat m.   dish
   plat allant au four   baking pan
   plat à feu   baking pan

plat du jour   daily special
plat principal   main course
deuxième plat   entrée
premier plat   hors d'oeuvre, first course
plateau m.   platter, tray
plâtre m.   cast
   mettre la jambe dans le plâtre   to put the leg in
   a cast
plein, -e   full
   faire le plein   to fill up (gas)
pleuvoir   to rain
   Il pleut.   It is raining.
   pleuvoir à verse, à torrents   to be raining hard
pli m.   fold
   mise en plis f.   set (hair)
pliant, -e   folding
plissé, -e   pleated
plomb m.   sinker (fishing)
plombage m.   filling (tooth)
   perdre un plombage   to lose a filling
plomber   to fill (tooth)
plomberie f.   plumbing
plombier m.   plumber
plongée f.   diving, dive
   faire de la plongée sous-marine   to scuba dive
pluie f.   rain
   pluies d'orage   thunderstorm
plume f.   pen
   porte-plume m.   penholder
plus   more
   un . . . de plus   one more
   ne . . . plus   no longer, no more
   plus de   more than
plusieurs   several
pluvieux, -euse   rainy
pneu m.   tire
   pneu crevé m.   flat tire
   pression des pneus f.   tire pressure
   changer un pneu   to change a tire
   gonfler le pneu   to put air into the tire
   Ce pneu est crevé, à plat.   This tire is flat.
poche f.   pocket
poché, -e   poached
pochette f.   small pocket
   pochette du fauteuil   seat pocket
poêle f.   frying pan
   poêle à frire   frying pan
poêlon m.   saucepan
poésie f.   poetry
poignée f.   door handle (car)
poignet m.   wrist
   Je me suis foulé le poignet.   I sprained my
   wrist.
point m.   point; run (baseball)
à point   medium (meat)
au point mort   in neutral (car)
point produit   a run batted in (baseball)

point de suture   stitch
   marquer un point   to score a point
pointu, -e   pointed
pointure f.   size (shoes, hats, gloves)
   Quelle est votre pointure?   What's your size?
pois m.   pea
   à pois   polka-dotted
poisson m.   fish
poissonnerie f.   fish market
poitrine f.   chest
poivre m.   pepper
   moulin à poivre m.   pepper mill
poivrière f.   pepper shaker
police f.   insurance policy; police department
   numéro de la police   number of the insurance
      policy
policier, policière   pertaining to police
   roman policier m.   mystery
poliomyélite f.   polio
polyester m.   polyester
   polyester peigné   combed polyester
pomme f.   apple
pomme de terre f.   potato
pompe f.   pump
pont m.   bridge
   pont arrière   rear axle
popeline f.   poplin
porc m.   pork
   peau de porc   pigskin
port payé   postage paid
porte f.   boarding gate; door; goal post (sports)
portefeuille m.   wallet
porte-monnaie m.   change purse
porter   to carry; to wear
porteur m.   porter
portier m.   doorman
portière f.   door (car)
pose f.   exposure (film)
position f.   position
postal, -e   postal
   boîte postale f.   post-office box
   carte postale f.   postcard
   case postale f. (Canada)   post-office box
   code postal m.   ZIP, postal code
poste m.   station; extension (phone in office);
      seat, position
   poste numéro   extension number (phone)
   poste de pilotage   cockpit
   poste de radio   radio
poste f.   post office
   mettre à la poste   to mail
   poste restante   general delivery
   timbre-poste m.   postage stamp
poster   to mail
pot m.   pot, jar
potage m.   thick soup
poubelle f.   wastebasket, garbage can
   vider la poubelle   to empty the wastebasket

pouce m.   thumb
poudre f.   powder
   poudre à laver   soap powder
   poudre à récurer   scouring powder
   poudre de riz   face powder
poudreux, -euse   powdery
poulet m.   chicken
   aile de poulet f.   chicken wing
   cuisse de poulet f.   chicken thigh
   poitrine de poulet f.   chicken breast
   poulet grillé au charbon de bois   barbecued
      chicken
pouls m.   pulse
   prendre son pouls   to take his or her pulse
   tâter le pouls à quelqu'un   to take someone's
      pulse
poumon m.   lung
pour   for
pourboire m.   tip
pour cent   percent
   C'est de 22 pour cent.   It's 22 percent.
pousser   to push
pouvoir   to be able to
   je pourrais   I could
   pourriez-vous   could you
   puis-je   could I
préférer   to prefer
premier, première   first
prendre   to take
   prendre des places   to buy tickets
   prendre place   to sit down
préparer   to prepare
près (de)   near
   près d'ici   near here
présentement   now
se présenter (à)   to present onself to, to go to (a
      person for information)
presque   almost
pressing m.   dry cleaner's
   au comptoir d'un pressing   at a dry cleaner's
pression f.   pressure
   pression arterielle   blood pressure
pressurisation f.   air pressure
prêt, -e   ready
   Quand est-ce que ce sera prêt?   When will it be
      ready?
prêt m.   loan
   prêt hypothécaire   mortgage
   faire un prêt   to give a loan, to loan
prier   to beg, to ask
   Nous vous prions de   We ask you to
   les passagers sont priés de se présenter à   pas-
      sengers are asked to present themselves to
primaire   primary
printemps m.   spring
   au printemps   in the spring
priorité f.   priority; right of way
   Priorité à droite.   Give right of way.

prise f.   outlet (wall); plug (electric cord)
  prise femelle, prise murale   outlet
  prise mâle   plug
  Prise!   Strike! (baseball)
privé, -e   private
prix m.   price
  à un prix modique   at a modest charge
problème m.   problem
prochain, -e   next
proche   near
  le plus proche   the nearest
se produire   to happen
professeur m.   teacher (secondary school, university)
profond, -e   deep
programme m.   program
prolonger   to prolong
se promener   to walk
pronostic m.   prognosis
propriétaire m./f.   owner
protagoniste m.   protagonist, lead (play)
provenance f.   origin
  en provenance de   leaving from
province f.   province
prudence f.   caution
public m.   public, spectators
pull-over m.   pullover sweater
punaise f.   thumbtack
punition f.   punishment; penalty
  banc de punition m.   penalty bench
pupitre m.   desk
pyjama m.   pajamas

quai m.   platform (train); embankment, pier
  passer sur le quai   to go to the platform
qualification f.   grade, qualification
quand   when
quartier m.   quarter, section (of town)
quel, quelle, quels, quelles   what
quelqu'un   someone
queue f.   line, lineup, queue
  faire la queue   to stand in line
quincaillerie f.   hardware store
quitter   to leave
  Ne quittez pas.   Don't hang up.

raccommodage m.   mending
  faire les raccommodages   to do the mending
raccommoder   to mend
raccrochage m.   hanging up
  au raccrochage   after hanging up
raccrocher   to hang up (telephone)
radiateur m.   radiator
  Le radiateur perd, fuit.   The radiator is leaking.
radio f.   radio
  poste de radio m.   radio (set)

radio-réveil m.   alarm-clock radio
radiographie f.   X ray
  faire une radiographie   to take an X ray
radiographier   to x-ray
radiologie f.   radiology
  service de radiologie m.   X-ray room
rafale f.   storm
rafraîchir   to trim (hair, beard)
rafraîchissement m.   refreshment; trim (beard, hair)
ragoût m.   stew
  en ragoût   stewed
  ragoût de bœuf   beef stew
  ragoût de porc   pork stew
raide   straight
raie f.   part (hair)
  Faites-moi la raie à droite.   Part my hair on the right.
raisin m.   grape
  grappe de raisin f.   bunch of grapes
ramasser   to collect
rame f.   oar
rang m.   row
  au premier rang   in the front row
rangée f.   row
rapide   rapid
rappel m.   curtain call
rappeler   to call back
raquette f.   tennis racket
raser   to shave
  crème à raser f.   shaving cream
  mousse à raser f.   shaving foam
  Veuillez me raser.   Please shave me.
se raser   to shave oneself
rasoir m.   razor
  coupe au rasoir f.   razor cut
  lames de rasoir f.   razor blades
  rasoir électrique   electric razor
  rasoir de sûreté   safety razor
rater   to miss (plane)
rayon m.   counter; aisle (store)
  au rayon des disques   at the record counter
rayonnages m. pl.   wall unit, shelving
rayure f.   stripe
  à rayures   with stripes
réalisateur m.   director
récepteur m.   receiver
réception f.   registration counter, desk (hotel); reception
réceptionniste m./f.   desk clerk, receptionist
receveur m.   catcher
recevoir   to receive
recharger   to recharge
réchaud de camping à gaz m.   gas burner
réclamer   to claim
recommandé, -e   registered
  courrier, envoi recommandé   registered mail
recommander   to register (mail), to send by registered mail

recoudre   to resew
reçu m.   receipt
reculer   to go back
récupération f.   recuperation, recovery
  salle de récupération   recovery room
redonner   to reconnect (phone)
redresser   to put back
réduire   to reduce; to set (fracture)
réfrigérateur m.   refrigerator
refroidissement m.   chill
regarder   to look at
  Regardez en face.   Look straight ahead.
régime m.   diet
  être au régime   to be on a diet
région f.   region
régional, -e   regional
réglage m.   regulating
  Ce carburateur a besoin de réglage.   This carburetor needs regulating.
règle f.   ruler; rule
régler   to regulate; to pay (bill)
règles f. pl.   menstrual period
rein m.   kidney
remarque f.   notice, comment
remettre   to hand over
remonte-pente m.   ski lift
remorque f.   trailer
remorquer   to tow
  remorquer à l'aide d'une corde   to tow
remplacer   to replace
remplir   to fill, to fill in
rendez-vous m.   appointment
  prendre rendez-vous avec   to make an appointment with
rendre   to deposit (bottles); to give back
renseignements m. pl.   information
rentrée f.   beginning of school term; return
renvoyer   to send back, to return
réparation f.   repair
  faire les réparations   to make the repairs
réparer   to repair
repas m.   meal
  prendre les repas   to take, eat meals
repasser   to iron
  fer à repasser m.   iron
  planche à repasser f.   ironing board
réponse f.   answer
  réponse payée   reply paid
représentation f.   performance
repriser   to darn
réservation f.   reservation
réservé, -e   reserved
réserver   to reserve
réservoir (à essence) m.   gas tank
respirer   to breathe, to breathe in, to inhale
  respirer à fond   to breathe deeply
responsable   responsible
ressemeler   to resole
resserrer   to tighten

ressort m.   spring
restaurant m.   restaurant
  restaurant universitaire   student cafeteria
reste m.   rest
rester   to stay, to remain
  Combien de temps comptez-vous rester ici?   How long do you plan to stay here?
restituer   to give back, to restore
restriction f.   restriction
retard m.   delay
  un retard de   a delay of
  en retard   late
  avoir du retard   to be late
  avoir . . . minutes de retard   to be . . . minutes late
retarder   to be slow (watch); to be late
retenir   to reserve, to book (seats)
retirer   to take out; to claim; to withdraw (money)
retour m.   return
retourner   to return
retrait m.   withdrawal; out (baseball)
  faire un retrait de fonds   to make a withdrawal of funds
rétrécir   to shrink
retrousser   to roll up
rétroviseur m.   rearview mirror
réussir (à)   to succeed; to pass (exam)
réveille-matin m.   alarm clock
  mettre le réveille-matin   to set the alarm clock
revue f.   magazine; revue (musical)
rhume m.   cold
  rhume des foins   hay fever
  avoir un rhume   to have a cold
rideau m.   curtain
  rideau de douche   shower curtain
  Le rideau se lève.   The curtain rises.
  Le rideau tombe.   The curtain goes down.
rinçage m.   rinse (hair)
rince-bouche m.   mouthwash
rincer   to rinse
  Rincez-vous la bouche.   Rinse your mouth out.
risque m.   risk
  tous risques   full coverage (insurance)
riz m.   rice
robe f.   dress
  robe de chambre   dressing gown, bathrobe
  robe du soir   evening gown
robinet m.   faucet
  fermer le robinet   to turn off the faucet
  ouvrir le robinet   to turn on the faucet
rocher m.   rock
rock m.   rock music
rôle m.   part (in play), role
roman m.   novel
  roman d'amour   love story
  roman policier   mystery
rond, -e   round
rondelle f.   hockey puck

rôti, -e   roast
rôtir   to roast
rotule f.   kneecap
roue f.   wheel
   roue de secours   spare tire
rouge   red
rougeole f.   measles
roulant m.   grounder (baseball)
rouleau m.   roller (hair)
   gros rouleaux   large rollers
   petits rouleaux   small rollers
rouler   to drive
   Je roulais à toute vitesse.   I was driving at full speed.
   Roulez lentement.   Drive slowly
roulette f.   dentist's drill
roulotte f.   trailer (caravan)
route f.   road, way
   la meilleur route   the best way
   route à quatre voies   four-lane highway
ruban m.   ribbon
   ruban adhésif   adhesive tape
   ruban pour machine à écrire   typewriter ribbon
rubis m.   ruby
rue f.   street
   rue barrée   road closed
   rue sans issue   dead end
   rue à sens unique   one-way street
   C'est à trois rues d'ici.   It's three blocks from here.

sable m.   sand
sac m.   bag, sack
   sac de couchage   sleeping bag
   sac à dos   knapsack, backpack
   sac à main   handbag, purse
saignant, -e   rare (meat)
saigner   to bleed
salade f.   salad
saladier m.   salad bowl
sale   dirty
salé, -e   salty
salière f.   saltshaker
salle f.   room; auditorium, hall
   salle d'attente   waiting room
   salle de bains   bathroom
   salle de classe   classroom
   salle à manger   dining room
   salle de séjour   family room
salon m.   living room
sandale f.   sandal
   sandale de plage   beach sandal
sang m.   blood
   faire des analyses de sang   to do a blood analysis
sanguin, -e   blood
   groupe sanguin   blood type
saphir m.   sapphire

satin m.   satin
saucière f.   gravy bowl
sauf   except
sauté, -e   sautéed
sauter   to sauté; to blow out (fuse); to jump
sauveteur m.   lifeguard
savoir   to know
savon m.   soap
   porte-savon m.   soap dish
   savon liquide   liquid soap
   savon de toilette   toilet soap
scénariste m.   scriptwriter
scène f.   scene
   mise en scène   staging
   entrer en scène   to come on stage
scie f.   saw
sciences f. pl.   science (subject)
   faculté des sciences f.   school of science
   sciences économiques   economics
   sciences naturelles   natural, biological sciences
   sciences politiques   political science
   sciences sociales   social studies
score m.   score
   Le score est à égalité. (Canada)   The score is tied.
scorer   to score
seau m.   pail
sec, sèche   dry
sèche-cheveux m.   hair dryer
sécher   to dry
se sécher   to dry oneself
séchoir m.   hair dryer; clothes dryer
second, -e   second
   en seconde classe   second class
secours m.   help
   sortie (issue—Canada) de secours f.   emergency exit
   trousse de secours f.   first-aid kit
section f.   section
sécurité f.   security
   contrôle de sécurité m.   security check
sein m.   breast
séjour m.   stay
sel m.   salt
semaine f.   week
   en semaine seulement   weekdays only
   par semaine   weekly
semelle f.   sole (shoe)
   semelles de (en) caoutchouc   rubber-soled shoes
sens m.   way
   sens interdit   no entry
   sens unique   one way
sentier m.   path
sentir   to feel
   Je ne me sens pas très bien.   I don't feel well.
serré, -e   tight
serrure f.   lock
service m.   service; service charges

services m. pl.   facilities
serviette f.   towel; napkin, serviette
  porte-serviettes m.   towel rack
  serviette de bains (douche)   bath towel
  serviette hygiénique   sanitary napkin
  serviette de table   napkin, serviette
  serviette de toilette   hand towel
servir   to serve; to use
se servir de   to use
seulement   only
shampooing m.   shampoo
si   if
siège m.   seat
sifflet m.   whistle
  donner un coup de sifflet   to blow a whistle
signal m.   signal
  le signal de fin de crédit   the signal showing
    your time is up (phone)
signer   to sign
silencieux m.   muffler
s'il vous plaît   please
simple   one way (ticket)
sirop m.   syrup
  sirop pour la gorge, la toux   cough syrup
situé, -e   situated, located
ski m.   ski, skiing
  skin alpin   alpine, downhill skiing
  ski de fond   cross-country skiing
  ski nautique   water skiing
  ski de randonnée   cross-country skiing
  station de ski   ski resort
  faire du ski   to ski, to go skiing
slip m.   underpants, panties
smoking m.   tuxedo
soccer m. (Canada)   soccer
sofa m.   sofa
soie f.   silk
soigner   to take care of
soin m.   care
  premiers soins   first aid
  soins médicaux   first aid
soir m.   evening (time of day)
soirée f.   evening (time span)
soit . . . soit   either . . . or
solaire   pertaining to the sun
  crème solaire f.   suntan cream
  huile solaire f.   suntan oil
  lotion solaire f.   suntan lotion
solde m.   balance
soleil m.   sun
  attraper un coup de soleil   to get a sunburn, to
    get sunburned
  faire (du) soleil   to be sunny (weather)
somme f.   sum
  pour une somme modique   at a modest sum
son m.   sound
  preneur de son   sound technician
sonner   to ring

sortie f.   exit
  sortie de secours   emergency exit
sortir (de)   to go out, to exit
sou m. (Canada)   cent
soucoupe f.   saucer
souffler   to exhale, to breathe out
souffrir (de)   to suffer (from)
souhaiter   to wish
soulier m.   shoe
  soulier de course   running shoe
soupape f.   valve (car)
soupe f.   soup
souper m. (Canada)   dinner
sourcil m.   eyebrow
  crayon à sourcil m.   eyebrow pencil
sous   under
sous-marin, -e   underwater
sous-sol m.   basement
sous-titre m.   subtitle
sous-vêtements m. pl.   underwear
soutien-gorge m.   brassière
se spécialiser (en)   to major (in)
spécialité f.   specialty
  spécialité de la maison   house special
spécimen m.   specimen
spectacle m.   entertainment, show
spectateur m.   spectator
sport m.   sport
stade m.   stadium
standard téléphonique m.   switchboard
standardiste m./f.   switchboard operator
starter m.   choke
station f.   station
  station balnéaire   seaside resort
stationner   to park (car)
  défense de stationner   no parking
steak m.   steak
stéréo m.   stereo
  chaîne stéréo f.   stereo (equipment, set)
stéréophonique   stereophonic
stéthoscope m.   stethoscope
steward m.   steward
stoppage m.   invisible mending
  faire le stoppage   to do invisible mending
store m.   blind
  stores vénitiens   venetian blinds
stylo m.   fountain pen
  stylo à bille   ballpoint pen
subir   to undergo
succursale f.   branch (office, bank)
sucre m.   sugar
sucrier m.   sugar bowl
sud m.   south
  au sud   facing south
suggérer   to suggest
suivre   to follow
  suivre un cours   to take a course
supermarché m.   supermarket

supplément m.   supplement (fare)
sûr, -e   sure
  bien sûr   of course
surgelé, -e   frozen
surveiller   to watch
suspension f.   suspension
  suspension avant   front suspension
suture f.   suture, stitch
  enlever les points de suture   to take out the
    stitches
  faire des points de suture   to take stitches
suturer   to stitch
sweater m.   sweater
symphonie f.   symphony
symptôme m.   symptom
synthétique   synthetic

tabac m.   tobacco
table f.   table
  mettre la table   to set the table
  se mettre à table   to sit down (at the table to
    dine)
tableau m.   painting; board; chalkboard; scoreboard
  tableau de bord   dashboard (car)
  tableau de distribution   switchboard
tablette f.   tray table
tâche f.   task
tache f.   stain
  faire disparaître une tache   to remove a stain
taché, -e   stained
tachymètre m.   tachometer
taffetas m.   taffeta
taille f.   size (clothes, hats, gloves)
  Quelle est votre taille?   What's your size?
tailler   to trim (moustache, sideburns)
tailleur m.   tailor; woman's suit
talon m.   heel; stub, receipt
tambour m.   drum
tampon m.   tampon
  tampon hygiénique   sanitary tampon
  tampon à récurer   scouring pad
tapis m.   rug
  tapis de bain   bath rug
  tapis anti-dérapant   bath mat
  tapis de sol   groundsheet
tard   late
  plus tard   later
tarif m.   fare
  à tarif réduit   reduced fare
tasse f.   cup
tâter   to take (pulse)
  lui tâter le pouls   to take his or her pulse
taux m.   rate
  taux de change   rate of exchange
  taux d'hypothèque, d'un prêt hypothécaire
    mortgage rate
  taux d'intérêt   interest rate

taxation f.   taxation
  carte de taxation   rate card
taxe f.   tax
taxi m.   taxi
Tee-shirt m.   T-shirt
teinte f.   shade (color)
teinture d'iode f.   iodine
teinturerie f.   dry cleaner's
télégramme m.   telegram
téléphone m.   telephone
  donner un coup de téléphone   to make a phone
    call
  Le téléphone ne fonctionne pas.   The telephone
    is out of order.
téléphoner (à)   to telephone
téléphoniste m./f. (Canada)   telephone operator
télésiège m.   chair lift
téléviseur m.   television set
  téléviseur en couleurs   color television set
  téléviseur en noir et blanc   black and white
    television set
tempe f.   temple (forehead)
température f.   temperature
  prendre la température de   to take someone's
    temperature
tempête f.   storm
  tempête de vent   windstorm
temps m.   time; weather
  combien de temps   how long
  mi-temps f.   halftime
  Quel temps fait-il?   What's the weather like?
tenir   to keep, to hold
  tenez votre droite   keep to the right
tennis m.   tennis
  court de tennis m.   tennis court
tension f.   tension, pressure; voltage
  lui prend la tension artérielle   takes his or her
    blood pressure
tente f.   tent
  monter une tente   to pitch a tent
terminal m. (*terminaux* pl.)   airline terminal
terminale f.   last year (school)
terminer   to finish
se terminer   to end
terrain m.   field; court (basketball); ground; site
  (camping)
terrasse f.   patio
territoire m.   territory
tête f.   head
théâtre m.   theater
théière f.   teapot
thermomètre m.   thermometer
thermos m.   thermos
thon m.   tuna
timbales m. pl.   timpani
timbre m.   stamp
timbre-poste m.   postage stamp
tirage m.   print (film)
  faire des tirages   to have prints made

tire-bouchon m.   corkscrew

tire-fesses m.   T-bar

tirer   to pull; to print (film); to shoot (hockey); to flush (toilet)

tiroir m.   drawer

tissu m.   material, cloth

   tissu croisé   denim

   tissu éponge   terry cloth

   tissu infroissable   wrinkle-resistant material

   tissu synthétique   synthetic material

toile f.   linen; cloth

toilette f.   toilet table

   faire sa toilette m.   to wash up

   gant de toilette   facecloth, washcloth

toilettes f. pl.   toilet

tomate f.   tomato

   concentré de tomates m.   tomato paste

tomber   to fall; to go down (curtain)

   laisser tomber   to let fall, to drop

tonalité f.   dial tone

   Il n'y a pas de tonalité.   There's no dial tone.

   dès réception de la tonalité   as soon as you hear the dial tone

tondeuse f.   clippers

tonner   to thunder

tonnerre m.   thunder

topaze f.   topaz

torchon m.   dishtowel

se tordre   to sprain (ankle, back)

tornade f.   tornado

torticolis m.   stiff neck

toucher   to cash (check)

touriste m./f.   tourist

touristique   tourist

tournage m.   shooting (film)

tourne-disques m.   record player

tourner   to turn; to shoot (film)

   tourner mal   to fire (car motor); to end badly

tournevis m.   screwdriver

tournoi m.   tournament

tousser   to cough

tout, toute, tous, toutes   all, every

   tout de suite   immediately

toux f.   cough

tragédie f.   tragedy

train m.   train

   train direct   direct train

   train express   express train

   train omnibus   slow, local train

   train rapide   rapid, express train

   changer de train   to change trains

tranche f.   slice

tranquillisant m.   tranquilizer

transit m.   transit

   en transit   passing through (plane travel)

transmission f.   transmission

   à transmission automatique   with automatic transmission

travail m. (*travaux* pl.)   work, labor

   en travail   in labor (childbirth)

   attention aux travaux   road work ahead

travailler   to work

travers, à travers   through

traverser   to go, to pass through, to cross

tribunes f. pl.   grandstand

tricot m.   undershirt; T-shirt; sweater, knit

   tricot de corps, de peau   undershirt

troisième   third

   en troisième   third class

trombone f.   paper clip

se tromper   to be wrong

trompette f.   trumpet

trop   too

trou m.   hole

trousse f.   kit

   trousse de premiers soins, trousse de secours, trousse de soins médicaux   first-aid kit

trouver   to find

se trouver   to be found, to be located

   où se trouve   where is

T-shirt m.   T-shirt

tuba m.   snorkel

tuberculose f.   tuberculosis

turbulence f.   turbulence

   zone de turbulences f.   turbulent zone

   Des turbulences imprévues pourraient se produire.   Unexpected turbulence could be encountered.

turquoise f.   turquoise

tuyau m.   pipe (plumbing)

tuyauterie f.   plumbing

tweed m.   tweed

uniforme m.   uniform

unique   unique

   sens unique   one way

unité f.   unit

   unité murale (Canada)   wall unit

université f.   university

urgence f.   emergency

   en cas d'urgence   in case of emergency

   salle des urgences f.   emergency room

urine f.   urine

   analyse d'urine f.   urine analysis

   spécimen des urines m.   urine specimen

usé, e   worn out

utiliser   to use

vague f.   wave

vaisselle f.   dishes

   lave-vaisselle m.   dishwasher

   faire la vaisselle   to wash the dishes

valable   valid

valeur f.   value

   envoyer en valeur déclarée   to insure

valise f.   suitcase

   défaire la valise   to unpack the suitcase

valoir   to be worth
  Combien vaut . . . ?   How much is . . . worth?
valve f.   valve
  La valve perd, fuit.   The valve is leaking.
variable   variable, unsettled
  Le temps est variable.   The weather is unsettled.
varicelle f.   chicken pox
vaudeville m.   vaudeville
veau m.   veal
  escalope de veau f.   veal scallopini, veal cutlet
vedette f.   star, lead
veine f.   vein
velours m.   velvet
  velours côtelé   corduroy
vendre   to sell
vénérien, -ne   venereal
  maladie vénérienne   venereal disease
venir   to come
  venant de   coming from
vent m.   wind
  faire du vent   windy
  D'où vient le vent?   Which way is the wind blowing?
venter (Canada)   to be windy
ventilateur m.   fan
ventre m.   abdomen
ver m.   worm
verglas m.   glazed frost
vérifier   to check
verre m.   glass
verrou m.   bolt
verrouiller   to bolt
versement m.   payment
  faire un versement   to make a deposit
  faire un versement initial de   to make a down-payment of
  faire des versements mensuels   to make monthly payments
  payer en versements échelonnés   to pay in installments
verser   to deposit
version f.   version
vert, -e   green
vertical, -e   vertical, upright
  dans la position verticale   in the upright position
vertige m.   dizziness
  avoir des vertiges (le vertige)   to be dizzy
vésicule biliaire f.   gall bladder
vessie f.   bladder
veste f.   vest
vestiaire m.   cloakroom; locker room
veston m.   vest
vêtements m. pl.   clothes, clothing
  sous-vêtements m.   underwear
  vêtements pour femmes   women's clothing
  vêtements pour hommes   men's clothing
viande f.   meat

vidange d'huile f.   oil change
  Veuillez faire la vidange et un graissage complet.   I want the car serviced. Please do an oil change and lubrication.
vide   empty
vider   to empty, to throw out
vieux, vieille   old
vilebrequin m.   crankshaft
ville f.   city, town
vin m.   wine
violent, -e   strong (current)
violon m.   violin
violoncelle m.   cello
virage m.   curve, turn
virer   to reverse (charges); to transfer (money)
  faire virer les frais   to reverse the charges
  à frais virés   with the charges reversed
vis f.   screw
  vis platinée   point (car)
visa m.   visa
visible   visible
visuel, -le   visual
vite   quickly
vitesse f.   speed; gear (car)
  boîte de vitesses f.   gear box
  compteur (indicateur) de vitesse m.   speedometer
  deuxième vitesse   second gear
  levier de changement de vitesses m.   gear-shift lever
  limitation de vitesse, vitesse limitée   speed limit
  première vitesse   first gear
  à toute vitesse   at full speed
  à une vitesse de 100 km à l'heure   at a speed of 100 km an hour
  changer de vitesse   to change gears
  passer de la première vitesse à la deuxième vitesse   to change from first to second gear
vitre f.   glass, window (car)
voici   here is, here are
  le voici   here it is
voie f.   track (train); lane (highway); way
  par voie ordinaire   by ordinary, surface mail
voilage m.   sheer curtain
voile f.   sail
  faire de la voile   to go sailing
voilier m.   sailboat
voir   to see
voiture f.   car (automobile, train)
  arrêter la voiture   to stop the car
  démarrer la voiture   to start the car
vol m.   flight
  durée de vol f.   flight time
  numéro de vol m.   flight number
  vol direct   direct, nonstop flight
  vol intérieur   domestic flight
  vol international   international flight

volaille f.   fowl
volant m.   steering wheel
voler   to fly
volet de départ m.   choke
voltage m.   voltage
voltigeur m.   outfield player (baseball)
  voltigeur centre   center fielder
  voltigeur droit   right fielder
  voltigeur gauche   left fielder
vouloir   to want to
  veuillez   please
  je voudrais   I would like
voyage m.   trip
  Bon voyage!   Have a good trip!
  livre de voyage m.   travel story
  voyage d'affaires   business trip
  voyage touristique   pleasure trip

voyager   to travel
voyageur m., *voyageuse* f.   traveler, passenger
  (train)

wagon m.   car (train)
  un compartiment de wagon-lit   sleeping car
  wagon-restaurant   dining car
W.C. m.   water closet, toilet
western m.   western
whisky m.   whiskey

xylophone m.   xylophone

zone f.   zone, area, section
  indicatif de zone m.   zone code
  zone bleue   restricted parking

Glossary: English–French
Glossaire: Anglais–Français

abdominal   *abdominal, -e*
able   *capable*
  to be able   *pouvoir*
  could you   *pourriez-vous*
abscess   *abcès* m.
accelerate v.   *accélérer*
accelerator   *accélérateur* m.
accept v.   *accepter*
account   *compte* m.
  checking account   *compte (de) chèques*
  savings account   *compte d'épargne*
acrylic   *acrylique*
act   *acte* m.
actor   *acteur* m.
actress   *actrice* f.
add v.   *ajouter*
address   *adresse* f.
  sender's address   *adresse de l'expéditeur*
addressee   *destinataire* m.
admission   *entrée* f.
  admission price   *prix d'entrée* m.
advance   *avance* f.
  in advance   *à l'avance*
adventure   *aventure* f.
  adventure film   *film d'aventures* m.
advise v.   *conseiller*
after   *après*
against   *contre*
agent   *agent* m.
aid   *aide* m.
  first aid   *premiers soins*
air   *air* m.
  air-conditioned   *climatisé, -e*
  air conditioner   *climatiseur* m.
  air-conditioning   *climatisation* f.
  airmail   *par avion*
  air pressure   *pression de l'air* f., *pressurisation* f.
  air sickness   *mal de l'air* m.
airline   *compagnie d'aviation* f., *ligne aérienne* f.
airplane   *avion* m.
  to change planes   *changer d'avion, prendre une correspondance*
airport   *aéroport* m.
aisle   *couloir* m; *allée* f. (airplane); *rayon* m. (store)
alcohol   *alcool* m.
alcoholic   *alcoolisé, -e*
all   *tout, toute, tous, toutes*
allergic   *allergique*
allergy   *allergie* f.
almost   *presque*

along   *le long de*
also   *aussi*
alternator   *alternateur* m.
altitude   *altitude* f.
ambulance   *ambulance* f.
American plan   *pension complète* f.
amethyst   *améthyste* f.
amplifier   *ampli-tuner* m.
analysis   *analyse* f.
anesthetic   *anesthésique* m.
  Give me an anesthetic.   *Insensibilisez-moi.*
anesthesiologist   *anesthésiste* m./f.
animated   *animé, -e*
ankle   *cheville* f.
  to sprain one's ankle   *se tordre la cheville*
announce v.   *annoncer*
answer   *réponse* f.
antibiotic   *antibiotique* m.
aperitif   *apéritif* m.
appear v.   *apparaître*
appendectomy   *appendicectomie* f.
appendicitis   *appendicite* f.
appendix   *appendice* m.
appetizer   *hors-d'œuvre* m., *entrée* f.
applaud v.   *applaudir*
apple   *pomme* f.
appointment   *rendez-vous* m.
  to make an appointment   *prendre rendez-vous*
appropriate   *approprié, -e*
approximately   *approximativement*
arm   *bras* m.; *branche* f. (eyeglasses)
armchair   *fauteuil* m.
arrival   *arrivée* f.
arrow   *flèche* f.
arthritis   *arthrite* f.
arts   *arts* m. pl.
  liberal arts   *lettres* f. pl.
ashtray   *cendrier* m.
ask v.   *demander; s'adresser à* (a person for information); *prier* (request)
  Passengers are asked to . . .   *Les passagers sont priés de . . .*
  We ask you to . . .   *Nous vous prions de . . .*
assume v.   *assumer*
asthma   *asthme* m.
at   *à*
attach v.   *attacher*
attaché case   *mallette* f.
attack   *crise* f. (medical)
attention   *attention* f.

audio   *sonore*
  audio equipment   *appareils sonores* m. pl.,
    équipement hi-fi m.
auditor   *auditeur libre* m. (course)
automatic   *automatique*
automatically   *automatiquement*
automobile   *automobile* f., *auto* f., *voiture* f.
autumn   *automne* m.
  in autumn   *en automne*
available   *libre* (hotel room, seats)
avenue   *avenue* f.
axe   *hache* f.
axle   *essieu* m.
rear axle   *pont arrière* m.

back   *dos* m.; *dossier* m. (of seat); *arrière* f.
  (hockey)
  in back of   *derrière*
  in the back   *en arrière*
  to sprain one's back   *se tordre le dos*
backstop   *filet d'arrêt* m. (baseball: catcher's
  backstop)
backward   *en arrière*
  to go backward   *reculer* (car)
bacon   *bacon* m.
bad   *mauvais, -e*
  to be bad weather   *faire mauvais*
badly   *mal*
bag   *sac* m.
  Could you bring down my bags?   *Je voudrais*
    faire descendre mes bagages.
baggage   *bagages* m. pl.
  baggage claim check   *bulletin de consigne* m.
    (train); *bulletin de bagages* m., *talon* m.
  baggage rack   *compartiment à bagages* m.,
    porte-bagages m.
  baggage receipt   *talon* m., *bulletin* m.
  to check baggage   *enregistrer les bagages*
bait   *appât* m.
  bait box   *boîte d'appât* f.
  to swallow the bait   *mordre à l'hameçon*
baked   *au four*
bakery   *boulangerie* f.
balance   *solde* m. (account)
balcony f.   *balcon* m.
  second balcony   *deuxième balcon*
ball   *balle* f. (baseball, tennis), *ballon* m. (football, soccer)
  curve ball   *balle courbe* (baseball)
  fast ball   *balle rapide* (baseball)
  foul ball   *fausse balle* (baseball)
  knuckle ball   *balle jointure* (baseball)
  net ball   *balle de filet, net* m. (tennis)
  sinker ball   *balle tombante* (baseball)
  spitball   *balle mouillée* (baseball)
banana   *banane* f.
bandage   *pansement* m.

bandage v.   *bander, mettre un pansement sur*
bank   *banque* f.
bankbook   *livret d'épargne* m., *carnet de banque*
  m. (Canada)
barbecued   *grillé, -e au charbon de bois*
barber   *coiffeur* m.
base   *but* m.
  first base   *premier but*
  second base   *deuxième but*
  third base   *troisième but*
  a base on balls   *un but sur balles* (baseball)
baseball   *base-ball* m.
baseman   *but* m.
  first baseman   *premier but*
  second baseman   *deuxième but*
  third baseman   *troisième but*
basement   *cave* f., *sous-sol* m.
basket   *panier* m.
basketball   *basket-ball* m., *ballon-panier* m.
  (Canada)
bass   *basse* f. (instrument)
bat   *bâton* m., *batte* f. (sports equipment)
bat v.   *frapper*
bath   *bain* m.
  to take a bath   *se baigner, prendre un bain*
bathe v.   *se baigner, prendre un bain*
bathing cap   *bonnet de bain* m.
bathing suit   *maillot de bain* m., *costume de bain*
  m. (Canada)
bath mat   *tapis anti-dérapant* m.
bathrobe   *peignoir de bain* m., *robe de chambre*
  f., *sortie de bain* f.
bathroom   *salle de bains* f.
bath rug   *tapis de bain* m.
bathtub   *baignoire* f.
batter   *frappeur* m. (baseball)
  batter's position   *rectangle du frappeur* m.
battery   *batterie* f. (car), *pile* f. (flashlight)
  The battery is dead.   *La batterie est déchargée.*
be v.   *être*
  you will be   *vous serez*
beach   *plage* f.
beam   *feu* m. (car)
  high beams   *feux de route*
  low beams   *feux de croisement*
beard   *barbe* f.
  to trim my beard   *me rafraîchir la barbe*
because   *parce que*
bed   *lit* m.
  double bed   *grand lit, lit double*
  single bed   *lit simple*
  twin beds   *lits jumeaux*
  to go to bed   *se coucher*
  to make one's bed   *faire son lit*
bedframe   *bois de lit* m.
bedpost   *colonne de lit* f.

bedroom   *chambre à coucher* f.
bedspread   *couvre-lit* m., *dessus-de-lit* m.
beef   *bœuf* m.
  beef stew   *ragoût de bœuf* m.
beer   *bière* f.
before   *avant. avant de*
begin v.   *commencer*
beginner   *débutant* m., *débutante* f.
believe v.   *croire*
bellhop   *chasseur* m., *groom* m.
belongings   *effets* m. pl.
  personal belongings   *effets personnels*
below   *en dessous*
belt   *ceinture* f.
bench   *banc* m.
  penalty bench   *banc de punition* (hockey)
best   *le (la) meilleur, -e*
between   *entre*
beverage   *boisson* f.
  beverage service   *service des boissons* m.
big   *grand, -e; ample* (clothes)
bill   *addition* f. (restaurant); *facture* f.; *note* f.
(hotel); *compte* m.; *billet* m. (money), *coupure* f.
(money)
  large bill   *grosse coupure*
  small bill   *petite coupure*
  to pay the bill   *payer le compte*
binding   *fixation* f. (ski)
biographical   *biographique*
biography   *biographie* f.; *livre biographique* m.
birth   *naissance* f.
  to give birth   *accoucher*
bite   *piqûre* f. (insect)
bite v.   *mordre*
black   *noir, -e*
bladder   *vessie* f.
blanket   *couverture* f.
bleed v.   *saigner*
blender   *mixer* m.
blind   *store* m. (window)
  venetian blind   *store vénitien* m., *jalousie* f.
blister   *ampoule* f.
block   *rue* f. (street)
  It's three blocks from here.   *C'est à trois rues d'ici.*
block v.   *arrêter*
blocked   *bloqué, -e*
blood   *sang* m.
  blood analysis   *analyses de sang* f. pl.
  blood pressure   *tension artérielle* f.
  blood type   *groupe sanguin* m.
blouse   *chemisier* m.
blow v.   *sauter* (fuse); *souffler*
  Which way is the wind blowing?   *D'où vient le vent?*
blow dry   *brushing* m.

board   *bord* m. (ship)
  on board   *à bord de*
boarder   *pensionnaire* m./f.;
boarding gate   *porte* f. (airport)
boarding pass   *carte d'accès à bord* f., *carte d'embarquement* f.
boat   *bateau* m.
  motor boat   *bateau à moteur*
  rowboat   *bateau à rames*
  sail boat   *bateau à voile*
  by boat   *en bateau*
body   *corps* m. (person); *carrosserie* f. (car)
boil v.   *bouillir*
  to bring to boil   *chauffer jusqu'à ébullition, mener (porter) à ébullition*
boiled   *bouilli, -e*
bolt   *verrou* m.
bolt v.   *verrouiller*
bone   *os* m.; *arête* f. (fish)
  to set the bone   *réduire la fracture, réparer l'os*
book   *livre* m.
  book bag   *cartable* m.
  second-hand book   *livre d'occasion*
book v.   *retenir*
  to book seats   *retenir des places*
bookcase   *bibliothèque* f., *cabinet* m.
bookshelf   *étagère à livres* f.
bookstore   *librairie* f.
boot   *botte* f.; *bottine* f. (low boot)
borrow v.   *emprunter*
bottle   *bouteille* f.
  bottle opener   *ouvre-bouteille(s)* m., *décapsuleur* m.
  a half-bottle of   *une demi-bouteille de*
bottom   *bas* m.
  at the bottom of   *au bas de*
boulevard   *boulevard* m.
boundary   *ligne des jeux* f. (baseball)
bouquet   *bouquet* m.
bowel   *intestin* m.
bowl   *bol* m., *coupe* f.
box   *boîte* f.; *loge* f. (theater)
  post office box   *boîte postale, case postale* (Canada)
  box office   *guichet* m.
bracelet   *bracelet* m.
brain   *cerveau* m.
brake   *frein* m.
  brake fluid   *liquide de freins* m.
  brake linings   *garnitures des freins* f. pl.
  brake pedal   *pédale de frein* f.
  handbrake   *frein à main, frein de stationnement*
  footbrake, parking brake   *frein à pied*
  to tighten up the brakes   *resserrer les freins*
brake v.   *freiner*
branche   *succursale* f. (office, bank)
brassiere   *soutien-gorge* m.

breaded   *pané, -e*

break v.   *casser, se casser; se briser* (waves)
  to break a finger   *se casser le doigt*

breakdown   *dépannage* m.

break down v.   *tomber en panne* (machine, car)
  My car is broken down.   *Ma voiture est en panne.*
  My car has broken down.   *Ma voiture est tombée en panne.*

breakfast   *petit déjeuner* m., *déjeuner* (Canada)

breast   *sein* m.

breathe v.   *respirer*
  breathe deeply   *respirer à fond*
  breathe in   *respirer, inspirer*
  breathe out   *souffler, expirer*
  to have difficulty breathing   *avoir du mal à respirer*

bridge   *pont* m.

briefcase   *mallette* f.

briefs   *caleçon* m.

brim   *bord* m.
  with a wide brim   *à large bord*

bring v.   *apporter* (something)

bring down   *(faire) descendre*

broiled   *grillé, -e*

broken   *cassé, -e*

brooch   *broche* f.

broom   *balai* m.
  electric broom   *balai électrique*
  small broom   *balayette* f.

bruise   *bleu* m., *contusion* f.

brush   *brosse* f.

brush v.   *se brosser* (hair, teeth)
  to brush one's hair   *se brosser les cheveux*

buffet   *buffet* m.

bulb   *ampoule* f. (light)

bullpen   *enclos de pratique* m. (baseball)

bumper   *pare-chocs* m.

bunch   *botte* f. (carrots); *bouquet* m. (flowers, parsley); *grappe* f. (grapes)

bunt   *but sur balles* m. (baseball)

burn v.   *brûler*
  to burn oneself   *se brûler*
  to burn out (light)   *griller*
  The light bulb is burned out.   *L'ampoule est grillée.*

burner
  gas burner   *réchaud de camping à gaz* m.

bus   *autobus* m., *bus* m.; *autocar* m., *car* m. (motorcoach)
  bus service   *service d'autobus, d'autocars, de cars* m.
  bus stop   *arrêt d'autobus* m.
  to take a bus   *prendre l'autobus*

busy   *occupé, -e*

but   *mais*

butcher shop   *boucherie* f.
  pork butcher's shop   *charcuterie* f.

butter   *beurre* m.
  butter dish   *beurrier* m.

button   *bouton* m.

buy v.   *acheter, prendre* (tickets)

by   *par*

cabin   *cabine* f.
  forward cabin   *compartiment avant* m. (airplane)
  rear cabin   *compartiment arrière* m. (airplane)

cafeteria   *cantine* f., *caféteria* f., *restaurant universitaire* m.

cake   *gâteau* m.
  cake mix   *mélange à gâteau* m.

call   *appel* m., *communication* f.
  phone call   *appel téléphonique*
  collect call   *communication en PCV (payable à l'arrivée), un appel à frais virés* (Canada)
  local phone call   *appel local, communication locale*
  long-distance call   *communication interurbaine*
  person-to-person call   *appel avec préavis (PAV), appel de personne à personne* (Canada)
  station-to-station call   *appel de numéro à numéro* (Canada)

call v.   *appeler*
  to call back   *rappeler*
  Who's calling?   *C'est de la part de qui? Qui est à l'appareil?*

calm   *calme*

camera   *appareil photographique* m.

campfire   *feu de camp* m.

camping   *camping* m.
  to go camping   *faire du camping*

campsite   *terrain de camping* m.

can   *boîte* f.
  can opener   *ouvre-boîte(s)* m.

cancel v.   *annuler*

cancer   *cancer* m.

candle   *bougie* f.
  tallow candle   *chandelle* f.

candlestick   *chandelier* m.

candy   *bonbon* m.
  candy store   *confiserie* f.

cap   *casquette* f.; *bonnet* m.
  bathing cap   *bonnet de bain*
  shower cap   *bonnet de douche*

car   *voiture* f., *automobile* f., *auto* f.; *wagon* m. (train)
  to start the car   *démarrer*
  to stop the car   *arrêter la voiture*

carafe   *carafe* f.

carburetor   *carburateur* m.
  The carburetor needs regulating.   *Le carburateur a besoin de réglage.*

card   *carte* f.
  cardholder   *porte-cartes* m.

credit card   *carte de crédit*
greeting card   *carte* f.
index card   *fiche* f.
rate card   *carte de taxation*
registration card   *fiche d'inscription* f.
tourist card   *carte de touriste*
care (for) v.   *soigner*
to take care of   *soigner*
carpet   *tapis* m.
carrot   *carotte* f.
carry v.   *porter*
cart   *charette* f., *caddie* m., *chariot* m.
carton   *cartouche* f. (cigarettes)
cartoon   *dessin animé* m.
case   *cas* m.
in case of   *en cas de*
cash   *argent liquide* m.
to pay cash   *payer comptant*
cash v.   *toucher, encaisser* (check); *changer* (traveler's check)
cashier   *caisse* f.; *caissier* m. (person)
cassette   *cassette* f.
cassette recorder   *enregistreur de cassettes* m.; *magnétophone à cassettes* m. (Canada)
cast   *plâtre* m.
to put the leg in a cast   *mettre la jambe dans le plâtre*
catch v.   *attraper*
catcher   *receveur* m. (baseball)
caution   *prudence* f.
cavity   *carie* f. (tooth)
ceiling   *plafond* m.
celery   *céleri* m.
cellar   *cave* f.
cello   *violoncelle* m.
cent   *centime* m., *sou* m. (Canada)
center   *centre* m.
centerfield   *centre* m. (baseball)
certificate   *certificat* m.
variable-interest certificate of deposit   *certificat à taux variable*
chain   *chaîne* f.
chair   *chaise* f.
chair lift   *télésiège* m.
folding chair   *chaise pliante*
wheelchair   *fauteuil roulant* m.
chaise-longue   *chaise-longue* f.
chalkboard   *tableau* m.
chambermaid   *femme de chambre* f.
chandelier   *lustre* m.
change   *monnaie* f., *pièce* f. (coin)
change bureau   *bureau de change* m.
change purse   *porte-monnaie* m.
change v.   *changer*
to change money   *changer de l'argent*
to change 100 dollars to francs   *changer 100 dollars en francs*

to change trains, planes   *changer de train, d'avion, prendre une correspondance*
to make, to give change for   *faire, donner la monnaie de*
channel   *canal* m. (pl. *canaux*) (TV, radio)
charge   *frais* m. (fee); *prix* m.; *service* m. (service charges)
commission charge   *frais de commission* m.
rental charge   *prix de la location* f.
service charges   *service* m.
without charge   *sans frais, gratuit, -e*
to reverse the charges   *faire une communication en PCV, faire virer les frais* (Canada)
charge v.   *facturer*
charged to   *facturé à*
charm   *breloque* f.
chassis   *châssis* m.
chat v.   *bavarder*
check   *chèque* m.; *addition* f. (restaurant bill); *carreau* (clothes)
traveler's check   *chèque de voyage* m.
to cash a check   *encaisser, toucher un chèque*
to cash traveler's checks   *changer des chèques de voyage*
check v.   *vérifier; enregistrer* (luggage)
to check in   *s'inscrire* (hotel)
checkbook   *carnet de chèques* m., *chéquier* m.
checked   *à carreaux* (fabric)
checkroom   *consigne* f.
cheek   *joue* f.
cheese   *fromage* m.
cheese grater   *râpe à fromage* f.
chemistry   *chimie* f.
chest   *poitrine* f.
chest of drawers   *commode* f.
chicken   *poulet* m.
barbecued chicken   *poulet grillé au charbon de bois*
chicken breast   *poitrine de poulet* f.
chicken leg   *cuisse de poulet* f.
chicken wing   *aile de poulet* f.
chicken pox   *varicelle* f.
child   *enfant* m./f.
chill   *frissons* m. pl., *refroidissement* m.
to have a chill   *frissonner, avoir des frissons, avoir un refroidissement*
chin   *menton* m.
Chinese   *chinois, -e*
choke   *starter* m., *volet de départ* m. (car)
chop   *côtelette* f.
cigarette   *cigarette* f.
carton of cigarettes   *cartouche de cigarettes* f.
city   *ville* f.
claim v.   *retirer, réclamer* (luggage)
to claim luggage   *retirer les bagages*
class   *classe* f.
economy class   *classe économique*

first class   *première classe*
  second class   *deuxième classe*
classical   *classique*
classroom   *salle de classe* f.
clean v.   *nettoyer*
  to dry clean   *nettoyer à sec*
cleaner's   *pressing* m. (dry); *teinturerie* f. (dry);
  laverie f., *blanchisserie* f., *launderette* f. (laundry)
  (dry) cleaning service   *service de nettoyage* m.
  cleaning service (washing)   *service de blanchis-*
    serie m.
clear v.   *débarrasser* (table)
clearing   *éclaircie* f. (weather)
client   *client* m., *cliente* f.
clip   *griffe* f. (for ring)
clippers   *tondeuse* f.
cloakroom   *vestiaire* m.
clock   *horloge* m.
  alarm clock   *réveille-matin* m.
  clock radio   *radio-réveil* m.
  to set the alarm clock   *mettre le réveille-matin*
clogged   *bouché, -e*
closet   *armoire* f. (wardrobe); *penderie* f., *placard*
  m.
cloth   *étoffe* f., *toile* f.
clothes   *vêtements* m. pl.; *linge* m. (laundry)
  clothes dryer   *séchoir* m.
  dirty clothes   *linge sale*
clothing   *vêtements* m. pl.
  men's clothing   *vêtements pour hommes*
  women's clothing   *vêtements pour femmes*
cloud   *nuage* m.
cloudy   *nuageux, -euse*
  It is cloudy.   *C'est nuageux. Il y a des nuages.*
    Il fait nuageux.
  The sky is becoming cloudy.   *Le ciel se couvre.*
clutch   *embrayage* m.
  to let in the clutch   *embrayer*
coach   *entraîneur* m.
coat   *manteau* m.
  fur coat   *manteau de fourrure*
cockpit   *cabine de pilotage* f., *poste de pilotage*
  m.
code   *code* m.; *indicatif* m. (phone)
  area code   *indicatif régional*
  postal code   *code postal*
  ZIP code   *code postal*
  zone code   *indicatif de zone*
coffee   *café* m.
  a cup of coffee   *une tasse de café*
  electric coffee pot   *cafetière électrique* f.
  ground coffee   *café moulu*
coin   *pièce de monnaie* f.
cold   *rhume* m.
  to have a cold   *être enrhumé, -e, avoir un*
    rhume
cold   *froid, -e*
  to be cold weather   *faire froid*

collar   *col* m.
  collar size   *encolure* f.
collarbone   *clavicule* f.
collect v.   *ramasser*
cologne   *eau de cologne* f.
color   *couleur* f.
comb   *peigne* m.
  comb out   *coup de peigne* m.
comb v.   *se peigner, se coiffer*
combed   *peigné, -e*
combination   *mélange* m.
come v.   *venir*
  coming from   *en provenance de* (plane, train),
    venant de
  The buses come every ten minutes   *Les autobus*
    passent toutes les dix minutes.
comedy   *comédie* f.
  musical comedy   *opérette* f.
comment   *remarque* f.
commission   *frais* m., *commission* f.
comparable   *comparable*
compartment   *compartiment* m. (train)
  smoking/no-smoking compartment   *compar-*
    timent fumeurs/non-fumeurs
compass   *boussole* f.
concentrated   *concentré, -e*
concert   *concert* m.
  symphony concert   *concert symphonique*
condition   *condition* f.
conduct v.   *diriger* (orchestra)
conductor   *contrôleur* m. (train); *chef d'orchestre*
  m. (orchestra)
confectioner's   *confiserie* f.
confirmation   *confirmation* f.
congested   *congestionné, -e*
connect v.   *connecter*
  please connect me to (phone)   *je désire obtenir*
    une communication avec
connection   *communication* f. (phone), *correspon-*
  dance f. (train, plane)
  We have a bad connection   *Je vous entends*
    mal.
consent   *consentir*
continue v.   *continuer*
contrabass   *contrebasse* f.
contract   *contrat* m.
controls   *commandes* f. pl. (car)
conversation   *conversation* f.
cook v.   *faire la cuisine, cuire*
  to cook on a low flame, slowly   *faire mijoter*
cool   *frais*
  to be cool weather   *faire frais*
cord   *ficelle* f.; *fil électrique* (electric)
corduroy   *velours côtelé* m.
corkscrew   *tire-bouchon* m.
corner   *coin* m.
  in the corner   *au coin*

correspondence   *correspondance* f.
cost v.   *coûter*
costume   *costume* m.
cotton   *coton* m.
couch   *sofa* m., *canapé* m.
cough   *toux* f.
  cough syrup   *sirop pour la toux, la gorge* m.
cough v.   *tousser*
counter   *comptoir* m.; *rayon* (department store)
  comptoir de la compagnie d'aviation, de la ligne
    aérienne   airline ticket counter
country   *pays* m.
course   *plat* m. (of meal); *cours* m. (in school)
  first course   *hors-d'œuvre* m., *entrée* f.,
    premier plat
  main course   *plat principal*
  second course   *entrée* f., *deuxième plat*
  course of study   *programme d'études* m.
  to take a course   *suivre un cours*
  of course   *bien sûr*
court   *court* m. (tennis); *terrain* (basketball)
  doubles court   *court en double* (tennis)
  singles court   *court en simple* (tennis)
courtyard   *cour* f.
crank   *manivelle* f.
crankshaft   *vilebrequin* m.
cream   *crème* f.
  beauty cream   *crème pour le visage*
credit   *crédit* m.
  credit card   *carte de crédit* f.
crêpe de Chine   *crêpe de Chine* m.
crew   *équipage* m.
cross v.   *traverser*
crutch   *béquille* f.
cuff   *manchette* f.
  cuff link   *bouton de manchette* m.
cup   *tasse* f.
cupboard   *placard* m.
cure v.   *guérir*
curly   *frisé, -e*
current   *courant* m.
curtain   *rideau* m.
  curtain call   *rappel* m.
  sheer curtain   *voilage* m.
  shower curtain   *rideau de douche* m.
  the curtain goes down   *le rideau tombe*
  when the curtain goes down   *au baisser du ri-*
    deau
  the curtain goes up   *le rideau se lève*
  when the curtain goes up   *au lever du rideau*
curve   *virage* m. (road)
cushion   *coussin* m.
customs   *douane* f.
  customs officer   *douanier* m.
  customs declaration   *déclaration de douane* f.
cut   *coupe* f. (see haircut)
cut v.   *couper; découper* (in slices); *se couper*
  (oneself)

to cut someone's hair   *lui couper les cheveux*
to have one's hair cut   *se faire couper les che-*
  veux
Don't cut it (my hair) too short.   *Ne me les cou-*
  pez pas trop court. (see haircut)
to cut off   *couper*
I was cut off (phone).   *J'ai été coupé.*
You will be cut off.   *La communication va être*
  coupée.
We were cut off.   *On nous a coupé la ligne.*
cutlery   *couvert* m.
cutlet   *escalope* f.
cycle   *cycle* m.

daily   *par jour*
  daily special   *plat du jour* m.
dairy   *crémerie* f.
danger   *danger* m.
dark   *foncé, -e* (color)
darn v.   *repriser*
dashboard   *tableau de bord* m.
date   *date* f.
  due date   *date d'échéance*
day   *jour* m.; *journée* f.
  by the day   *par jour*
dead end   *cul-de-sac* m.
declaration   *déclaration* f.
declare v.   *déclarer*
  Do you have something to declare?   *Avez-vous*
    quelque chose à déclarer?
  nothing to declare   *rien à déclarer*
  something to declare   *des choses, quelque*
    chose à déclarer
declutch v.   *débrayer*
deep   *profound, -e*
defective   *défectueux, -euse*
defense   *défense* f.
  left defense   *joueur de défense gauche* m.
    (hockey)
  right defense   *joueur de défense droit* m.
    (hockey)
defroster   *dégivreur* m.
degree   *degré* m. (temperature); *diplôme* (school)
  doctor's degree   *doctorat* m.
  master's degree   *licence* f.
delay   *retard* m.
  a delay of   *un retard de*
deliver v.   *délivrer* (mail)
delivery   *délivrance* f.
  delivery room   *salle de délivrance* f., *salle d'ac-*
    couchement f.
  general delivery (mail)   *poste restante* f.
denim   *tissu croisé* m.; *denim* m. (Canada)
dentist   *dentiste* m./f.
deodorant   *déodorant* m., *anti-perspirant* m.; *an-*
  tisudorifique m. (Canada)
department   *département* m.
  department store   *grand magasin* m.

departure   *départ* m.; *embarquement* m. (plane)
  departure time   *heure de départ* f.
deplane v.   *débarquer*
deplaning   *débarquement* m.
deposit   *dépôt* m.; *montant de la caution* m.
  (rental)
  to make a deposit   *faire un dépôt, un versement*
deposit v. *déposer, laisser un dépôt* (rental); *faire un*
  dépôt; verser, faire un versement; rendre (bottles)
desk   *pupitre* m. (school)
  desk clerk   *réceptionniste* m./f.
dessert   *dessert* m.
destination   *destination* f.
detergent   *détergent* m.; *lessive* f.
  liquid detergent   *détergent liquide*
detour   *déviation* f.
develop v.   *développer*
development   *développement* m.
diabetes   *diabète* m.
dial   *cadran* m.
  dial tone   *tonalité* f.
dial v.   *composer, faire, former*
  to dial the number   *composer, faire, former le*
   numéro
diamond   *diamant* m.
diced   *coupé en dés*
dictionary   *dictionnaire* m.
diet   *régime* m.
  to be on a diet   *être au régime*
differential gear   *différentiel* m.
diner   *convive* m./f. (person)
dining car   *wagon-restaurant* m.
dining room   *salle à manger* f.
dinner   *dîner* m., *souper* m. (Canada)
diploma   *diplôme* m.
dipstick   *jauge à (d')huile* f.
direct   *direct, -e*
directly   *directement*
director   *réalisateur* m. (movie)
directory   *annuaire* m.
  directory assistance   *assistance-annuaire* (Canada)
  telephone directory   *annuaire des téléphones,*
   du téléphone, téléphonique m.
dirty   *sale*
disease   *maladie* f.
disembarkment   *débarquement* m.
dish   *met* m., *plat* m. (type of cuisine); *plat* m.
dishcloth   *lavette* f.
dish drainer   *égouttoir* m.
dishes   *vaisselle* f.
  to do the dishes   *faire la vaisselle*
dish towel   *torchon* m.
dishwasher   *lave-vaisselle* m.
distributor   *distributeur* m.
dizziness   *vertige* m.
dizzy, to be dizzy   *avoir le vertige, avoir des ver-*
  tiges

doctor   *médecin* m., *femme médecin* f.
  at the doctor's office   *chez le médecin, dans le*
   cabinet du médecin
documentary   *documentaire* m.
dollar   *dollar* m.
  It's seven francs to the dollar.   *C'est à sept*
   francs le dollar.
domestic   *intérieur, -e* (flight)
done   *cuit, -e* (cooking)
  too well done   *trop cuit, -e*
  well done   *bien cuit, -e* (meat)
door   *porte* f.; *portière* f. (car)
  door handle   *poignée* f.
doorman   *portier* m.
dormitory   *dortoir* m.
double-bass   *contrebasse* f.
down payment   *versement initial* m.
  to make a down payment   *faire un versement*
   initial
downtown   *centre-ville* m.
dozen   *douzaine*
  a dozen   *une douzaine*
drainboard   *égouttoir* m.
drama   *drame* m.
drawer   *tiroir* m.
  chest of drawers   *commode* f.
drawers   *caleçon* m.
dress   *robe* f.
  evening dress   *robe du soir*
dresser   *commode* f.
drill   *perceuse* f. (handywork); *roulette* f. (dentist)
drink   *boisson* f.; *consommation* f.
  soft drink   *boisson gazeuse*
drive v.   *conduire; rouler* (when on the road)
  drive slowly   *roulez lentement*
driver   *conducteur* m.
drizzle   *bruine* f.
drizzle v.   *bruiner*
drum   *tambour* m.
drums   *batterie* f.
dry   *sec, sèche*
  dry cleaning   *nettoyage à sec*
dry v.   *sécher*
  to dry clean   *nettoyer à sec*
  to dry oneself   <u>*se sécher*</u>
dryer   *séchoir* m.
dubbed in   *doublé, -e en*
dugout   *abri des joueurs* m., *ligne des joueurs* f.
  (baseball)
during   *pendant*
dust v.   *épousseter, donner un coup de chiffon à*
dustcloth   *chiffon à épousseter* m.
dustpan   *pelle à ordures* f.
dustrag   *chiffon* m.
duty   *droits de douane* m. pl. *frais de douane* m.
  pl. (customs)
dye   *couleur* f.
  dye job   *couleur* f.

each one   *chacun, -e*

ear   *oreille* f.

  to have an earache   *avoir mal à l'oreille*

earring   *boucle d'oreille* f.

  pierced earrings   *boucles d'oreilles pour oreilles percées* f.

easy   *facile*

eat v.   *manger*

economics   *sciences économiques* f. pl. (subject)

egg   *oeuf* m.

  egg beater   *fouet* m.

elbow   *coude* m.

electric   *électrique*

electrician   *électricien* m., *électricienne* f.

electrocardiogram   *électrocardiogramme* m.

elevator   *ascenseur* m.

emerald   *émeraude* f.

emergency   *urgence* f.

  in case of emergency   *en cas d'urgence*

  emergency room   *salle des urgences* f.

employee   *employé* m., *employée* f.

empty   *vide*

empty v.   *vider*

end   *fin* f.; *ailier* m. (football)

  dead end   *cul-de-sac* m.

endorse v.   *endosser*

English   *anglais* m. (language); *anglais, -e* (person and adjective)

enlarge v.   *agrandir*

enroll v.   *s'inscrire*

enter v.   *entrer*

entertainment   *spectacle* m.

  entertainment guide   *guide des spectacles* m.

envelope   *enveloppe* f.

epilepsy   *épilepsie* f.

equipment   *équipement* m.

eraser   *gomme* f.

error   *erreur* f.

evening   *soir* m.

every   *tout, toute, tous, toutes*

everyone   *tout le monde*

exam   *examen* m.

  to fail the exam   *échouer à l'examen*

  to pass the exam   *réussir à l'examen*

examination   *examination* f. (see exam)

examine v.   *examiner*

except   *sauf*

exchange   *échange* m.; *change* m.

  exchange rate   *taux de change* m.

  foreign exchange bureau   *bureau de change* m.

excursion   *excursion* f.

excuse me   *pardon*

exhale v.   *souffler, expirer*

exhaust   *échappement* m.

  exhaust pipe   *tuyau d'échappement* m.

exit   *sortie* f.

  emergency exit   *sortie de secours* f., *issue de secours* f. (Canada)

expensive   *cher, chère*

exposure   *pose* f. (film)

expressway   *autoroute* f.

extension   *poste* m. (phone)

extinction   *extinction* f.

extract v.   *arracher*

eye   *œil* m. (pl. *yeux*)

  eye shadow   *ombre à paupières* m.

eyebrow   *sourcil* m.

  eyebrow pencil   *crayon à sourcils* m.

eyeglasses   *lunettes* f. pl.

eyelid   *paupière* f.

eyeliner   *eye-liner* m.

face   *figure* f.

face v.   *donner sur*

  to face the street   *donner sur la rue*

facecloth   *gant de toilette* m., *débarbouillette* f. (Canada)

facilities   *services* m. pl.

fail v.   *échouer à*

failing   *insuffisant, -e* (grade)

fall   *chute* f.; *automne* m. (season)

  in the fall   *en automne*

  to have a fall   *faire une chute*

fall v.   *tomber, faire une chute*

family   *famille* f.

  family room   *salle de séjour* f.

fan   *ventilateur* m.

  fan belt   *courroie du ventilateur* f.

far   *loin*

  far from here   *loin d'ici*

fare   *tarif* m.; *prix* m.

  reduced fare   *à tarif réduit*

fast   *vite*

  to be fast   *avancer* (watch)

fasten v.   *attacher*

fastener   *fermoir* m.

  Fasten your seat belts.   *Attachez* (Canada: *bouclez*) *vos ceintures de sécurité.*

faucet   *robinet* m.

  to turn on the faucet   *ouvrir le robinet*

  to turn off the faucet   *fermer le robinet*

feces   *féces* f.; *matières fécales*

  feces analysis   *analyse de matières fécales* f.

fee   *prix* m.; *frais* m.

feed v.   *alimenter*

feel v.   *sentir, se sentir*

  to feel well   *se sentir bien*

felt   *feutre* m.

fever   *fièvre* f.

  to have a fever   *avoir de la fièvre*

field   *terrain* m.

  center field   *centre* m. (baseball)

  left field   *champ gauche* m. (baseball)

  right field   *champ droit* m. (baseball)

fielder   *voltigeur* m.

  center fielder   *voltigeur centre, joueur du centre* m.

left fielder   *voltigeur gauche, joueur de champ gauche* m.

right fielder   *voltigeur droit, joueur de champ droit* m.

filet   *filet* m.

fill v.   *remplir*

to fill in   *remplir*

to fill up   *faire le plein* (gas in a car)

filling   *plombage* m. (tooth)

film   *film* m.; *pellicule* f. (camera)

film winder   *enrouleur* m.

to show a film   *montrer, passer un film*

filter   *filtre* m.

find v.   *trouver*

finger   *doigt* m.

fingernail   *ongle* m.

finish v.   *terminer*

fire   *feu* m.

fire v.   *tourner mal* (car)

fireplace   *cheminée* f.

first   *premier, première*

fish   *poisson* m.

fish market   *poissonnerie* f.

fish v.   *pêcher*

fishing   *pêche* f.

to go fishing   *aller à la pêche*

to go deep-sea fishing   *faire de la pêche sous-marine*

fit v.   *aller* (clothes)

It doesn't fit well.   *Il/elle ne me va pas très bien.*

flannel   *flanelle* f.

flash   *flash* m.

flash bulb   *ampoule de flash* f.

flash cube   *cube-flash* m.

flashlight   *lampe de poche* f.

flat   *crevé, -e, à plat* (tire)

flight   *vol* m.

direct flight, nonstop flight   *vol direct*

domestic flight   *vol intérieur*

flight number   *numéro de vol* m.

flight time   *durée de vol* f.

international flight   *vol international*

flight attendant   *agent de bord* m., *personnel de cabine* m.

flipper   *palme* f.

float v.   *flotter*

floor   *plancher* m.; *étage* m.

first floor   *rez-de-chaussée* m.

second floor   *premier étage*

flour   *farine* f.

flu   *grippe* f.

flush   *chasse d'eau* f.

flush v.   *tirer la chasse d'eau du W.C.* (toilet)

flute   *flûte* f.

fly   *braguette* f. (pants)

pop fly   *chandelle* f. (baseball)

sacrifice fly   *ballon sacrifice* m. (baseball)

fly v.   *voler*

fog   *brouillard* m.

foggy   *brumeux*

to be foggy   *faire du brouillard*

folding   *pliant, -e*

folk   *folklorique* (music)

folk music   *musique folklorique* f.

follow v.   *suivre*

food   *alimentation* f., *comestibles* m. pl.

foot   *pied* m.

to go on foot   *aller à pied*

football   *ballon* m.

for   *pour; à destination de* (flights, trains)

the flight for . . .   *le vol à destination de . . .*

forbidden   *défendu, -e, interdit, -e*

it is forbidden   *il est défendu*

forehead   *front* m.

forget v.   *oublier*

fork   *fourchette* f.

form   *formulaire* m. (insurance, hospital)

forward   *avant* m. (sports)

center forward   *avant centre* (hockey)

left forward   *avant gauche*

right forward   *avant droit*

forward   *en avant*

to go forward   *avancer* (car)

foul   *penalty* m.; *faute* f., *coup de déloyal* m. (Canada)

foul ball (baseball)   *fausse balle* f.

fowl   *volaille* f., *gibier* m. (game)

fracture   *fracture* f.

compound fracture   *fracture compliquée*

fragile   *fragile*

frame   *cadre* m. (picture); *monture* f. (eyeglasses)

franc   *franc* m.

free   *gratuit, -e* (no charge); *libre* (room, flight available)

freeze v.   *geler*

freezer   *congélateur* m.

French   *français* m. (language); *français, -e* (adjective); *Français, -e* (noun)

frequency   *fréquence* f.

fresh   *frais, fraîche; doux, douce* (water)

from   *de*

arriving from   *en provenance de* (airline, train)

front   *front* m.

in front   *en avant*

in front of   *devant*

frost   *gelée* f.

glazed frost   *verglas* m.

frozen   *congelé, -e, surgelé, -e*

fried   *frit, -e*

breaded and deep fried   *pané, -e*

deep fried   *frit à grande huile*

fruit   *fruit* m.

at the fruit and vegetable store   *chez le fruitier*

fry v.   *frire*

fuel   *essence* f. (car)

fuel gauge   *jauge d'essence* f.

fuel pump   *pompe à essence* f.

full   *complet, complète* (seats, trains, planes, hotel, theater)
fur   *fourrure* f.
  fur-lined   *fourré*
fuse   *fusible* m.
  A fuse blew.   *Un fusible a sauté.*
fusebox   *boîte à fusibles* f.

gabardine   *gabardine* f.
gallbladder   *vésicule biliare* f.
galley   *office* m. (plane)
game   *match* m. (hockey, baseball, football, soccer, tennis); *partie* f. (hockey, tennis); *gibier* m. (fowl)
garbage   *ordures* f. pl.
  garbage bag   *sac à ordures* m.
  garbage can   *boîte à ordures* f.
  to empty the garbage   *vider les ordures*
  to throw out the garbage   *jeter les ordures*
garden   *jardin* m.
garter   *jarretelle* f. (female)
  garter belt   *porte-jarretelles* f. (female)
gas   *essence* f.
  gas burner   *réchaud de camping à gaz*
  gas can   *bidon d'essence* m.
  gas leak   *fuite d'essence* f.
  gas station   *station d'essence* f., *station-service* f.
  gas tank   *réservoir à essence* m.
  leaded gas   *essence avec plomb*
  regular gas   *essence ordinaire, régulière*
  super gas   *essence super*
  unleaded gas   *essence sans plomb*
  How much do you sell gas for?   *Combien vendez-vous l'essence?*
  How much is a liter of gas?   *Combien vaut le litre d'essence?*
gasket   *joint* m.
gasoline   *essence* f. (see gas)
gate   *porte* f. (boarding)
gauge   *jauge* f.
  fuel gauge   *jauge d'essence*
gear   *vitesse* f.
  gear box   *boîte de vitesses* f.
  differential gear   *différentiel* m.
  gear shift (lever)   *levier de changement de vitesses* m.
  first gear   *première vitesse*
  second gear   *deuxième vitesse*
  to change gears   *changer de vitesse*
  to change from first to second gear   *passer de la première à la deuxième vitesse*
geography   *géographie* f.
German   *allemand* m. (language)
get v.   *obtenir*
  to get off   *descendre (de)*
  to get up   *se lever*
gift   *cadeau* m. (pl. *cadeaux*)

girdle   *gaine* f.
give v.   *donner*
glance   *coup d'œil* m.
glance v.   *jeter un coup d'œil sur*
gland   *glande* f.
  swollen glands   *glandes enflées*
glass   *verre* m.; *vitre* f. (car)
glasses   *lunettes* f. pl. (eye)
glove   *gant* m.
  glove compartment   *boîte à gants* f.
  outfielder's glove   *gant de voltigeur* (baseball)
glue   *colle* f.
  pot of glue   *pot de colle* m.
go v.   *aller*
  to go down   *descendre (de); tomber* (curtain)
  to go forward   *avancer* (car)
  to go in   *entrer*
  to go through (a person)   *passer par l'intermédiaire de*
  to go to   *se présenter à* (a person for information); *passer à* (cashier)
  to go out   *sortir (de); griller* (light)
  to go up   *monter; se lever* (curtain)
  to go with   *aller avec*
  How does one go to . . . ?   *Que fait-on pour aller à . . . ?*
goal   *but* m.
  to make, score a goal   *marquer, compter un but*
goalie   *gardien de but* m.
goalpost   *porte* f.
goaltender   *gardien de but* m.
goggles   *lunettes* f. pl.
gold   *or* m.
gondola   *benne* f.
good   *bon, -ne*
  That looks good.   *Ça a l'air bon.*
gown   *robe du soir* f. (evening)
  dressing gown   *robe de chambre* f.
grade   *note* f. (school)
grammar   *grammaire* f.
grandstand   *tribunes* f. pl.
grape   *raisin* m.
gravy   *sauce* f.
  gravy bowl   *saucière* f.
grease   *graisse* f.
  to do a grease job   *faire un graissage* (car)
green   *vert, -e*
grilled   *grillé, -e*
grocer   *épicier* m.
  green grocer's   *marchand de légumes* m.
grocery store   *épicerie* f.
ground   *sol* m.
grounder   *roulant* m. (baseball)
groundsheet   *tapis de sol* m.
guard v.   *garder*
guest   *convive* m./f. (dinner guest); *invité* m., *invitée* f.
guide   *guide* m.

guitar   *guitare* f.
gum   *gencive* f.
gymnasium   *gymnase* m.

hail   *grêle* f.
  It's hailing.   *Il tombe de la grêle.*
hair   *cheveux* m. pl.
  to brush one's hair   *se brosser les cheveux*
  to comb one's hair   *se peigner, se coiffer*
  to have one's hair cut   *se faire couper les cheveux*
hairbrush   *brosse (à cheveux)* f.
hairclip   *pince à cheveux* f.
haircut   *coupe* f.
  cut with clippers   *coupe à la tondeuse*
  razor cut   *coupe au rasoir*
  scissor cut   *coupe aux ciseaux*
hairdresser   *coiffeur* m.
hair dryer   *sèche-cheveux* m., *séchoir* m.
hairnet   *filet à cheveux* m.
hairpin   *épingle à cheveux* f.
hairspray   *laque* f.
hall   *salle* f. (room); *couloir* m. (corridor)
ham   *jambon* m.
hammer   *marteau* m.
hammer v.   *enfoncer*
hammock   *hamac* m.
hand   *main* f.
hand (over) v.   *remettre*
handbag   *sac* m., *sac à main* m.
handbrake   *frein à main* m.
handiwork   *bricolage* m.
  to do handiwork   *bricoler, faire du bricolage*
handkerchief   *mouchoir* m.
handle   *poignée* f. (car door)
hang up v.   *raccrocher* (phone)
  after hanging up   *au raccrochage*
  Don't hang up.   *Ne quittez pas. Ne coupez pas. Ne raccrochez pas.*
hanger   *cintre* m. (clothes)
happen v.   *se produire*
hard   *dur, -e*
hardware store   *quincaillerie* f.
harp   *harpe* f.
hat   *chapeau* m.
  straw hat   *chapeau de paille*
  sun hat   *chapeau de paille*
have v.   *avoir*
have to v.   *falloir; devoir*
  I have to   *je devrais, je dois*
hayfever   *rhume des foins* m.
head   *tête* f.; *pied* m. (celery)
  to have a headache   *avoir mal à la tête*
headboard   *chevet* m., *tête de lit* f.
headlights   *phares* m. pl.
  headlights on   *allumez vos lanternes*
headset   *casque d'écoute* m.; *écouteurs* m. pl.
hear v.   *entendre*

heart   *coeur* m.
  to have heart trouble   *souffrir du coeur*
heat   *chauffage* m.
  to turn down the heat   *baisser le chauffage*
  to turn up the heat   *chauffer davantage*
heat v.   *chauffer*
heated   *chauffé, -e, avec chauffage*
heater   *chauffage* m. (car)
heel   *talon* m.
helmet   *casque* m., *casque protecteur* m.
help v.   *aider*
  May I help you?   *Est-ce que je pourrais vous aider?*
here   *ici*
  here is   *voici*
  here it is   *le voici*
hi-fi   *équipement hi-fi* m.
high   *haut, -e*
highway   *autoroute* f.
  four-lane highway   *route à quatre voies*
hill   *colline* f.
  steep hill   *descente dangereuse/rapide*
hip   *hanche* f.
history   *histoire* f.
hit   *coup* m.; *coup sûr* m. (baseball)
hit v.   *frapper*
hoarse   *enroué, -e*
  to be hoarse   *être enroué, -e*
hockey   *hockey* m.
  hockey stick   *bâton* m., *crosse* f.
hold v.   *tenir*
hole   *trou* m.
holiday   *jour férié* m.
hood   *capot* m. (car)
hook   *crochet* m.; *hameçon* m. (fish)
hook v.   *prendre à l'hameçon* (fish)
hope v.   *espérer*
horn   *klaxon* m.
hors d'oeuvre   *hors-d'œuvre* m.
hose   *bas* m. (hosiery)
  panty hose   *collants* m. pl., *bas-culottes* m. pl. (Canada)
hosiery   *bas* m.
hot   *chaud, -e*
  to be hot weather   *faire chaud*
hotel   *hôtel* m.
hour   *heure* f.
  half hour   *demi-heure*
  every half hour   *toutes les demi-heures*
  rush hours   *heures de pointe, d'affluence*
house   *maison* f.
  house special   *spécialité de la maison* f.
housework   *ménage* m.
  to do housework   *faire le ménage*
how   *comment*
  How does one get to . . . ?   *Que fait-on pour aller à . . . ?*

How do(es) . . . work?   *Comment fonctionne(nt) le, la, (les). . . ?*
how much   *combien*
How much is the dollar?   *Combien vaut le dollar?*
How much is it per kilometer?   *C'est combien par kilomètre?*
hubcap   *enjoliveur* m.
humid   *humide*
hunger   *faim* f.
hungry, to be hungry   *avoir faim*
hurt v.   *avoir mal à;* (to be hurt); *blesser* (wound); *faire mal à* (something or someone)
to hurt one's foot   *se blesser le pied*
It hurts me here.   *Cela me fait mal ici.*
Does that hurt?   *Est-ce que cela vous fait mal?*
Where does it hurt?   *Où avez-vous mal?*

ice   *glace* f.
ice cube   *glaçon* m.
identification   *pièce d'identité* f.
if   *si*
ignition   *allumage* m.; *démarreur* m.
ignition key   *clé de contact* f.
ignition switch   *démarreur* m.
illness   *maladie* f.
mental illness   *maladie mentale*
immediate   *immédiat, -e*
immediately   *tout de suite*
in   *dans, en*
included   *compris, -e*
indicate v.   *indiquer*
indigestion   *indigestion* f.
inexpensive   *ordinaire* (restaurant)
infection   *infection* f.
infield   *champ intérieur* m. (baseball)
information   *renseignements* m. pl.
information booth   *bureau de renseignements* m.
inhale v.   *respirer, inspirer*
injection   *piqûre* f., *injection* f.
to give an injection to someone   *faire une piqûre à quelqu'un*
injure v.   *blesser*
injury   *blessure* f.
ink   *encre* f.
inning   *manche* f. (baseball)
insect   *insecte* m.
insect bite   *piqûre d'insecte* f.
insect repellent   *produit contre les insectes* m., *chasse-insectes* m. (Canada)
inside   *à l'intérieur de*
installment   *versement* m.
to pay in installments   *payer à crédit, payer en versements échelonnés*
instant   *instant* m.
instrument   *instrument* m.
instrument panel   *tableau de bord* m. (car)
musical instrument   *instrument de musique*

insurance   *assurance* f.
full-coverage insurance   *assurance tous risques*
insurance company   *compagnie d'assurances* f.
insure v.   *assurer, envoyer en valeur déclarée*
insured   *assuré* m., *assurée* f. (person)
intense   *intense*
interest   *intérêt* m.
interest rate   *taux d'intérêt* m.
to get interest   *toucher des intérêts*
intermediary   *intermédiaire*
intermission   *entracte* m.
intern   *interne* m.
international   *international, -e*
intersection   *carrefour* m.
intestin   *intestin* m.
intravenous   *intraveineux, intraveineuse*
to give intravenous feeding   *alimenter, nourrir par intraveineuses*
introduce v.   *introduire*
iodine   *teinture d'iode* f.
iron   *fer* m., *fer à repasser* m.
curling iron   *fer à friser*
steam-dry iron   *fer à repasser vapeur/sec*
iron v.   *repasser, donner un coup de fer*
ironing board   *planche à repasser* f.
Italian   *italien, -ne; italien* (language)
itch   *démangeaison* f.
itch v.   *avoir des démangeaisons*

jack   *cric* m.
jacket   *gilet* m.
life jacket   *gilet de sauvetage* m.
jam   *confiture* f.
jammed   *bloqué, -e*
jar   *pot* m.
jaw   *mâchoire* f.
jazz   *jazz* m.
jeans   *jean* m., *blue-jean* m.
jersey   *jersey* m
jewel   *bijou* m.
jeweler   *bijoutier* m.
jewelry   *bijoux* m. pl.
jewelry store   *bijoutier* m.
joint   *jointure* f., *articulation* f.
juice   *jus* m.
in its juices   *au jus*

keep v.   *garder*
kettle   *bouilloire* f.
electric tea kettle   *bouilloire électrique*
key   *clé* f., *clef* f.
keycase   *porte-clés* m.
kick   *donner un coup de pied à*
to kick off   *donner le coup d'envoi* (football, soccer)
kid   *chevreau* m. (skin)
kidney   *rein* m.
kilogram   *kilo* m.
half a kilogram   *un demi-kilo*

kilometer   *kilomètre* m.
   kilometers an hour   *kilomètres à l'heure*
kindergarten   *jardin d'enfants* m. (Canada)
kit   *trousse* f.
   first-aid kit   *trousse de premiers soins, de se-*
   cours, de soins médicaux
kitchen   *cuisine* f.
knapsack   *sac à dos* m.
knee   *genou* m.
kneecap   *rotule* f.
knife   *couteau* m.
   carving knife   *couteau à découper*
   knife sharpener   *aiguise-couteaux* m.
knit   *tricot* m.
knock v.   *cogner* (car)
know v.   *savoir*

label   *étiquette* f.
labor   *travail* m.
   labor pains   *douleurs de travail* f.
   in labor   *en travail*
lace   *dentelle* f.
lack v.   *manquer*
   . . . is lacking   *il manque* . . .
ladle   *louche* f.
lamb   *agneau* m.
   lamb chop   *côtelette d'agneau* f.
   rack of lamb   *carré d'agneau* m.
lamp   *lampe* f.
   floor lamp   *lampadaire* m.
lamp shade   *abat-jour* m.
land v.   *atterrir* (plane)
landing   *atterrissage* m. (plane)
lane   *voie* f.
   four-lane highway   *route à quatre voies* f.
large   *gros, grosse*
last v.   *durer*
late   *tard, en reatrd*
   to be . . . minutes late   *avoir . . . minutes de re-*
   tard
   Is it late?   *A-t-il du retard?* (train)
later   *plus tard*
laundry   *linge* m. (clothes); *lavage* m.; *laverie* f.,
   blanchisserie f., *launderette* f. (place)
   laundry service   *service de blanchisserie* m.
   to do the laundry   *faire le lavage, la lessive*
lavatory   *chasse d'eau* f.
   The lavatory won't flush.   *La chasse d'eau ne*
   fonctionne pas. Je ne peux pas tirer la chasse
   d'eau du W.C.
law   *droit* m.
lead   *vedette* f. (theater, play), *protagoniste* m.
lead v.   *emmener* (a person away)
lead   *plomb* m.
leaded   *avec plomb*
leak   *fuite* f.
leak v.   *fuire; perdre* (radiator)
learn v.   *apprendre*

least   *le moins*
   at least   *au moins*
leather   *cuir* m.
leave v.   *partir; sortir (de), quitter; libérer* (hotel
   room); *laisser* (thing)
   leaving from   *en provenance de* (planes, trains)
lecture   *conférence* f.
   to give a lecture   *donner, faire une conférence*
left   *gauche*
leg   *jambe* f.
lens   *objectif* m. (camera)
   lens cap   *capuchon d'objectif* m.
letter   *lettre* f.
   letter carrier   *facteur* m., *factrice* f.
   to send a letter   *envoyer une lettre*
lettuce   *laitue* f.
license   *permis* m.
   driver's license   *permis de conduire* m.
   license plate   *plaque* f.
lie down v.   *s'allonger*
lifeguard   *garde plage* m., *sauveteur* m.
life jacket   *gilet de sauvetage* m.
lift   *remonte-pente* m. (ski); *télésiège* m. (chair
   lift)
lift v.   *décrocher* (telephone receiver)
light   *lumière* f.
   lights   *éclairage* m.
   light bulb   *ampoule* f.
   light switch   *interrupteur* m., *commutateur* m.
   (Canada)
   light meter   *cellule* f.
   parking light   *feu de position* m.
   traffic lights   *feux de circulation* m. pl.
   to turn on the light   *allumer la lumière*
   to turn off the light   *éteindre la lumière*
light   *léger, légère; clair, -e* (color)
light (up) v.   *allumer*
lightening   *éclairs* m. pl.
lighthouse   *phare* m.
lighting   *éclairage* m.
like v.   *aimer*
   I would like   *je voudrais*
limit   *limite* f.
   speed limit   *vitesse limitée* f., *limitation de vi-*
   tesse f.
line   *ligne* f. (fish, phone); *queue* f., *file* f. (lineup)
   bus line   *ligne d'autobus* f.
   commuter lines   *lignes de banlieue* f. pl.
   to stand in line   *faire la queue*
   The line is busy.   *La ligne est occupée.*
   There is trouble on the line.   *La ligne est défec-*
   tueuse.
linen   *toile* f. (cloth); *linge* m. (laundry)
liner   *coup en flèche* m. (baseball)
lining   *doublure* f. (clothes)
lip   *lèvre* f.
lipstick   *rouge à lèvres* m.

liquid   *liquide* m.
liquor store   *marchand de vin* m.
list   *carte* f.
  wine list   *carte des vins*
listen (to) v.   *écouter; ausculter* (heart)
listing   *abonné* m., *abonnée* f. (phone)
liter   *litre* m.
  How much is a liter of gas?   *Combien vaut le
  litre d'essence?*
literature   *littérature* f.
little   *peu*
  a little (of)   *un peu de*
live v.   *habiter*
liver   *foie* m.
living room   *salon* m.
loan   *prêt* m. *emprunt* m.
  to make, to give a loan   *faire un prêt*
  to take out a loan   *faire un emprunt*
located   *situé, -e*
lock   *serrure* f.
locker   *casier* m.
  locker room   *vestiare* m.
long   *long, longue*
  how long   *combien de temps*
  no longer   *ne . . . plus*
look v.   *regarder*
  to look after   *s'occuper de*
  to look at   *regarder*
  to look + adjective   *avoir l'air* + adjective
  to look as if   *on dirait que*
  Just looking.   *Je jette un coup d'œil seulement.*
  to look straight ahead   *regarder tout droit*
loose   *ample* (clothes)
lose v.   *perdre*
losenge   *pastille* f.
lost   *perdu, -e, égaré, -e*
  I'm lost.   *Je suis perdu, -e. Je me suis égaré, -e.*
lot   *beaucoup*
  a lot of   *beaucoup de*
lotion   *lotion* f.
  tanning lotion   *lotion de bronzage progressif*
love   *amour* m. (pl. *amours* f.); *zéro* m. (tennis)
  love story   *roman d'amour* m. (book); *film
  d'amour* m. (film)
low   *bas, basse*
lower v.   *tomber* (curtain); *baisser* (heat)
lubrication   *graissage* m.
luggage   *bagages* m. pl.
  carry-on luggage, hand luggage   *bagages à
  main*
lunch   *déjeuner* m.; *dîner* m. (Canada)
lung   *poumon* m.
luxurious   *élégant, -e*

machine   *machine* f.
magazine   *revue* f., *magazine* m.
maid   *femme de chambre* f.

mail   *courrier* m.
  registered mail   *courrier recommandé* m. *envoi
  recommandé* m.
  by ordinary mail   *par voie ordinaire*
  to send by registered mail   *recommander*
mail v.   *mettre à la poste, poster*
mailbox   *boîte aux lettres* f.
mailman   *facteur* m.
major in v.   *se spécialiser en*
make v.   *faire*
  to make up the room   *faire la chambre*
makeup   *maquillage* m.
  to put on makeup   *se maquiller*
man   *homme* m.
manager   *gérant* m. (hotel)
manicure   *manucure* f.
map   *carte* f., *plan* m., *guide* m.
  road map   *carte routière*
mask   *masque* m.
match   *allumette* f.; *partie* f. (tennis, hockey)
  doubles match   *partie en double* (tennis)
  singles match   *partie en simple* (tennis)
  return match   *partie en revanche*
match v.   *aller avec* (to go with)
material   *tissu* m., *étoffe* f. (cloth)
  synthetic material   *tissu synthétique*
  wrinkle-resistant material   *tissu infroissable*
mathematics   *mathématiques* f. pl.
mattress   *matelas* m.
  air mattress   *matelas gonflable, pneumatique*
may, may I   *puis-je*
meal   *repas* m.
measles   *rougeole* f.
measure v.   *mesurer, prendre des mesures*
  made to measure   *sur mesure*
measurement   *mesure* f.
  Please take my measurements   *Veuillez
  prendre mes mesures.*
meat   *viande* f.
mechanic   *mécanicien* m., *mécanicienne* f.
medicine   *médicament* m.
  medicine cabinet   *armoire à pharmacie* f.,
  placard à pharmacie m.
medium   *à point* (meat)
melt v.   *fondre*
member   *membre* m.
mend v.   *raccommoder, réparer*
mending   *raccommodage* m.
  to do mending   *faire les raccommodages*
  to do invisible mending   *faire le stoppage*
menstrual period   *règles* f. pl.
mental   *mental, -e*
menu   *carte* f., *menu* m.
  fixed-price menu   *menu à prix fixe, menu du
  jour, menu promotionnel, menu table d'hôte,
  menu touristique*
message   *message* m.
  Can I leave him/her a message?   *Est-ce que je
  pourrais lui laisser un message?*

meter   *mètre* m.
mezzanine   *premier balcon* m., *mezzanine* f.
middle   *milieu* m.
  in the middle   *au milieu*
mileage   *kilométrage* m.
millimeter   *millimètre* m.
minced   *haché, -e*
mine   *le mien, la mienne, les miens, les miennes*
minute   *minute* f.
  every ten minutes   *toutes les dix minutes*
mirror   *miroir* m.
  rear-view mirror   *rétroviseur* m. (car)
misconduct   *méconduite* f.
misfire v.   *avoir des ratés* (car)
miss v.   *manquer, rater* (plane, train); *perdre* (a basket in basketball)
  . . . is missing   *il manque. . .*
mitt   *mitaine* f., *gant de receveur* m. (catcher's)
mitten   *mitaine* f.
mixer   *batteur* m.
mixture   *mélange* m.
modest   *modique* (price)
modified American plan   *demi-pension* f.
molar   *molaire* f.
moment   *moment* m.
  at the moment   *pour le moment*
money   *argent* m.
  money order   *mandat* m.
  money order request form   *formule de mandat* f.
month   *mois* m.
  every month   *tous les mois*
mop   *balai à laver le sol* m.
morning   *matin* m.
  in the morning   *au matin*
mortgage   *hypothèque* m.
  mortgage rate   *taux d'hypothèque* m., *taux d'un prêt hypothécaire* m.
  to take out a mortgage   *faire un emprunt hypothécaire*
mosquito   *moustique* m.
  mosquito repellent   *anti-moustiques* m.; *chasse-moustiques* m. (Canada)
motor   *moteur* m.
mountain   *montagne* f.
moustache   *moustache* f.
  to trim my moustache   *me tailler la moustache*
mouth   *bouche* f.
mouthwash   *eau dentifrice* f., *rince-bouche* m.
movies   *cinéma* m.
much   *beaucoup*
  how much   *combien*
  How much is the dollar?   *Combien vaut le dollar?*
muffler   *silencieux* m.
mumps   *oreillons* m. pl.
muscle   *muscle* m.
museum   *musée* m.
music   *musique* f.

musical   *musical, -e*
  muscial revue   *revue musicale*
muslin   *mousseline* f.

nail   *clou* m. (pl. *clous*); *ongle* m. (finger, toe)
  nail clippers   *coupe-ongles* m.
  nail file   *lime à ongle* f.
  nail polish   *vernis à ongles* m.
  nail scissors   *ciseaux à ongles* m. pl.
nail v.   *enfoncer*
name   *nom* m.
  in the name of   *au nom de*
napkin   *serviette* f.; *serviette de table* f.
  sanitary napkin   *serviette hygiénique*
narrow   *étroit, -e*
nasty   *mauvais, -e*
  to be nasty weather   *faire mauvais*
national   *national, -e*
nausea   *nausée* f.
nauseous, to be nauseous   *avoir des nausées*
navigator   *navigateur* m.
  navigator's seat   *poste, siège du navigateur* m.
near   *près, proche*
  near here   *près d'ici*
necessary   *nécessaire*
  it is necessary   *il faut*
neck   *cou* m.
  on the neck   *sur le cou*
  stiff neck   *torticolis* m.
necklace   *collier* m.
need v.   *avoir besoin de*
  I need   *il me faut, j'ai besoin de*
  I need it for   *j'en ai besoin pour*
negative   *négatif* m.
negligé   *peignoir* m.
nerve   *nerf* m.
net   *filet* m.
  net ball   *balle de filet* f., *net* f. (tennis)
neutral   *point mort* m., *neutre* m.
  to put the car in neutral   *remettre la voiture au point mort (au neutre)*
new   *nouveau, nouvelle*
news   *actualités* f. pl., *informations* f. pl.
newspaper   *journal* m.
newsstand   *kiosque à journaux* m.
next   *prochain, -e; ensuite, puis* (adv.)
nice   *agréable*
  to be nice weather   *faire beau*
nightgown   *chemise de nuit* f.
nightstand   *table de chevet* f., *table de nuit* f.
no   *non*
  no longer   *ne. . .plus*
noise   *bruit* m.
  rattling noise   *grincement* m.
nonstop   *direct, -e* (flight)
nose   *nez* m.
note   *note* f.
  to take notes   *prendre des notes*

notebook   *carnet* m., *cahier* m.
novel   *roman* m.
now   *présentement* (at this moment)
number   *numéro; chiffre* (1, 2, 3, etc.)
    You have the wrong number   *Vous vous êtes trompé de numéro.*
nurse   *infirmier* m., *infirmière* f.
nursery school   *école maternelle* f.
nut   *écrou* m. (hardware)
nylon   *nylon* m.
    nylon stockings   *bas de nylon* m. pl.

oboe   *hautbois* m.
obstetrician   *obstétricien* m., *obstétricienne* f.
obtain v.   *obtenir*
ocean   *mer* f., *océan* m.
odometer   *compteur* m., *indicateur* m.
odor   *odeur* m.
offer v.   *offrir*
office   *bureau* m.; *cabinet* m. (doctor's)
often   *souvent*
    How often do the buses run?   *Quelle est la fréquence des autobus?*
oil   *huile* f.
    oil change   *vidange d'huile* f.
    oil filter   *filtre à huile* m.
    oil leak   *fuite d'huile* f.
    vegetable oil   *huile*
    to change the oil   *faire une vidange d'huile*
    to check the oil   *vérifier l'huile*
oily   *gras, grasse*
O.K.   *d'accord*
old   *vieux, vieille*
    to be. . .years old   *avoir. . .ans*
on   *sur*
one   *un, une*
    the one   *celui, celle*
onion   *oignon* m.
only   *seulement*
open   *ouvert, -e*
open v.   *ouvrir*
opening   *ouverture* f., *rentrée* f. (school)
operetta   *opérette* f.
opera   *opéra* m.
    comic opera   *opéra comique*
operate v.   *opérer, faire une opération*
    to operate someone for   *opérer quelqu'un de*
operating room   *salle d'opération* f.
operating table   *table d'opération* f.
operation   *opération* f.
    to have an operation   *subir une opération*
operator   *opératrice* f., *opérateur* m., *téléphoniste* m./f. (Canada)
opposing   *adverse* (team)
or   *ou*
orange   *orange* f.
    orange juice   *jus d'orange* m.

orchestra   *orchestre* m.
    orchestra seat   *fauteuil d'orchestre* m.
order   *ordre* m.
    everything is in order   *tout est en ordre*
order v.   *commander*
orthopedic   *orthopédique*
other   *autre*
    others   *d'autres*
out   *Mort!* (baseball); *retrait* m. (baseball)
    out of bounds   *hors des limites (du terrain)* (tennis)
outfield   *champ extérieur* m., *grand champ*
    outfield player   *voltigeur* m.
outlet   *prise* f., *prise murale, femelle* (wall)
outside   *dehors*
    outside of   *à l'extérieur de*
outskirts   *environs de la ville* m.
oven   *four* m.
    toaster oven   *four/grille-pain*
over   *au dessus de*
overall   *blouse*
overcoat   *pardessus* m.
overheat v.   *chauffer* (car)
overlook v.   *donner sur*
owner   *propriétaire* m./f.
oxygen   *oxygène* m.
    oxygen mask   *masque à oxygène* m.
    oxygen tent   *tente à oxygène* f.

package   *paquet* m., *colis* m. (parcel)
pad   *tampon* m.
    scouring pad   *tampon à récurer*
pail   *seau* m.
pain   *douleur* f.
painful   *douloureux, -euse*
painting   *tableau* m.
pair   *paire* f.
pajamas   *pyjama* m.
pan   *plat* m.; *poêle* f.
    baking pan   *plat allant au four, plat à feu*
    cake pan   *moule à gâteau* m.
    frying pan   *poêle à frire*
    pie pan   *moule à tarte* m.
    pots and pans   *batterie de cuisine* f.
pant suit   *ensemble pantalon* m., *complet pantalon* m. (Canada)
panties   *slip* m.; *culottes* f. pl. (Canada)
pantry   *office* m./f.
pants   *pantalon* m.
    short pants   *short* m.
paper   *papier* m.
    blotting paper   *papier buvard*
    drawing paper   *papier à dessin*
    paper clip   *trombone* f.
    paper fastener   *attache* f.
    scratch paper   *papier brouillon*
    toilet paper   *papier hygiénique*
    writing paper   *papier à lettres*

parcel   *colis* m., *paquet* m.
park v.   *stationner* (car)
parking   *stationnement* m.
  parking brake   *frein à main* m.
  parking lights   *feux de position* m. pl.
  no parking   *défense de stationner*
  restricted parking   *zone bleue* f.
part   *pièce* f. (equipment); *rôle* m. (in a play);
  raie f. (hair)
  spare parts   *pièces de rechange*
  Part my hair on the right.   *Faites-moi la raie à*
   droite.
parterre   *parterre* m.
  parterre box   *loge au parterre* f.
pass   *passe* f.
pass v.   *passer; dépasser, doubler* (car); *réussir à*
  (exam)
  to pass through   *traverser; être en transit* (airline)
  pass on the left   *doublez à gauche*
passbook   *livret d'épargne* m., *carnet de banque*
  m.
passenger   *passager* m., *passagère* f.; *voyageur* m.
  (train)
passing   *passable* (grade)
  no passing   *défense de doubler*
passport   *passeport* m.
pastry   *pâtisserie* f.
  pastry shop   *pâtisserie* f.
path   *sentier* m.
patient   *malade* m./f.
patio   *terrasse* f.
pay v.   *payer*
payment   *versement* m., *paiement* m.
  to make a payment   *faire un paiement, un*
   versement
  monthly payments   *paiements, versements*
   mensuels
pearl   *perle* f.
  pearl necklace   *collier de perles* m.
pedal   *pédale* f.
pedestrian   *piéton* m.
  no pedestrians   *interdit aux piétons*
pedicure   *pédicure* f.
peel v.   *éplucher* (fruit and vegetables); *peler*
  (fruit)
peeler   *épluche-légumes* m. (vegetables)
pen   *plume* m., *stylo* m. (fountain)
  ball-point pen   *stylo à bille* m.
  penholder   *porte-plume* m.
penalty   *pénalité* f.
  major penalty   *pénalité majeure* (hockey)
  minor penalty   *pénalité mineure* (hockey)
  misconduct penalty   *pénalité de méconduite*
   (hockey)
pencil   *crayon* m.
  pencil case   *porte-mine* m.
  pencil sharpener   *taille-crayon* m.

pendant   *pendentif* m.
penicillin   *pénicilline* f.
penknife   *couteau pliant* m., *canif* m.
pentothal (sodium)   *penthotal*
pepper   *poivre* m.
  pepper mill   *moulin à poivre* m.
  pepper shaker   *poivrière* f.
percent   *pour cent*
  It's 20%.   *C'est de 20 pour cent.*
percentage   *pourcentage* m.
percolator   *cafetière électrique* f.
  percussion instrument   *instrument à percussion*
   m.
performance   *spectacle* m., *représentation* f.
perfume   *parfum* m.
period   *période* f.; *règles* f. pl. (menstrual)
permanent   *permanente* f., *indéfrisable* m.
person   *personne* f.
personal   *personnel, -le*
phone (see telephone and call)
physics   *physique* f.
piano   *piano* m.
pick up v.   *décrocher* (the receiver)
picture frame   *cadre* m.
pie   *tourte* f., *tarte* f.
piece   *morceau* m.
pierced   *percé, -e*
pigskin   *peau de porc* f.
pill   *pilule* f.
pillow   *oreiller* m.
pillowcase   *taie d'oreiller* f.
pilot   *pilote* m.
  pilot's seat   *poste, siège du pilote* m.
pin   *épingle* f.
  safety pin   *épingle de sûreté*
ping v.   *cliqueter* (car)
pipe   *conduit* m., *tuyau* m.
piston   *piston* m.
pitch   *lancer* m.
  wild pitch   *mauvais lancer* (baseball)
pitch v.   *lancer*
pitcher   *lanceur* m. (baseball)
place   *place* f.
  place setting   *couvert* m.
place v.   *placer, mettre*
plane (see airplane)
plate   *assiette* f.
  license plate   *plaque* f.
  plate-warmer   *chauffe-assiettes* m.
platform   *quai* m. (train)
platter   *plateau* m.
play   *pièce* (theater) f.; *but* m. (baseball)
  double play   *double but, jeu* (baseball)
  single play   *simple but* (baseball)
  triple play   *triple but* (baseball)
play v.   *jouer, jouer à* (sport), *jouer de* (musical
  instrument)

player *joueur* m.

please *s'il vous plaît*

please v. *plaire à*

pleated *plissé, -e*

pliers *pinces* f. pl.

plug *prise* f., *prise mâle* (electric cord); *bouchon* m. (sink)

plug v. *boucher, fermer* (sink drain); *brancher* (electric cord)

plumber *plombier* m.

plumbing *plomberie* f., *tuyauterie* f.

poached *poché, -e*

pocket *poche* f.

pocketbook *sac à main* m.

poetry *poésie* f.

point *point* m.

 to score a point *marquer un point*

pointed *pointu, -e*

points *vis platinées* f. pl. (car)

poisoning *empoisonnement* m.

 food poisoning *intoxication alimentaire* f.

pole *bâton* m. (ski); *canne à pêche* f. (fishing); *mât* m. (tent)

police *police* f.

 police story, film *film policier* m.

policy *police* f. (insurance)

polio *poliomyélite* f.

polish *cirage* m.

 shoe polish *cirage*

 nail polish *vernis à ongles* m.

polish v. *faire briller, cirer*

political *politique*

 political science *sciences politiques* f. pl.

polka-dotted *à pois*

polyester *polyester* m.

 combed polyester *polyester peigné*

pool *piscine* f. (swimming)

poplin *popeline* f.

pork *porc* m.

 pork stew *ragoût de porc* m.

porter *porteur* m.

position *position* f.

 in the upright position *dans la position verticale*

postage *affranchissement* m.

 postage paid *port payé*

 to put postage on *affranchir*

 How much postage does this letter require? *A combien faut-il affranchir cette lettre? Quel est l'affranchissement?*

postal code *code postal* m.

postcard *carte postale* f.

post office *poste* f., *bureau de poste* m.

 post office box *boîte postale* f.; *case postale* f. (Canada)

pot *marmite* f.

 pots and pans *batterie de cuisine* f.

potato *pomme de terre* f.

 potato chip *chip* f., *croustille* f. (Canada)

powder *poudre* f.

 face powder *poudre de riz*

 scouring powder *poudre à récurer*

powdery *poudreux, -euse*

prefer v. *préférer*

pregnant *enceinte*

prepare v. *préparer*

prescription *ordonnance* f.

 to fill a prescription *faire remplir une ordonnance*

pressure *pression* f., *tension* f.

price *prix* m.

principal *directeur* m., *directrice* f. (school)

print *imprimé, -e*

print v. *faire des tirages* (film)

private *privé, -e*

problem *problème* m.

prognosis *pronostic* m.

program *programme* m.

protagonist *protagoniste* m.

province *province* f.

puck *disque* m., *palet* m., *rondelle* m. (hockey)

pulse *pouls* m.

 to take one's pulse *prendre son pouls, tâter le pouls*

pump *pompe* f.

pupil *élève* m./f.

purse *sac à main* m.

push v. *appuyer sur*

put v. *placer, mettre; déposer* (suitcase in checkroom)

 to put back *remettre*

 to put on *mettre*

 to put out *éteindre* (light)

quai *quai* m.

quarter *quartier* m., *faubourg* m. (town)

queue *queue* f.

quickly *vite*

racket *raquette* f. (tennis)

radiator *radiateur* m.

 The radiator is leaking. *Le radiateur perd, fuit.*

radio *poste de radio* m.; *radio* f.

radiology *radiologie* f.

rag *chiffon* m.

rain *pluie* f.

rain v. *pleuvoir*

 It's raining. *Il pleut.*

 to rain hard *pleuvoir à torrents, à verse*

raincoat *imperméable* m.

rainy *pluvieux, -euse*

raise v. *lever*

rare *saignant, -e* (meat)

razor   *rasoir* m.
  electric razor   *rasoir électrique*
  razor blade   *lame de rasoir* f.
  safety razor   *rasoir de sûreté*
read v.   *lire*
reader   *livre de lecture* m.
reading   *lecture* f.
ready   *prêt, -e*
  When will it be ready?   *Quand est-ce que ça sera prêt?*
receipt   *facture* f., *reçu* m.; *talon* m.; *bulletin* m. (baggage)
receive v.   *recevoir*
receiver   *appareil* m., *combiné* m., *récepteur* m. (telephone)
reception   *réception* f.
  reception desk   *réception*
  reception clerk   *réceptionniste* m./f.
receptionist   *réceptionniste* m./f.
recharge v.   *recharger*
reconnect v.   *redonner la communication* (phone)
record   *disque* m. (phonograph)
recovery   *récupération* f.
  recovery room   *salle de récupération* f.
red   *rouge*
reel   *moulinet* m. (fishing)
referee   *arbitre* m.
refill   *mine* f. (pen)
refreshment   *rafraîchissement* m.
refrigerator   *réfrigérateur* m.
region   *région* f.
register v.   *recommander* (letter); *s'inscrire* (hotel); *s'inscrire à, s'immatriculer* (school)
  to register a letter   *recommander une lettre*
registration   *inscription* f.
regular   *ordinaire, régulier, régulière* (gas)
regulating   *réglage* m.
  to need regulating   *avoir besoin de réglage*
remain v.   *rester*
remove v.   *faire disparaître* (stain)
rent v.   *louer*
repair   *réparation* f.
  to make repairs   *faire les réparations*
repair v.   *réparer, faire les réparations*
replace v.   *remplacer*
reply   *réponse* f.
  reply paid   *réponse payée*
required   *obligatoire*
reservation   *réservation* f.
  reservation clerk   *réceptionniste* m./f.
reserve v.   *réserver; retenir* (book theater seats)
reserved   *réservé, -e*
resew v.   *recoudre*
resole v.   *ressemeler*
resort   *station* f.
  seaside resort   *station balnéaire* f.
  ski resort   *station de ski* f.

responsible   *responsable*
rest   *reste* m.
restaurant   *restaurant* m.
restored   *restitué, -e*
restriction   *restriction* f.
return v.   *retourner; renvoyer* (send back)
reverse   *marche arrière* f.
  to put the car in reverse   *faire marche arrière, engager la marche arrière*
rib   *côte* f.
  prime rib   *côte de boeuf*
ribbon   *ruban* m.
  typewriter ribbon   *ruban pour machine à écrire*
rice   *riz* m.
right   *droit, -e*
  Give right of way to traffic from the right.   *Priorité à droite.*
  Keep to the right.   *Restez à droite, tenez votre droite.*
  Squeeze to the right.   *Serrez à droite.*
ring   *bague* f.
ring v.   *sonner*
rink   *patinoire* f.
rinse   *rinçage* m.
rinse v.   *rincer, se rincer*
  Rinse out your mouth.   *Rincez-vous la bouche.*
ripe   *mûr, -e*
road   *route* f., *rue* f.
  road service   *service de dépannage* m.
  road block   *rue barrée*
  road work ahead   *attention aux travaux*
roast v.   *rôtir*
roasted   *rôti, -e*
robe   *robe de chambre* f., *peignoir de bain* m., *sortie de bain* f.
  beach robe   *peignoir de bain* m., *sortie de bain* f.
rock   *rocher* m.; *rock* m. (music)
roll up v.   *retrousser* (sleeve)
roller   *rouleau* m. (pl. *rouleaux*) (hair)
  large rollers   *gros rouleaux*
  small rollers   *petits rouleaux*
room   *chambre* f.; *pièce* (of a house); *salle* f.
  double room   *chambre à deux lits, chambre double, chambre pour deux personnes*
  room service   *service dans les chambres*
  single room   *chambre à un lit, chambre simple*
  waiting room   *salle d'attente* f.
rope   *corde* f.
rough   *mauvais, -e* (sea)
round   *rond, -e*
  round-trip ticket   *billet aller-retour, d'aller et retour*
row   *rang* m. (theater); *rangée* f. (plane, theater)
  in the first row   *au premier rang, à la première rangée*
rubber   *caoutchouc* m.
ruby   *rubis* m.

rug   *tapis* m.
  bath rug   *tapis de bain*
ruler   *règle* f.
run   *piste* f. (ski); *point* m. (baseball)
  beginners' run   *piste pour débutants* f.
  home run   *circuit* m. (baseball)
  to make a home run   *faire un circuit*
  run batted in   *point produit* m. (baseball)
rush hours   *heures de pointe, d'affluence* f.

sack   *sac* m.
safe   *coffre-fort* m.
safety   *sécurité* f.
  safety pin   *épingle de sûreté* f.
sail v.   *faire de la voile*
sailboat   *bateau à voile* m., *voilier* m.
salad   *salade* f.
  salad bowl   *saladier* m.
salt   *sel* m.
  salt shaker   *salière* f.
salty   *salé, -e*
same   *même*
sample   *échantillon* m., *spécimen* m.
sand   *sable* m.
sandal   *sandale* f.
  beach sandals   *espadrilles* f. pl., *sandales de plage, espadrilles de plage* f. pl.
sanitary napkin   *serviette hygiénique* f.
sapphire   *saphir* m.
satin   *satin* m.
saucepan   *casserole* f., *poêlon* m.
saucer   *soucoupe* f.
sauté v.   *sauter*
sautéed   *sauté, -e*
save v.   *épargner, économiser*
savings bank   *caisse d'épargne*
saw   *scie* f
scale   *balance* f.
scar   *cicatrice* f.
scarf   *écharpe* f., *foulard* m.
scene   *scène* f.
scenery   *décor* m.
schedule   *emploi du temps* m.; *horaire* m. (train)
scholarship   *bourse* f.
school   *école* f.; *faculté* f. (in university)
  elementary school   *école élémentaire*
  primary school   *école primaire*
  medical school   *faculté de médecine*
  nursery school   *école maternelle*
  secondary school   *collège* m., *école secondaire, lycée* m.
  school of arts and sciences   *faculté des lettres*
science   *sciences* f. pl. (subject)
  natural science   *sciences naturelles*
  political science   *sciences politiques*
  social science   *sciences sociales*
scissors   *ciseaux* m. pl.

score   *marque* f., *score* m.
  The score is tied.   *La marque/le score est à égalité.*
  no-score game   *jeu blanc*
score v.   *marquer, compter un but, un point, scorer* (Canada)
scoreboard   *tableau* m.
scour v.   *récurer*
  scouring pad   *tampon à récurer* m.
scraper   *grattoir* m.
screen   *écran* m. (movie)
screw   *vis* f.
screwdriver   *tournevis* m.
scriptwriter   *dialoguiste* m., *scénariste* m.
scrub v.   *frotter à la brosse, nettoyer à la brosse, faire un nettoyage à la brosse*
scuba dive v.   *faire de la plongée sous-marine*
sea   *mer* f.
seat   *place* f.; *siège* m.; *fauteuil* m. (theater)
  aisle seat (plane)   *siège côté couloir; siège qui donne sur l'allée* (Canada)
  seat back   *dos, dossier du siège* m. (airplane)
  seat cushion   *coussin du siège* m.
  seat pocket   *pochette du fauteuil* f.
  window seat   *siège côté hublot* (plane)
seatbelt   *ceinture de sécurité* f.
seated   *assis, -e*
second   *second, -e, deuxième*
second-hand   *d'occasion*
section   *section* f., *zone* f.
security   *sécurité* f.
  security check   *contrôle de sécurité* m.
see v.   *voir*
seem v.   *avoir l'air*
sell v.   *vendre*
  We're sold out for this performance.   *Tout est complet pour cette représentation.*
send v.   *envoyer*
  to send back   *renvoyer*
serious   *grave* (illness)
serve v.   *servir*
service   *service* m.
  room service   *service dans les chambres*
service v.   *réparer, entretenir* (car)
  I want the car serviced.   *Veuillez faire la vidange et un graissage complet.*
set   *mise en plis* f. (hair); *match* m. (tennis)
several   *plusieurs*
sew v.   *coudre*
shade   *teinte* f. (color); *store* m. (blind), *jalousie* f. (venetian blind)
shampoo   *shampooing* m.
  bottle of shampoo   *flacon de shampooing* m.
shaving brush   *blaireau* m.
shaving cream   *crème à raser* f.
shaving foam   *mousse à raser* f.
shaving soap   *savon à barbe* m.

sheet　　*drap* m.

shellfish　　*crustacé* m.

shift gears v.　　*changer de vitesse*

shirt　　*chemise* f.

　nightshirt　　*chemise de nuit*

　sport shirt　　*chemise sport*

shock absorber　　*amortisseur* m.

shoe　　*chaussure* f., *soulier* m.

　shoehorn　　*chausse-pied* f.

　shoelace　　*lacet* m.

　shoe polish, shoe cream　　*cirage* m.

　shoe store　　*magasin de chaussures* m.

　shoe tree　　*embauchoir* m.

　open-toed shoes　　*chaussures à bouts ouverts*

　shoes with pointed toes　　*chaussures à bouts pointus*

　shoes with round toes　　*chaussures à bouts ronds*

　running shoes, jogging shoes　　*souliers, chaussures de course*

　tennis shoes　　*chaussures de tennis*

　walking shoes　　*chaussures de (pour la) marche*

shoot　　*lancer* (basketball); *tirer* (hockey); *tourner* (film)

shooting　　*tournage* m. (film)

shopping, to go shopping　　*faire les courses*

shore　　*bord* m.

　on the shore　　*au bord de la plage*

short　　*court, -e*

shorts　　*caleçon* m. (underwear); *short* m. (pants)

shortstop　　*arrêt-court* m.

shot　　*piqûre* f. (injection)

shoulder　　*épaule* f.

show　　*spectacle* m. (theater)

show v.　　*montrer; passer* (film); *jouer* (movies)

shower　　*douche* f.; *averse* f. (rain)

　to take a shower　　*prendre une douche*

　shower cap　　*bonnet de douche, de bain* m.

　shower curtain　　*rideau de douche* m.

shrink v.　　*rétrécir*

shutter　　*obturateur* m. (camera)

shutters　　*persiennes* f. pl.

sick　　*malade*

　sick person　　*malade* m./f.

side　　*côté* m.

　on the sides　　*sur les côtés*

sideburns　　*favoris* m. pl.

sign　　*affiche* f.; *consigne lumineuse* f. (plane)

sign v.　　*signer*

silk　　*soie* f.

silver　　*argent* m.

sing v.　　*chanter*

singer　　*chanteur* m., *chanteuse* f.

sink　　*évier* m. (kitchen); *lavabo* m. (bathroom)

　to empty the sink　　*vider l'évier*

sinker　　*plomb* m. (fishing)

sit, sit down v.　　*s'asseoir*

size　　*pointure* f. (shoes, gloves); *taille* f. (gloves, clothes, hats)

　I take size 40.　　*Je fais du 40.*

　I wear shoe size 39.　　*Je chausse du 39.*

　What's your size?　　*Quelle est votre taille?*

　What's your shoe size?　　*Du combien chaussez-vous? Quelle est votre pointure?*

skate　　*patin* m.

ski　　*ski* m.

　ski boot　　*chaussure de ski* f.; *bottine de ski* f. (Canada)

　ski lift　　*remonte-pente* m.

　ski pole　　*bâton* m.

　ski run　　*piste de ski* f.

　water ski　　*ski nautique* m.

ski v.　　*faire du ski*

　to water-ski　　*faire du ski nautique*

skiing　　*ski* m.

　cross-country skiing　　*ski de fond* m., *ski de randonnée* m.

　downhill skiing　　*ski alpin* m.

skin　　*peau* f.

　doeskin　　*peau de daim*

　pigskin　　*peau de porc*

skirt　　*jupe* f.

　A-line skirt　　*jupe de la ligne A*

sky　　*ciel* m.

slam　　*chelem* m. (baseball)

　grand slam　　*grand chelem*

sleep v.　　*dormir*

　to go to sleep　　*s'endormir*

sleeping bag　　*sac de couchage* m.

sleeping car　　*compartiment de wagon-lit* m.

sleeve　　*manche* f.

　with long sleeves　　*à manches longues*

slice　　*tranche* f.

slip　　*combinaison* f., *jupon* m.; *demi-jupon* m. (half)

slipper　　*pantoufle* f.

slot　　*fente* f.

slow　　*lent, -e*

　to be slow　　*retarder* (watch)

small　　*petit, -e*

smoke v.　　*fumer*

smoked　　*fumé, -e*

smoking　　*action de fumer*

　no smoking　　*défense de fumer*

　no-smoking section　　*section non-fumeurs* f.

　smoking section　　*section fumeurs* f.

snack　　*collation* f.

　snack bar　　*buffet* m.

snail　　*escargot* m.

sneeze v.　　*éternuer*

snorkel　　*tuba* m.

snow　　*neige* f.

snow v.　　*neiger*

snowfall　　*chute de neige* f.

snowstorm   *tempête de neige* f., *chute de neige* f.
soap   *savon* m.
  liquid soap   *savon liquide*
  soap dish   *porte-savon* m.
  soap powder   *détergent en poudre* m., *lessive* f., *poudre à laver* f.
  toilet soap   *savon de toilette*
soccer   *football* m., *soccer* (Canada)
sock   *chaussette* f., *bas* m. (Canada)
sodium pentathol   *penthotal* m.
sofa   *sofa* m., *canapé* m.
  sofa bed   *divan-lit* m., *canapé-lit* m.
soft   *mou, molle*
sole   *semelle* f. (shoe)
  rubber soles   *semelles de (en) caoutchouc*
someone   *quelqu'un*
something   *quelque chose*
sound   *son* m.
  sound technician   *preneur de son* m.
soup   *potage* m. (thick); *soupe* f.
  soup spoon   *cuiller, cuillère à soupe* f.
  soup dish   *assiette à soupe* f., *assiette creuse* f.
  soup bowl   *bol à consommé* m.
south   *sud* m.
Spanish   *espagnol* m. (language)
spark plug   *bougie* f.
speak v.   *parler*
speaker   *haut-parleur* m.
specialty   *spécialité* f.
specimen   *spécimen* m., *échantillon* m.
spectator   *spectateur* m., *public* m.
speed   *vitesse* f.
  at a speed of   *à une vitesse de*
  at a speed of 100 kilometers per hour   *à une vitesse de 100 kilomètres à l'heure*
  at full speed   *à toute vitesse*
  speed limit   *vitesse limitée, limitation de vitesse* f.
speedometer   *compteur (indicateur) de vitesse* m.
spend v.   *passer* (time)
sponge   *éponge* f.
spoon   *cuiller, cuillère* f.
  soup spoon   *cuiller, cuillère à soupe*
  teaspoon   *cuiller, cuillère à café*
sport   *sport* m.
sprain   *foulure* f.
sprain v.   *se fouler* (wrist); *se tordre* (ankle, back)
spring   *ressort* m. (metal); *printemps* m. (season)
  in the spring   *au printemps*
spy story   *roman policier* m. (book); *film d'espionnage* (film)
square   *place* f. (in a town)
stadium   *stade* m.
stage   *scène* f.
  to come on stage   *entrer en scène*

staging   *mise en scène* f.
stain   *tache* f.
  to remove a stain   *faire disparaître une tache*
stained   *taché, -e*
stake   *piquet* m. (tent)
  to hammer in stakes   *enfoncer les piquets*
stall v.   *caler*
stalled   *calé, -e*
stamp   *timbre* m., *timbre-poste* m.
stamp v.   *affranchir*
standing   *debout*
  standing room only   *places debout seulement*
staple   *agrafe* f.
stapler   *agrafeuse* f.
star   *vedette* f. (theater)
starch   *amidon* m.
starched   *amidonné, -e, empesé, -e*
start v.   *démarrer* (car)
starter   *démarreur* m. (car)
state   *état* m.
stationer   *papetier* m.
stationery   *papier à lettres* m.
stay   *séjour* m.
stay v.   *rester*
  How long do you plan to stay here?   *Combien de temps comptez-vous rester ici?*
steak   *bifteck* m., *steak* m.
  loin steak   *contre-filet* m.
  rib steak   *entrecôte* f.
steamed   *à l'étuvée, à l'étouffée*
steep   *raide*
  steep hill   *descente dangereuse/rapide*
steering column   *colonne de direction* f.
steering wheel   *volant* m.
stereo   *chaîne stéréo* f.
stereophonic   *stéréophonique*
stethoscope   *stéthoscope* m.
stew   *ragoût* m.
steward   *steward* m.
stewardess   *hôtesse de l'air* m.
stewed   *en ragoût*
stick   *bâton* m., *crosse* f. (hockey)
sticker   *étiquette* f.
stitch   *point de suture* m.
  to take stitches   *faire des points de suture*
  to take out stitches   *enlever les points de suture*
stitch v.   *suturer*
stockings   *bas* m. pl
  nylon stockings   *bas de nylon* m. pl.
stomach   *estomac* m., *ventre* m.
stone   *pierre* f.
stop   *arrêt* m., *escale* f. (planes)
stop v.   *arrêter, s'arrêter*
stopper   *bouchon* m.
store   *magasin* m.
storm   *orage* m., *rafale* f.
stormy   *orageux, -euse*

story   *histoire* f.
  spy story   *roman policier* m. (book); *film d'es-*
    pionnage (film)
stove   *cuisinière* f.
  electric stove   *cuisinière électrique*
straight   *raide* (hair)
  Go straight ahead.   *Allez tout droit.*
strain v.   *passer, égoutter*
strainer   *passoire* f.
straw   *paille* f.
street   *rue* f.
  one-way street   *rue à sens unique*
  street name   *nom de la rue* m.
  street number   *numéro de la rue* m.
  to cross the street   *traverser la rue*
  take the street . . .   *prenez la rue . . .*
stretcher   *brancard* m., *civière* f.
strike   *prise* f. (baseball)
string   *ficelle* f.
stringed   *à cordes* (instrument)
  stringed instrument   *instrument à cordes*
strip v.   *déshabiller* (undress)
stripe   *rayure* f.
striped   *à rayures*
strong   *fort, -e; violent, -e* (current)
stub   *talon* m., *bulletin de bagages* m.
student   *étudiant* m., *étudiante* f.
  day student   *demi-pensionnaire* m./f., *externe*
    m./f.
studies   *études* f. pl.
study   *étude* f.
stunt artist   *cascadeur* m.
subject   *matière* f. (school)
subtitle   *sous-titre* m.
suburbs   *banlieue* f.
subway   *métro* m.
  subway station   *station de métro* f.
  to take the subway   *prendre le métro*
suede   *daim* m.
suffer v.   *souffrir (de)*
sugar   *sucre* m.
  sugar bowl   *sucrier* m.
suggest v.   *suggérer*
suit   *complet* m., *costume* m. (man's); *costume*
    m., *tailleur* m. (woman's)
  bathing suit   *maillot de bain* m.; *costume de*
    bain m. (Canada)
  pant suit   *ensemble pantalon* m., *complet pan-*
    talon m. (Canada)
suitcase   *valise* f.
sum   *somme* f.
  for a modest sum   *pour une somme modique*
summer   *été* m.
  in the summer   *en été*
sun   *soleil* m.
sunbathe v.   *prendre des bains de soleil*

sunburn   *coup de soleil* m.
  to get a sunburn   *attraper un coup de soleil*
suncream   *crème solaire* f.
Sunday   *dimanche*
sunglasses   *lunettes de soleil* m. pl., *lunettes so-*
    laires m. pl. (Canada)
sunny   *ensoleillé, -e*
  to be sunny (weather)   *faire (du) soleil*
sunstroke   *insolation* f.
suntan   *bronzage* m.
  suntan lotion   *lotion solaire* f.
  suntan oil   *huile solaire* f.
  to get a suntan   *se bronzer*
super   *super* (gas)
supermarket   *supermarché* m., *hypermarché* m.
    (large)
supplement   *supplément* m. (fare)
surfboard   *aquaplane* m.
  windsurfer   *planche à voile* f.
surfboard v.   *faire de la planche à voile*
  to go windsurfing   *faire de la planche à voile*
surgeon   *chirurgien* m., *chirurgienne* f.
  orthopedic surgeon   *chirurgien orthopédiste*
suspenders   *bretelles* f. pl.
suspension   *suspension* f.
  front suspension   *suspension avant*
swallow v.   *avaler*
sweater   *cardigan* m., *chandail* m., *gilet* m.,
    sweater m., *pull-over (pull)* m., *tricot* m.
  hockey sweater   *maillot de hockey* m., *chan-*
    dail m.
sweep   *balayer*
swim   *nager, faire de la natation*
swimming pool   *piscine* f.
switch   *interrupteur* m., *commutateur* m. (light)
switchboard   *tableau de distribution* m., *standard*
    téléphonique m.
  switchboard operator   *standardiste* m./f.
swollen   *enflé, -e*
symphony   *symphonie* f.
symptom   *symptôme* m.
synthetic   *synthétique*
syrup   *sirop* m.
  cough syrup   *sirop pour la toux, la gorge*

table   *table* f.
  folding table   *table pliante*
  to clear the table   *débarrasser la table*
  to get up from the table   *se lever de table*
  to set the table   *mettre le couvert, mettre la*
    table
  tray table   *tablette* f.
tablecloth   *nappe* f.
tachometer   *tachymètre* m., *compte-tours* m.
taffeta   *taffetas* m.
tailor   *tailleur* m.
tails   *habit* m. (clothes)

take v.   *prendre*
   to take away   *emmener* (someone)
   to take off   *décoller* (airplane)
   to take out   *enlever* (tonsils, appendix); *arracher* (tooth)
   to take up   *monter* (something)
takeoff   *décollage* m. (plane)
talk v.   *parler*
tampon   *tampon hygiénique* m.
tank   *réservoir (à essence)* m. (gas)
   to fill the tank   *faire le plein*
tanned   *bronzé, -e*
tape   *ruban adhésif* m. (cellophane); *cassette* f. (recording)
tape deck   *passe-cassettes* m.; *platine à cassettes* f. (Canada)
tax   *taxe* f.
taxi   *taxi* m.
T-bar   *tire-fesses* m.
teach v.   *enseigner* (something); *faire un cours* (someone)
teacher   *instituteur* m., *institutrice* f., *maîtresse* f. (elementary); *professeur* m. (secondary and university)
teaching   *enseignement* m.
team   *équipe* f.
   opposing team   *équipe adverse*
teapot   *théière* f.
teaspoon   *cuillère à café* f.
telegram   *télégramme* m.
telephone   *téléphone* m.; *appareil* m. (piece of equipment)
   telephone booth   *cabine téléphonique* f.
   telephone call   *appel téléphonique* m.
   telephone directory, book   *annuaire des téléphones, du téléphone, téléphonique* m.
   to make a telephone call   *donner un coup de téléphone, téléphoner (à)*
   The telephone is out of order.   *Le téléphone ne fonctionne pas.*
telephone v.   *téléphoner (à), donner un coup de téléphone*
television   *télévision* f., *téléviseur* m. (set)
   black and white television   *téléviseur en noir et blanc*
   color television   *téléviseur en couleurs*
temperature   *température* f.
   to take one's temperature   *prendre sa température*
temple   *tempe* f. (forehead)
tennis   *tennis* m.
   tennis court   *court de tennis* m.
tent   *tente* f.
   to pitch a tent   *monter une tente*
terminal   *terminal* m. (pl. *terminaux*); *aérogare* f. (Canada) (airline)
territory   *territoire* m.
terry cloth   *tissu éponge* m.

thank you   *merci*
thaw v.   *dégeler*
theater   *théâtre* m., *cinéma* m. (movie)
then   *puis*
thermometer   *thermomètre* m.
thermos   *thermos* n.
thigh   *cuisse* f.
thing   *chose* f.
third   *troisième*
this   *ce, cette; ceci* (pron.)
throat   *gorge* f.
   to have a sore throat   *avoir mal à la gorge*
   throat infection   *angine* f.
through   *par, à travers*
   Please put me through to (phone) . . .   *Je désire obtenir une communication avec . . .*
throughout   *le long de*
throw   *jeter, lancer* (ball)
   to throw out   *jeter, vider* (empty)
thumb   *pouce* m.
thumbtack   *punaise* f.
thunder   *tonnerre* m.
thunder v.   *tonner*
thunderstorm   *orage* m., *pluie d'orage* f.
   There's a thunderstorm.   *Il fait de l'orage.*
ticket   *billet* m.
   one-way ticket   *billet simple, billet aller, aller-simple*
   excursion fare ticket   *billet excursion*
   reduced-fare ticket   *billet à tarif réduit*
   round-trip ticket   *billet aller-retour, billet d'aller et retour*
   ticket agent   *agent* m.
   ticket counter   *comptoir de la ligne aérienne, de la compagnie d'aviation* m.
   ticket window   *guichet* m.
   to buy a ticket   *prendre, acheter un billet*
   to check a ticket   *vérifier un billet*
tide   *marée* f.
   high tide   *marée haute*
   low tide   *marée basse*
   The tide comes in.   *La marée monte.*
   The tide goes out.   *La marée descend.*
tie   *cravate* f.
   tie pin   *épingle de cravate* f.
tied   *à égalité* (score)
tight   *serré, -e*
tighten up v.   *resserrer*
tights   *collants* m. pl., *bas* m. pl. (Canada)
tile   *carreau* m. (pl. *carreaux*); *carrelage* m. (bathroom)
time   *heure* f.
   departure time   *heure de départ*
   halftime   *mi-temps* f.
   on time   *à l'heure*
   time period   *période d'amortissement* f. (mortgage duration)
   at what time   *à quelle heure*

timpani   *timbales* m. pl.

tip   *pourboire* m.

tire   *pneu* m.

  flat tire   *pneu crevé* m., *crevaison* f.

  spare tire   *roue de secours* f.

  tire pressure   *pression des pneus* f.

  to change a tire   *changer un pneu*

  to put air in the tire   *gonfler le pneu*

  This tire is flat.   *Ce pneu est crevé, à plat.*

tissue   *mouchoir de papier* m.

to   *à*

  up to   *jusqu'à*

toaster   *grille-pain* m.

  toaster oven   *four/grille-pain* m.

tobacco   *tabac* m.

today   *aujourd'hui*

toe   *orteil* m.

toilet   *toilettes* f. pl., *W.C.* m.

  toilet paper   *papier hygiénique* m.

  The toilet won't flush.   *La chasse d'eau ne fonctionne pas. Je ne peux pas tirer la chasse d'eau du W.C.*

token   *jeton* m.

toll   *péage* m., *droit de péage* m.

tollbooth   *péage* m., *barrière à péage* m.

tomato   *tomate* f.

  tomato paste   *concentré de tomates* m.

tongue   *langue* f.

tonsillectomy   *amygdalectomie* f.

tonsils   *amygdales* f. pl.

too   *trop*

tooth   *dent* f.

  eye tooth   *canine* f.

  wisdom tooth   *dent de sagesse*

toothache   *mal de dent* m.

  to have a toothache   *avoir mal à une dent*

  My teeth hurt.   *J'ai mal aux dents.*

toothbrush   *brosse à dents* f.

  toothbrush holder   *porte-brosse à dents* m.

toothpaste   *dentifrice* m., *pâte dentifrice* f.

toothpick   *cure-dent* m.

top   *haut* m.

  on top   *sur le haut*

  at the top of   *en haut de*

topaz   *topaze* f.

torn   *déchiré, -e*

tornado   *tornade* f.

toss v.   *lancer* (ball)

tough   *dur, -e* (meat)

tourist   *touriste* m./f.

tourist   *touristique*

tournament   *tournoi* m.

tow v.   *remorquer, remorquer à l'aide d'une corde*

  tow truck   *dépanneuse* f.

towel   *serviette* f.

  bath towel   *serviette de bain, de douche*

handtowel   *serviette de toilette, essuie-mains* m.

  towel rack   *porte-serviettes* m.

town   *ville* f.

track   *voie* f. (train)

traffic   *circulation* f.

  traffic jam   *embouteillage* m.

  traffic lights   *feux de circulation* m. pl.

tragedy   *tragédie* f.

trail   *sentier* m.

trailer   *roulotte* f., *remorque* f. (tied to another vehicle)

train   *train* m.

  commuter train   *ligne de banlieue* f.

  direct train   *train direct*

  express train   *train rapide/express*

  local, slow train   *train omnibus*

  train station   *gare* f.

  to change trains   *changer de train, prendre une correspondance*

tranquilizer   *calmant* m., *tranquillisant* m.

transfer   *correspondance* f. (train, plane)

transmission   *transmission* f.

  a car with automatic transmission   *une voiture à transmission automatique*

travel v.   *voyager*

  travel guide   *guide* m.

  traveler   *voyageur* m., *voyageuse* f.

  traveler's check   *chèque de voyage* m.

tray   *plateau* m.

  tray table   *tablette* f.

trim   *rafraîchissement* m. (hair)

trim v.   *rafraîchir* (beard, hair); *tailler* (moustache, sideburns)

trip   *voyage* m.

  business trip   *voyage d'affaires*

  pleasure trip   *voyage touristique*

  Have a good trip!   *Bon voyage!*

truck   *camion* m.

  tow truck   *dépanneuse* f.

trumpet   *trompette* f.

trunk   *malle* f.; *coffre* m. (car)

trunks   *caleçon* m. (underwear)

T-shirt   *T-shirt* m., *Tee-shirt* m., *tricot* m.

tuberculosis   *tuberculose* f.

tuition   *frais d'inscription* m.

tuna   *thon* m.

tuner   *ampli-tuner* m.

tune-up   *réglage* m.

turbulence   *turbulence* f.

  unexpected turbulence   *turbulences imprévues*

  a turbulent zone   *une zone de turbulences*

turn   *tour* m.

  turn signals   *clignotants* m. pl.

  no left turn   *défense de tourner à gauche*

  no right turn   *défense de tourner à droite*

turn v.   *tourner*

  to turn around   *faire demi-tour*

to turn right   *tourner à droite*

to turn on   *allumer* (light)

to turn off   *éteindre* (light)

turnpike   *autoroute à péage* f.

turntable   *platine tourne-disques* f.

turquoise   *turquoise* f.

tuxedo   *smoking* m.

tweed   *tweed* m.

tweezers   *pince à épiler* f.

type   *genre* m. (play, etc.)

typewriter   *machine à écrire* f.

    typewriter ribbon   *ruban pour machine à écrire*

    typewriter ribbon cartridge   *ruban cartouche pour machine à écrire*

umbrella   *parapluie* m.

    beach umbrella   *parasol* m.

under   *sous*

undergo v.   *subir*

underpants   *slip* m.; *culotte* f. (Canada)

undershirt   *maillot de peau* m., *tricot de corps, de peau* m.

undertow   *contre-marée* f., *courant sous-marin* m.

underwear   *sous-vêtements* m. pl.

undress   *se déshabiller*

unexpected   *imprévu, -e*

uniform   *uniforme* m.

university   *université* f.

unleaded   *sans plomb*

unpack   *défaire les valises*

unsettled   *variable* (weather)

until   *jusqu'à*

upright   *vertical, -e*

urine   *urine* f.

    urine analysis   *analyse d'urine* f.

use v.   *servir*

usher   *ouvreuse* f.

vacant   *libre*

    vacant seat   *place libre* f.

vacate v.   *quitter, libérer* (room)

vacuum v.   *passer l'aspirateur*

    vacuum cleaner   *aspirateur* m.

valid   *valable*

valve   *valve* f., *soupape* f. (car)

    A valve is leaking.   *La valve perd, fuit.*

variable   *variable* (weather)

vaudeville   *vaudeville* m.

veal   *veau* m.

    veal cutlet   *côtelette de veau* f.

    veal scallopini   *escalope de veau* f.

vegetable   *légume* m.

    vegetable oil   *huile* f.

    fruit and vegetable peeler   *épluche-légumes* m.

    fruit and vegetable store   *fruitier* m.

vein   *veine* f.

velvet   *velours* m.

venereal   *vénérien, -ne*

    venereal disease   *maladies vénériennes* f. pl.

version   *version* f.

very   *très*

vest   *veston* m., *gilet* m.

vibrate v.   *cliqueter* (car)

viola   *alto* m.

violin   *violon* m.

visa   *visa* m.

voltage   *tension* f., *voltage* m.

wait (for) v.   *attendre*

waiter   *garçon* m.

walk   *promenade* f.

    an intentional walk   *un but sur balles intentionnel* (baseball)

    walk v.   *se promener, aller à pied*

wall   *mur* m.

    wall unit   *rayonnages* m. pl.; *unité murale* f. (Canada)

wallet   *portefeuille* m.

want v.   *vouloir, désirer*

    What do you want as an appetizer?   *Que désirez-vous comme hors-d'oeuvre?*

wardrobe   *armoire* f.

wash v.   *laver*

    to wash oneself   *se laver*

washable   *lavable*

washbasin   *lavabo* m.

washcloth   *gant de toilette* m., *débarbouillette* f. (Canada)

washing machine   *machine à laver* f.

wastebasket   *poubelle* f.

watch   *montre* f.

    My watch is fast.   *Ma montre avance.*

    My watch is slow.   *Ma montre retarde.*

    My watch has stopped.   *Ma montre s'est arrêtée.*

    watch v.   *surveiller*

water   *eau* f.

    drinking water   *eau potable*

    freshwater   *eau douce*

    saltwater   *eau salée*

wave   *vague* f. (ocean); *permanenie* f., *indéfrisable* f. (permanent wave)

    to ride the waves   *se laisser bercer par les vagues*

wax   *cire* f.

wax v.   *cirer*

way   *chemin* m.

    one way   *sens unique* (street); *simple, aller-simple* (ticket)

    Give right of way to traffic from the right.   *Priorité à droite.*

    Is this the way to . . .   *Est-ce bien le chemin pour . . . ?*

    What's the best way?   *Quelle est la meilleure route?*

wear v.   *porter*
  I wear shoe size 39.   *Je fais du 39. Je chausse du 39.*
weather   *temps* m.
  to be nice weather   *faire beau*
  to be bad weather   *faire mauvais*
  What's the weather like?   *Quel temps fait-il?*
week   *semaine* f.
  by the week   *par semaine*
weekdays   *en semaine*
weigh v.   *peser*
welcome   *bienvenue* f.
welcome v.   *souhaiter la bienvenue à*
well   *bien*
  This doesn't go well with   *Ceci ne va pas très bien avec . . .*
  to feel well   *se sentir bien*
  to get well   *guérir*
western   *western* m.
wheel   *roue* f.
  steering wheel   *volant* m.
  wheelchair   *fauteuil roulant* m.
when   *quand*
where   *où*
  where is . . .   *où se trouve . . . , où est . . .*
whisk   *fouet* m.
whiskey   *whisky* m.
whistle   *sifflet* m.
  to blow a whistle   *donner un coup de sifflet*
white   *blanc, blanche*
wide   *large*
win v.   *gagner*
wind   *vent* m.
  wind instrument   *instrument à vent* m.
window   *fenêtre* f.; *vitre* m. (car); *guichet* m. (ticket); *hublot* m. (airplane)
  What window do I have to go to for . . .?   *A quel guichet faut-il s'adresser pour . . . ?* (post office)
windshield   *pare-brise* m.
  windshield washer   *lave-glace* m.
  windshield wiper   *essuie-glace* m.
windstorm   *orage de vent* m., *tempête de vent* f.
windsurf v.   *faire de la planche à voile*
windsurfer   *planche à voile*

windy
  to be windy   *faire du vent, venter* (Canada)
wine   *vin* m.
  wine list   *carte des vins* f.
wing   *aile* m.; *ailier* m. (hockey)
winger   *ailier* m. (soccer)
winter   *hiver* m.
  in the winter   *en hiver*
withdraw v.   *retirer, faire un retrait de fonds*
withdrawal   *retrait* m. (*de fonds*)
  to make a withdrawal   *retirer des fonds*
woman   *femme* f., *dame* f.
wool   *laine* f.
work   *travail* m.; *oeuvre* f., *ouvrage* m. (book, art)
work v.   *travailler; fonctionner, marcher* (machine)
worm   *ver* m.
worn out   *usé, -e* (equipment)
worsted wool   *laine peignée*
worth   *valeur* m.
  50 francs' worth of gas   *50 francs d'essence*
wound   *blessure* f.
wound v.   *blesser*
wrap v.   *envelopper*
wrench   *clé* f., *clef* f.
  lug wrench   *clé en croix*
wrinkle   *ride* f.
  wrinkle-resistant   *infroissable*
wrist   *poignet* m.
  to sprain a wrist   *se fouler le poignet*
write   *écrire*

X ray   *radiographie* f.
  to take an X ray   *faire une radiographie*
  X-ray room   *service de radiologie* m.
x-ray v.   *radiographier, faire une radiographie*
xylophone   *xylophone* m.

yesterday   *hier*
young   *petit, -e, jeune*

ZIP code   *code postal* m.
zipper   *fermeture éclair* f.
zone   *zone* f.
  zone code   *indicatif de zone* m.